Martin Hess und Reinhard Paesler (Hrsg.)

Wirtschaft und Raum

Wege und Erträge der Münchner wirtschaftsgeographischen Forschung

Herrn Professor Dr. Hans-Dieter Haas
zum 65. Geburtstag gewidmet

Herbert Utz Verlag · VVF · München

Wirtschaft und Raum

Eine Reihe der Münchener Universitätsschriften

herausgegeben von

Prof. Dr. Hans-Dieter Haas
Universität München

Band 20

D 19

Bibliografische Information der Deutschen Nationalbibliothek:
Die Deutsche Nationalbibliothek verzeichnet diese Publikation in der Deutschen Nationalbibliografie; detaillierte bibliografische Daten sind im Internet über http://dnb.ddb.de abrufbar.

ISBN 978-3-8316-0944-4

Printed in Germany

Herbert Utz Verlag GmbH, München
089-277791-00 · www.utzverlag.de

VORWORT

Anlass für die Zusammenstellung des vorliegenden Bandes ist das Ausscheiden von Professor Dr. HANS-DIETER HAAS aus dem aktiven Dienst als Ordinarius für Wirtschaftsgeographie an der Ludwig-Maximilians-Universität München, an der er 29 Jahre lang in Forschung und Lehre tätig war und die jüngere Entwicklung des Lehrstuhls, aber auch der deutschen Wirtschaftsgeographie maßgeblich prägte.

Für die Kollegen und Mitarbeiter am ehemaligen Institut für Wirtschaftsgeographie, jetzt am Department Geographie, stand von vornherein fest, dass zur Ruhestandsversetzung von Professor HAAS keine der häufig üblichen Festschriften in der Art herausgegeben werden sollte, dass Fachkollegen und „Weggefährten" des Jubilars Beiträge aus ihren Forschungsgebieten verfassen, die oft wenig Bezug zur Arbeit des zu Ehrenden haben. Auch Professor HAAS hätte eine Festschrift in diesem Sinn nicht gewollt. Stattdessen entstand die Idee, dass frühere und noch aktive Mitarbeiter diejenigen Forschungsthemen und Arbeitsgebiete darstellen, die von Professor HAAS während seiner Dienstzeit initiiert wurden, die er in Forschung und Lehre vertrat, zu denen er wissenschaftliche Arbeiten seiner Schüler und Mitarbeiter anregte und zu denen er Veröffentlichungen in Publikationsorganen, nicht zuletzt in der vorliegenden Schriftenreihe, selbst verfasste bzw. herausgab.

Auf diese Weise ist, so hoffen wir, mit diesem letzten Band der von ihm gegründeten Reihe noch einmal die Möglichkeit gegeben, sich einen Überblick über die Arbeit der Münchner Wirtschaftsgeographie in der Ära HANS-DIETER HAAS zu verschaffen, wobei der erste Beitrag dazu dienen kann, sein Wirken im Zusammenhang mit der Gesamtentwicklung der Wirtschaftsgeographie an der LMU München seit Errichtung eines eigenen Lehrstuhls in den 1940/50er Jahren zu sehen. Die Herausgeber danken allen Mitarbeitern und Lehrbeauftragten des Lehrstuhls von Professor HAAS, die sich an diesem Publikationsprojekt beteiligt haben, und hoffen dass dieser abschließende Band auch eine entsprechende Resonanz in der Fachöffentlichkeit findet. Dem „Ruheständler" sei mit diesem Band ganz herzlich für die vielen Jahre ertragreicher wissenschaftlicher Arbeit und die – gerade in den letzten Jahren des Umbruchs und der Neuorganisation des Faches – schwierige und oft genug nervenaufreibende Arbeit in der Leitung des Instituts und bei der Fürsorge für die Mitarbeiterinnen und Mitarbeiter gedankt.

München, im Oktober 2008 Martin Hess Reinhard Paesler

INHALT

ABBILDUNGSVERZEICHNIS

TABELLENVERZEICHNIS

KARTENVERZEICHNIS

60 Jahre Wirtschaftsgeographie in München

Reinhard Paesler

Die Auflösung eines eigenständigen Instituts für Wirtschaftsgeographie an der Universität München, die Umgliederung des entsprechenden Lehrstuhls aus dem Department und der Fakultät Betriebswirtschaft in die Geowissenschaftliche Fakultät bzw. das Department Geographie im Jahr 2006 sowie die Ruhestandsversetzung des Lehrstuhlinhabers Professor Dr. HANS-DIETER HAAS 2008 geben Gelegenheit, die Entwicklung dieses Lehrstuhls und der Forschung und Lehre im Fach Wirtschaftsgeographie an der Ludwig-Maximilians-Universität München in den sechs Jahrzehnten seit dem Zweiten Weltkrieg in einem Überblick darzustellen. Gleichzeitig kann damit die Einbindung der Münchner Wirtschaftsgeographie in die wechselnden Trends wirtschaftsgeographischer Arbeit in Deutschland, in die unterschiedlichen Problem- und Themenstellungen, in die sich im Laufe der Jahre verändernden Forschungsansätze und in die gewandelten Ziele der studentischen Ausbildung aufgezeigt werden.

1 Die Anfänge der Münchner Wirtschaftsgeographie unter W. Credner und E. Thiel

Die universitäre Ausbildung in Wirtschaftsgeographie an der LMU begann 1948, als WILHELM CREDNER, Professor an der damaligen Technischen Hochschule München, mit der Wahrnehmung der Dienstaufgaben eines ordentlichen Professors für Wirtschaftsgeographie an der neu gegründeten Staatswirtschaftlichen Fakultät der LMU beauftragt wurde. Für die Lehr- und Forschungsaufgaben der Wirtschaftsgeographie wurde in dieser Fakultät ein eigenes Seminar errichtet. CREDNER verstarb bereits 1948 kurz nach seiner Berufung; mit der Vertretung der Stelle wurde ERICH THIEL, bis dahin Dozent in der Naturwissenschaftlichen Fakultät, beauftragt. 1951 wurde THIEL zum Außerordentlichen, 1958 zum Ordentlichen Professor für Wirtschaftsgeographie an der Staatswirtschaftlichen Fakultät berufen; das bisherige Seminar wurde 1959 zum „Wirtschaftsgeographischen Institut“ aufgestuft (vgl. WIRTSCHAFTSGEOGRAPHISCHES INSTITUT 1971, S. 3). THIEL war Stelleninhaber bis zu seiner Emeritierung 1964; er verstarb 1973.

Die zu betreuenden Studenten kamen aus der Staatswirtschaftlichen Fakultät (Wirtschaftsgeographie als Wahlfach für künftige Diplom-Kaufleute und -Volkswirte sowie als Doppelwahlfach für den Studiengang Wirtschaftspädagogik, also Diplom-Handelslehrer) und aus der Naturwissenschaftlichen und Philosophischen Fakultät (Teil des Lehramtsstudienganges Erdkunde für Gymnasial- und Realschullehrer im Verbund mit der Physischen und der Kulturgeographie an der Naturwissenschaftlichen Fakultät/Lehrstuhl Professor LOUIS sowie der Geographie an der (damaligen) Technischen Hochschule am Lehrstuhl Professor HARTKE).

In Forschung und Lehre wurde Wirtschaftsgeographie unter E. THIEL im Wesentlichen als Wissenschaft von der Verbreitung und den Standorten wirtschaftlicher Tätigkeit und insbesondere der agrarischen und industriellen Produktion gesehen. Themen von Vorlesungen und Seminaren waren beispielsweise „Die Agrarwirtschaft der Erde in ihrer Abhängigkeit von den Klimazonen", „Der Bergbau in den USA", „Die Montanindustrie in Westeuropa" oder „Die wichtigsten Welthandelsströme der Gegenwart". Besonders intensiv war die Beschäftigung mit der Sowjetunion; vor allem Sibirien und Sowjet-Fernost gehörten zum Forschungsgebiet von E. THIEL, dem er sich auch in zahlreichen Buch- und Zeitschriftenpublikationen widmete. Die Vergabe von Diplomarbeiten spiegelte ebenfalls die damals allgemein, nicht nur in München, vorherrschende Richtung der Wirtschaftsgeographie wider. Es wurden Themen wie „Die Elektrizitätswirtschaft in Schweden", „Der Erzbergbau in Südamerika", „Die Bedeutung der Wasserstraßen für den Gütertransport in Europa" oder „Der Tee-Anbau in Indien" vergeben, Themen, die hauptsächlich deskriptiv abgehandelt wurden.

Das Verständnis von Wirtschaftsgeographie entsprach weitgehend dem, was nach OBST (1961: XIV) die Hauptaufgabe des Faches darstellt, nämlich „Raumeinheiten zu ermitteln und darzustellen, die sich durch eine spezifische Artung und Entfaltung von Wirtschaft und Verkehr als Raumgebilde eigenen Charakters erweisen." Wichtig sei es insbesondere, die Einflüsse von Natur und Mensch auf Wirtschaft und Verkehr zu berücksichtigen, wobei vor allem die natürlichen Einflüsse wichtige Themenbereiche der Wirtschaftsgeographie darstellten. Beim Faktor „Mensch" gebe es zwar „Einwirkungen, denen zweifellos erhebliche wirtschaftliche Bedeutung zukommt, die aber nicht von geographischer Seite zu untersuchen sind." Dies sei Sache der Volks- und Betriebswirtschaftslehre (OBST 1961: 1). Und so wie bei Obst ein Schwerpunkt auf der Produktionsgeographie lag (vgl. WEIGT 1960: 298), spielte auch bei Thiel die Behandlung der einzelnen Wirtschaftsgüter (z.B. Nahrungsmittel, Metallerze, Energierohstoffe, Industrieerzeugnisse), ihrer Standorte, ihres Vorkommens, ihrer Nutzung, des Handels mit ihnen usw. eine große Rolle.

2 Der Ausbau des Faches und die Wende zur Sozialgeographie unter K. Ruppert

Nach der Emeritierung von Erich Thiel wurde KARL RUPPERT (Privatdozent am Geographischen Institut der TH München) 1964 zunächst zum Lehrstuhl-Vertreter und 1965 zum Ordinarius für Wirtschaftsgeographie berufen. Die folgenden Jahre bis um 1980 können als eine Art „Aufbruchsphase“ gesehen werden; sie waren geprägt durch eine wissenschaftliche Neuausrichtung, die sich in wesentlichen Veränderungen in Forschung und Lehre bemerkbar machte, aber auch durch einen Ausbau in Bezug auf Personal und Sachmittel und durch eine starke Hinwendung zu anwendungsbezogener Arbeit. Letzteres geschah vor allem in Form der damals noch eher kritisch, vielfach sogar ablehnend beurteilten „Drittmittel“-Forschung, hauptsächlich durch Gutachten für Ministerien, Behörden und Institutionen der Raumplanung und Kommunen.

In personeller Hinsicht war vor allem die Schaffung einer zweiten Hochschullehrerstelle bedeutsam (H2/3, später C2/3). Sie wurde zuerst von F. SCHAFFER besetzt (1971 – 1973), der dann als erster Ordinarius für Sozial- und Wirtschaftsgeographie an die neu gegründete Universität Augsburg berufen wurde. 1975 – 1977 hatte J. MAIER nach seiner Habilitation die Stelle inne, der anschließend an die ebenfalls neu gegründete Universität Bayreuth als Lehrstuhlinhaber für Wirtschaftsgeographie und Regionalplanung wechselte. In der Zwischenzeit wurde die Professur von L. SCHÄTZL (ursprünglich ein ehemaliger THIEL-Schüler) bis zu seinem Wechsel auf einen Lehrstuhl am Geographischen Institut der FU Berlin vertreten. Auch die Zahl der wissenschaftlichen Mitarbeiter konnte erhöht werden, und entsprechend den gestiegenen Anforderungen und Aufgaben ließen sich Stellenmehrungen in der von K. RUPPERT immer stark unterstützten und technisch hervorragend ausgebauten Kartographie (mit Fotolabor), im Sekretariat und in der Bibliothek (Teilbibliothek Wirtschaftsgeographie der Universitätsbibliothek) erreichen.

Die Öffentlichkeitsarbeit und die Verbreitung wissenschaftlicher Erkenntnisse und von aktuellen und in der Praxis anwendbaren Forschungsergebnissen nicht nur in der engeren Fachwelt, sondern speziell auch unter Lehrern, Politikern und angewandt arbeitenden Geographen waren für K. RUPPERT immer besonders wichtige Anliegen. Daher veröffentlichte er regelmäßig Tätigkeitsberichte des Instituts, und es wurden zwei Schriftenreihen gegründet. Seit 1965 boten die „Münchner Studien zur Sozial- und Wirtschaftsgeographie“ die Möglichkeit, Forschungsarbeiten, vor allem Dissertationen von Institutsangehörigen, aber auch Tagungsberichte und Sammelbände mit

Beiträgen zu Forschungsthemen des Lehrstuhls, zu publizieren. Durch den gleichzeitig eingeführten Schriftentausch mit zeitweise mehr als 400 in- und ausländischen Partnerinstituten (nicht nur aus dem universitären Bereich) erreichten die Forschungen des Lehrstuhls eine weite Verbreitung und konnte die Institutsbibliothek stark erweitert werden. 1970 wurden die „WGI-Berichte zur Regionalforschung“ als zweite Schriftenreihe gegründet. Das Ziel war, im Sinne einer praxisorientierten Schnellinformation aktuelle Forschungsergebnisse kostengünstig zu veröffentlichen und den Nutzern, hauptsächlich Orts-, Regional- und Landesplanern, aber auch Kommunalpolitikern, rasch zur Verfügung zu stellen.

Durch den Vollzug des Bayerischen Hochschulgesetzes zum 1.10.1974 wurden alle „alten“ Fakultäten der Ludwig-Maximilians-Universität aufgelöst und eine Neugliederung in 21 sog. Fachbereiche geschaffen (die später wieder in Fakultäten umbenannt wurden). Das Institut für Wirtschaftsgeographie blieb, im Gegensatz zu vielen anderen, als eigenständiges Institut erhalten und wurde nach längeren Diskussionen – z.B. standen auch Volkswirtschaftslehre und Sozialwissenschaften zur Debatte – dem Fachbereich Betriebswirtschaft zugeordnet (vgl. WIRTSCHAFTSGEOGRAPHISCHES INSTITUT 1975: 2ff.).

Innerhalb dieses organisatorischen und personellen Rahmens entwickelte K. RUPPERT eine „neue“ Wirtschaftsgeographie, indem er sie unter sozialgeographischem Aspekt weiter ausbaute, so dass – z.B. in Prüfungsordnungen – vielfach der Begriff „Wirtschafts- und Sozialgeographie“ verwendet wurde. Die Notwendigkeit, Erkenntnisse der Sozialwissenschaften in die Anthropogeographie, speziell auch in die Wirtschaftsgeographie, einzubauen, war zu jener Zeit weitgehend unbestritten. Differenzen gab es darüber, wie dies zu geschehen habe. OTREMBA (1969: 21) hielt es für „ratsam, keine eigene Sozialgeographie aufzubauen, sondern die Wirtschaftsgeographie in diesem Sinne weiterzuentwickeln, um sie damit endlich und endgültig aus der Produktengeographie herauszunehmen.“ K. RUPPERT modifizierte diese Forderung insofern, als er die Sozialgeographie bewusst nicht als eine der vielen „Teilgeographien“ – neben der Siedlungs-, der Bevölkerungs-, der Wirtschafts-, der Agrargeographie usw. – sah, sondern als übergeordnete Konzeption, die sich aus einer Weiterentwicklung der funktionalen Anthropogeographie unter sozialwissenschaftlichen Aspekten ergab. K. RUPPERT wurde hierbei stark von H. BOBEK (Wien) und seinem akademischen Lehrer W. HARTKE (TH München) beeinflusst (vgl. z.B. BOBEK 1962; HARTKE 1959), deren wegweisende Gedanken er vielfach weiter entwickelte und, anfangs zusammen mit F. SCHAFFER, in ein geschlossenes System einbaute.

Dieses „sozialgeographische Konzept" wurde erstmals in der „Geographischen Rundschau" (RUPPERT/SCHAFFER 1969) und später in erweiterter und leicht modifizierter Form in einem Lehrbuch der Reihe „Das Geographische Seminar" publiziert (MAIER ET AL. 1977). Sozialgeographie wird hier definiert als „Wissenschaft von den räumlichen Organisationsformen und raumbildenden Prozessen der Daseinsgrundfunktionen menschlicher Gruppen und Gesellschaften" (MAIER ET AL. 1977: 21). In Anlehnung hieran definierte der Autor Wirtschaftsgeographie, so wie sie am Lehrstuhl RUPPERT verstanden wurde, als „diejenige Teilwissenschaft der Geographie des Menschen … welche die Beziehungen zwischen geographischem Raum und Wirtschaft, insbesondere die raumrelevanten Auswirkungen der Wirtschaftstätigkeit des Menschen, in ihrer regionalen Differenzierung analysiert." Sie untersucht dabei „das komplexe Wirkungsgefüge zwischen den durch die Ausübung der Grunddaseinsfunktionen sozialer Gruppen hervorgerufenen wirtschaftlichen Erscheinungen und Prozessen in ihrer Raumrelevanz sowie deren Beziehungen untereinander und mit anthropo- und physisch-geographischen Geofaktoren … " (PAESLER 1976: 354).

Das sozialgeographische Konzept erreichte in der Fachwelt schnell einen hohen Bekanntheitsgrad und wurde in den 1970er und 80er Jahren intensiv und auch kontrovers diskutiert. Man sprach bald von der „Münchner Schule der Sozialgeographie". Auch im Ausland wurde es stark beachtet; beispielsweise wurde das erwähnte Grundlagen-Lehrbuch „Sozialgeographie" in vier Fremdsprachen übersetzt und publiziert. In Deutschland wurde die Wirtschafts- und Sozialgeographie der „Münchner Schule" vor allem von Geographie-Didaktikern aufgegriffen. Ihre Grundgedanken wurden bei dem in den 1960er und 70er Jahren stattfindenden Übergang von der auf länderkundliche Beschreibung fixierten Schulerdkunde alter Art zur problemorientierten Geographie zum Bestandteil vieler Lehrpläne der Gymnasien und Realschulen.

Auch die Raumplanung (Orts-, Regional- und Landesplanung und Fachplanungen), die in den 1970er Jahren eine wesentliche Steigerung ihres Stellenwertes erfuhr (man sprach zeitweise von „Planungseuphorie"), wurde in Deutschland – nicht nur in Bayern – stark durch die Wirtschaftsgeographie nach K. RUPPERT geprägt. Wichtig waren vor allem seine intensive Mitarbeit in wissenschaftlichen Akademien (u.a. zeitweise Vizepräsident der Akademie für Raumforschung und Landesplanung und viele Jahre Leiter der Landesarbeitsgemeinschaft Bayern dieser Akademie) und in staatlichen Gremien und Gutachter-Kommissionen (u.a. Landesplanungsbeirat, Kommission des bayerischen Innenministeriums zur Neugliederung der Kreise und Regierungsbezirke und Stadt-Umland-Kommission während der Zeit der Verwaltungsgebietsreformen in den 1970er Jahren) und seine politisch-geographischen und raumplanerischen Gutachten, die er mit seinen Mitarbeitern durchführte (z.B. Einteilung Bayerns in Planungsregionen, Planungsgrundlagen für den bayerischen Alpenraum, Leitbilder und Planungsgrundlagen zur Entwicklung der Kulturlandschaft, insbesondere der ländlichen Räume in Bayern). In einem der im 5-Jahres-Abstand herausgegebenen Tätigkeitsberichte des Instituts formulierte K. RUPPERT dementsprechend, eine Hauptaufgabe der sozialgeographisch konzipierten Wirtschaftsgeographie sei „Dienst gegenüber der Gesellschaft in Form von Arbeiten für die Praxis", wobei Wirtschaftsgeographie in diesem Sinne vor allem als Grundlage für die Raumplanung zu betrachten sei (WIRTSCHAFTSGEOGRAPHISCHES INSTITUT 1975: 7).

Im Bereich der regionalen Wirtschaftsgeographie lag neben dem süddeutschen Raum ein Schwerpunkt der Forschung, besonders in den 1970er und 80er Jahren, in Ostmittel- und Südosteuropa – trotz der Erschwernisse, denen sozialgeographische Forschung in den damals sozialistischen Ländern ausgesetzt war. Wirtschafts- und sozialgeographische Studien in Ungarn, Slowenien, Kroatien, Makedonien, Bulgarien und anderen Ländern erfolgten hauptsächlich im Rahmen des von der DFG eingerichteten Sonderforschungsbereichs „Südosteuropa" und in enger Zusammenarbeit mit Wirtschafts- und Sozialwissenschaftlern und mit Fachkollegen dieser Länder (z.B. Geographen in Budapest, Pécs, Ljubljana, Maribor, Zagreb und Bratislava). Außerdem engagierte sich K. RUPPERT intensiv in der Südosteuropa-Gesellschaft, in der er viele Jahre hindurch leitende Positionen inne hatte, und im universitären Aufbaustudium „Ost- und Südosteuropa".

Die wissenschaftliche Tätigkeit am Wirtschaftsgeographischen Institut in Süddeutschland umfasste neben den erwähnten planungsbezogenen Arbeiten auch vielfältige sozialgeographisch orientierte Studien zu Fragen der Agrar-, Industrie-, Stadt- und Bevölkerungs- und nicht zuletzt der Fremdenverkehrsgeographie bzw. im umfassenderen Sinn – in K. RUPPERTS Terminologie – der Geographie des Freizeitverhaltens. Auch hier engagierte sich K. RUPPERT im institutionellen Bereich; er übte jahrelang die Funktion eines wissenschaftlichen Leiters des „Deutschen Wirtschaftswissenschaftlichen Instituts für Fremdenverkehr an der Universität München" aus und war korrespondierendes Mitglied der „Commission de Géographie du Tourisme et des Loisirs" der Internationalen Geographen-Union. Ein Ergebnis der intensiven Beschäftigung mit der Geographie Bayerns war die im Rahmen der länderkundlichen Reihe der Wissenschaftlichen Buchgesellschaft herausgegebene „Landeskunde aus sozialgeographischer Sicht" von Bayern als Gemeinschaftswerk von K. RUPPERT und seinen

Mitarbeitern (RUPPERT ET AL. 1987). Auch die Münchner Geographische Gesellschaft muss in diesem Zusammenhang erwähnt werden, bei der er in seinem Bestreben, geographische Bildungsarbeit zu leisten, viele Jahre hindurch Positionen im Vorstand bekleidete, Exkursionen durchführte, Beiträge publizierte und Vorträge hielt.

Als dritter bedeutender regionaler Forschungsbereich von K. RUPPERT – neben Süddeutschland und Südosteuropa – ist nicht zuletzt auch der Alpenraum zu nennen, dem er sich mit bevölkerungs-, siedlungs-, agrar- und tourismusgeographischen Studien widmete. Eine Vielzahl von Publikationen sowie von Diplom- und Doktorarbeiten, die von K. RUPPERT betreut wurden, zeugen vom breiten wissenschaftlichen Interesse am Alpenraum und im Alpenvorland mit Schwerpunkten in den Zentral- und Ostalpen. Nicht nur in Bayern, auch in Österreich, Südtirol und Slowenien wurde K. RUPPERT wegen seiner Detailkenntnisse der regionalen Probleme und der sozioökonomischen Situation als Mitglied und Berater in diverse Planungsinstitute, wissenschaftliche Kommissionen, Gesellschaften und Akademien berufen (vgl. RUPPERT 1987: 21; 1992: 16, 26ff.). Besonders ist in diesem Zusammenhang die Mitarbeit bei der „Arge Alp“ (Arbeitsgemeinschaft der Alpenländer) und der „Arge Alpen-Adria“ zu nennen.

Im Bereich der akademischen Lehre ergaben sich in den 1970er Jahren größere Veränderungen. Wegen der nun weniger wirtschafts- und stärker sozialwissenschaftlich ausgerichteten Wirtschaftsgeographie nahm der Anteil der Studierenden mit wirtschaftswissenschaftlichem Studiengang (Volks- und Betriebswirte und Wirtschaftspädagogen) ab. Stattdessen stieg der Anteil der Lehramtskandidaten für das Fach Erdkunde. Nicht nur deren Anteil, auch die Anzahl erhöhte sich, so dass bereits 1973 für die sog. „Lehreinheit“ Geographie (d.h. gemeinsam mit dem Geographischen Institut der Universität) ein Numerus clausus eingeführt werden musste. Im Wintersemester 1974/75 studierten beispielsweise 1 020 (Wirtschafts-) Geographen; 232 Studienanfänger wurden zugelassen (WIRTSCHAFTSGEOGRAPHISCHES INSTITUT 1975: 25).

Schon vorher, im Wintersemester 1972/73, war, nicht zuletzt auf Betreiben von K. RUPPERT, das Diplomstudium in Geographie eingeführt worden. Es wurde als gemeinsames Grundstudium beider LMU-Institute organisiert mit der Pflicht, sich nach dem Vordiplom in sowohl Physischer Geographie (am Geographischen Institut) als auch in Wirtschafts- und Sozialgeographie (am Wirtschaftsgeographischen Institut) für das Hauptstudium und die Diplomprüfung für eine der beiden Richtungen zu entscheiden. K. RUPPERT sah das Hauptarbeitsgebiet der von ihm ausgebildeten Diplom-Geographen wirtschafts- und sozialwissenschaftlicher Richtung im Bereich der Raumplanung (Orts- bzw. Stadt-, Regional- und Landesplanung, Fachplanungen) und in verwandten Arbeitsgebieten. Da in den 1970er und 80er Jahren die schon erwähnte „Planungseuphorie“ herrschte und in Bayern wie in den anderen Bundesländern eine Vielzahl von qualifizierten Arbeitsplätzen in neu eingerichteten oder stark erweiterten Planungsinstitutionen, Planungsabteilungen in Ministerien, Stadtverwaltungen und Behörden, auch in raumplanungsaffinen Akademien, Hochschulinstituten und privatwirtschaftlichen Beratungsunternehmen zur Verfügung standen und entsprechender Nachwuchs gesucht wurde, gab es keine Probleme, die Diplom-Geographen dieser Richtung auf dem Arbeitsmarkt unterzubringen. Wegen des guten Rufes der wirtschafts- und sozialgeographischen Ausbildung entwickelte sich auch ein größerer Bedarf an Wahl- und Nebenfachstudienplätzen. Entsprechende Diplom- und Magister-Studierende kamen vor allem von den Hauptfächern Soziologie, Politikwissenschaft, Völkerkunde, Kommunikationswissenschaft und Neuere Geschichte.

Konnten die 1970er Jahre als “Aufbruchsphase“ der Münchner Wirtschaftsgeographie bezeichnet werden, so waren die 80er Jahre durch eine weitere personelle (und damit auch inhaltliche) und räumliche Erweiterung und eine Konsolidierung auf dem erreichten hohen Niveau gekennzeichnet. Positiv sowohl auf die Forschung als besonders auch auf die Lehre wirkten sich die Raummehrungen, Modernisierungen und Umbauten aus, die 1978 – 1981 durchgeführt werden konnten. Durch Erweiterung des Raumbestandes auf dem Areal der beiden wirtschaftswissenschaftlichen Fakultäten am Professor-Huber-Platz und an der Ludwigstraße, mit dem „Turm“ als Kernbestand in der Mitte, konnten die Bibliothek, die Kartographie und das Sekretariat wesentlich erweitert und die Arbeitsbedingungen für das betreffende Personal und vor allem auch für die Studierenden stark verbessert werden. Zudem konnten neue und funktionsgerechte Dienstzimmer für die Professoren und wissenschaftlichen Mitarbeiter eingerichtet und mit dem Aufkommen der EDV entsprechende Arbeitsplätze geschaffen werden.

Am 1.4.1979 nahm HANS-DIETER HAAS, der als Privatdozent aus Tübingen berufen worden war, seine Tätigkeit als neuer C-3-Professor (Extraordinarius) auf. Damit wurden das Forschungsprogramm und das Lehrangebot des Instituts – zwischenzeitlich in „Institut für Wirtschaftsgeographie“ umbenannt – wesentlich erweitert. H.-D. HAAS kam als Experte für die Wirtschaftsgeographie Lateinamerikas, speziell der Karibik, arbeitete in der „Arbeitsgemeinschaft Lateinamerika-Forschung“ (ADLAF) mit und erweiterte das Lehrprogramm des Instituts mit Vorlesungen, Seminaren und Exkursionen zu Entwicklungsländerthemen (Lateinamerika und karibischer Raum, Westafrika, Ostasien; vgl. RUPPERT 1992: 18f.).

Weitere Schwerpunkte der Arbeit von H.-D. HAAS bezogen sich auf die Analyse unterschiedlich strukturierter industrieller Standorträume und Bergbaugebiete sowie auf Fragen der Rohstoff-, Abfall- und Entsorgungswirtschaft und des Rohstoffrecycling. Er war einer der ersten deutschen Geographen, die sich in den 1980er Jahren dieses damals noch eher vernachlässigten Themas annahmen. Er publizierte entsprechende empirische Untersuchungen in der 1985 von ihm begründeten Materialienreihe „Untersuchungen zur Abfallwirtschaft und zum Entsorgungsverhalten der Bevölkerung". Zu einer Zeit, als das sog. Duale System der Abfallwirtschaft, die Verpackungsverordnung, verschiedene Systeme der Mülltrennung u.ä. heftig und kontrovers diskutiert wurden und in der Bevölkerung erst langsam das Bewusstsein von der Notwendigkeit der Wertstoffsammlung und des Rohstoffrecycling wuchs, trug H.-D. HAAS mit dem von ihm 1987 gegründeten geographischen Arbeitskreis „Entsorgung und Rohstoffrecycling", mit Vorträgen – auch außerhalb der Universität – und mit fach- und populärwissenschaftlichen Publikationen viel zur Bewusstseinsbildung bei.

Weitere Hochschullehrer und damit eine Erweiterung des Lehr- und Forschungsspektrums erhielt das Institut mit PETER GRÄF, der nach seiner Habilitation über wirtschafts- und sozialgeographische Aspekte der Information und Kommunikation als Privatdozent lehrte (bis zu seiner Berufung als Professor an die TH Aachen) und mit WERNER BUCHNER. Als Ministerialdirektor (Amtschef) am Bayerischen Staatsministerium für Landesentwicklung und Umweltfragen war er langjähriger Lehrbeauftragter am Institut und wurde 1988 zum Honorarprofessor für Raumordnung und Landesplanung ernannt.

3 H.-D. Haas – Wirtschaftsgeographie im Verbund mit den Wirtschaftswissenschaften

Die aktive Dienstzeit von K. RUPPERT endete mit seiner Emeritierung am Ende des Wintersemesters 1990/91 (vgl. RUPPERT 1992: 52). Während der folgenden Semester wurde der Lehrstuhl bis zur Berufung eines Nachfolgers nacheinander durch mehrere Vertreter wahrgenommen (U. ANTE, P. GRÄF, F. ZIMMERMANN). Im Wintersemester 1992/93 erhielt H.-D. HAAS, für den inzwischen Rufe auf geographische Lehrstühle in Tübingen und Stuttgart vorlagen, den Ruf auf die Nachfolge von K. RUPPERT als Ordinarius für Wirtschaftsgeographie und Vorstand des Instituts, den er annahm.

Mit H.-D. HAAS begann wiederum eine Zeit der Neuausrichtung der Münchner Wirtschaftsgeographie, die nun durch eine in der Lehre, d.h. durch eine neue Diplom-Studien- und -Prüfungsordnung auch institutionalisierte, „Rückführung" des Faches in die Wirtschaftswissenschaften gekennzeichnet war. Dabei wurden jedoch die inzwischen in der geographischen Fachwelt allgemein anerkannten und weithin unbestrittenen sozialgeographischen Grundideen und Ansätze – Berücksichtigung der sozialen Gruppen als Akteure raumwirksamen Handelns – nicht aufgegeben, sondern auf weitere Bereiche wirtschaftsgeographischer Forschung, vor allem im internationalen Rahmen, übertragen und weiter entwickelt.

Die Wirtschaftsgeographie beschäftigt sich nach H.-D. HAAS „mit der räumlichen Dimension wirtschaftlicher Prozesse und Aktivitäten" und steht dabei „an der Schnittstelle zwischen Geowissenschaften, Geographie und Wirtschaftswissenschaften". Beachtung finden bei wirtschaftsgeographischen Analysen einerseits „die Wirkung natürlicher Raumfaktoren auf wirtschaftliches Handeln (bzw. umgekehrt)", andererseits Sachverhalte „im soziokulturellen Bereich", die „hohe Relevanz" für das wirtschaftliche Handeln aufweisen. „Zentraler Forschungsgegenstand ist der Wirtschaftsraum … in seinen verschiedenen Maßstabsebenen" bzw. sind „wirtschaftliche Aktivitäten von Akteuren in räumlicher Perspektive." Generelles Ziel der Wirtschaftsgeographie ist es demnach, von der lokalen über die regionale und nationale Ebene bis zur globalen Betrachtung, „räumliche Verbreitungs- und Verknüpfungsmuster bzw. Organisations- und Interaktionsformen, die sich aus dem wirtschaftlichen Handeln unterschiedlicher Akteure ergeben, zu erfassen und fachlich zu bewerten." (alle Zitate HAAS/NEUMAIR 2007: 1).

Wie schon die frühen Münchner Arbeiten zur Problematik der Abfallentsorgung und des Rohstoffrecyclings zeigten, war für H.-D. HAAS immer das Handeln der unterschiedlichen Akteure wirtschaftlicher Prozesse, ihrer Beweggründe und ihrer Entscheidungsprozesse ein besonders wichtiger Aspekt wirtschaftsgeographischer Forschung. Bei einer Orientierung an den „Grundansätzen der zeitgenössischen Wirtschaftsgeographie", wie sie SCHAMP (1983: 40ff.) dargelegt hat, ist H.-D. HAAS eindeutig als ein Vertreter des „verhaltens- und entscheidungstheoretischen Ansatzes" anzusehen (SCHAMP 1983: 43). Der vor allem von L. SCHÄTZL (2003) präferierte raumwirtschaftliche Ansatz, der eine rein ökonomische Erklärung für die räumliche Ordnung der Wirtschaft sucht und den Menschen als „homo oeconomicus" sieht, der stets nach dem ökonomischen Prinzip mit dem Ziel der Gewinnmaximierung agiert (vgl. SCHAMP 1983: 41ff.; HAAS/NEUMAIR 2007: 24f.), wurde mit seinen Theorie- und

Modellansätzen (z.B. VON THÜNEN, CHRISTALLER, LÖSCH) von H.-D. HAAS zwar im akademischen Unterricht und im Schrifttum in gebührender Weise dargestellt, jedoch immer mit Hinweis auf das weitgehende Fehlen von sozial- und verhaltenswissenschaftlichen Parametern, ohne die Standortentscheidungen und wirtschaftliche Entwicklungen im Raum nicht befriedigend erklärt werden können.

Der verhaltens- und entscheidungstheoretische Forschungsansatz sieht dagegen den Menschen nicht als „optimizer", sondern als „satisfizer". Der Mensch handelt in der Regel ökonomisch gesehen nicht streng rational, sondern stellt häufig die Gewinn- und Nutzenmaximierung zurück und verfolgt stattdessen eher Zielsetzungen, die am individuellen Anspruchsniveau, an persönlichen Präferenzen, subjektiven Wertvorstellungen und an zeitbedingten Modeerscheinungen orientiert sind und die zudem nur auf begrenzten und unvollständigen Informationen über die Gesamtheit der möglichen Handlungsalternativen beruhen (vgl. HAAS/NEUMAIR 2007: 24ff.). Auf dieser Basis entwickelte H.-D. HAAS beispielsweise das Konzept einer verhaltensorientierten Industriegeographie (HAAS/FLEISCHMANN 1986).

Für die wissenschaftlichen Schwerpunkte während der 16 Jahre, die H.-D. HAAS als Inhaber des Lehrstuhls für Wirtschaftsgeographie an der LMU München wirkte, stehen – neben einer Vielzahl von Zeitschriftenaufsätzen – vor allem vier Lehrbücher, die er in den letzten Jahren seiner Tätigkeit zusammen mit engen Mitarbeitern veröffentlichte: „Internationale Wirtschaft" (HAAS/NEUMAIR 2006), „Wirtschaftsgeographie" (HAAS/NEUMAIR 2007; 2. Aufl. 2008), „Umweltökonomie und Ressourcenmanagement" (HAAS/SCHLESINGER 2007) sowie „Geographie der internationalen Wirtschaft" (HAAS/NEUMAIR/SCHLESINGER 2009). Über einzelne Aspekte der Forschungstätigkeit am Lehrstuhl informieren die im vorliegenden Band publizierten Arbeiten von Mitarbeitern und Lehrbeauftragten des Instituts; an dieser Stelle soll anhand von Beispielen ein kurzer Überblick über wesentliche Forschungsthemen gegeben werden.

Im Bereich der allgemeinen Wirtschaftsgeographie standen vor allem Fragen der Standorttheorie, der Standortwahl und von Standortentscheidungen von Unternehmen sowie der Regionalentwicklung durch derartige unternehmerische Entscheidungen im Vordergrund. So wurde beispielsweise der Frage nachgegangen, durch welche unternehmerische Anpassungshandlungen auf Stressfaktoren, die auf einen Betrieb einwirken, reagiert wird, Faktoren, die als Standortunzulänglichkeiten anzusehen sind, aber als Stimuli für unternehmerisches Handeln wirken können. Neben standortinternen Stressfaktoren (z.B. fehlende Expansionsmöglichkeiten, schlechte örtliche Verkehrsverhältnisse, Überalterung von Produktionsanlagen, Umweltschutzauflagen) stehen standortexterne Faktoren wie neue Konkurrenzsituationen, Konjunktureinbrüche, technologische Umwälzungen u.a. (HAAS/NEUMAIR 2007: 53f.). Die Reaktion der Unternehmer auf diese Faktoren kann von standorterhaltenden Maßnahmen über Standortverlagerungen bis zur Liquidation des Betriebs reichen. Am Beispiel von neuen Umweltschutzgesetzen, neuer Konkurrenz überseeischer Produzenten aufgrund der Globalisierung der Wirtschaft oder von Verknappung von Rohstoffen und dadurch verursachten erhöhten Preisen wurden diese Fragen vielfach im Rahmen von Diplomarbeiten behandelt.

Einen Spezialbereich innerhalb wirtschaftsgeographischer Standortforschung stellen Immobilienmärkte dar. Die Standortwahl von Gewerbebetrieben wie auch von Wohnsiedlungen oder z.B. Freizeiteinrichtungen hängt wesentlich von der Ausgestaltung der Immobilienmärkte ab (Grundstückspreise, Baurecht aufgrund von Flächennutzungs- und Bebauungsplänen, Eigentumsverhältnisse, Lage bebaubarer Grundstücke – etwa im Verkehrsnetz –, Umweltschutzauflagen usw.). Gerade in einem überdurchschnittlich wachsenden Wirtschaftsraum wie der Region München spielen Fragen der Immobilienwirtschaft (Immobilienentwicklung und -management) eine wichtige Rolle. H.-D. HAAS konnte für diesen Bereich MATTHIAS OTTMANN als Lehrbeauftragten gewinnen, der Vorlesungen und Projektseminare zu Themen wie Immobilienmanagement und Standort- und Marktanalysen in der Immobilienwirtschaft anbot. Daneben wurden mehrfach Gutachten, z.B. für Industrie- und Handelskammern, zur Frage von Gewerbeimmobilienstandorten durchgeführt und Datenbanken eingerichtet.

Neben Standortfragen stellten Regionalanalysen, z.B. als Grundlage für die Raumplanung und Wirtschaftsförderung, schon immer einen wichtigen Teil wirtschaftsgeographischer Theorie und Empirie dar. Die sich in den letzten Jahren kräftig entwickelnde Globalisierung hat die Bedeutung der Regionen verstärkt in das wissenschaftliche und politische Interesse gerückt. Entsprechend spielten regionalgeographische Analysen am Lehrstuhl HAAS von Anfang an eine wichtige Rolle. Hierbei wurde nicht nur dem häufig an das Institut herangetragenen Wunsch nach Gutachten im Sinne einer Unterstützung von Maßnahmen der lokalen und regionalen Wirtschaftsförderung entsprochen. H.-D. HAAS legte auch immer Wert auf die Weiterentwicklung der Theorie regionaler Wirtschaftsräume, regionalen Strukturwandels, regionaler Wachstums- und Schrumpfungsprozesse, regionaler Disparitäten usw. Nur als Stichworte seien hier Forschungsthemen genannt, wie Industriedistrikte, kreative Milieus, regionale Unternehmenskonzentrationen und Netzwerke, Unternehmenscluster, die Bedeutung forschungs- und wissensintensiver Unternehmen für die regionale Wettbewerbsfähigkeit im nationalen und globalen Markt (z.B. Gutachten zum „Dienstleistungsstandort Bayern"), regionalökonomische Ausstrahlungseffekte von Einrichtungen der Verkehrs- und Versorgungsinfrastruktur (z.B. Gutachten für einzelne Aspekte eines Entwicklungskonzepts für das weitere Umland des neuen Münchner Flughafens) usw.

Der Prozess der Globalisierung hat sich in den letzten Jahren als eine der wichtigsten Herausforderungen für wirtschaftsgeographische Analysen entwickelt. Es wurde selbstverständlich auch durch H.-D. HAAS und seine Mitarbeiter theoretisch aufgearbeitet und anhand von regionalwirtschaftlichen sowie branchenspezifischen Untersuchungen thematisiert (vgl. HAAS 2006a; HAAS/NEUMAIR 2007: 106ff.). Die Globalisierung hat ökonomische, kulturelle, soziale und ökologische Aspekte; aus wirtschaftsgeographischer Sichtweise versteht man darunter die starke Zunahme internationaler Wirtschaftsbeziehungen und -verflechtungen und das Zusammenwachsen von Märkten für Güter und Dienstleistungen über die Grenzen einzelner Staaten hinaus, wobei politische Entwicklungen und Entscheidungen (z.B. Abbau von Handelsbeschränkungen), internationale Kapitalströme und die Diffusion neuer Technologien eine große Rolle spielen. Globalisierung bedeutet also Zunahme der Intensität und der Reichweite grenzüberschreitender wirtschaftlicher Austauschbeziehungen, damit auch Intensivierung des Wettbewerbs durch Vergrößerung der Märkte bis hin zum Entstehen globaler Märkte. Neben der seit längerem intensivierten Integration der „Output-Märkte" (z.B. Welthandel mit Industrieprodukten) kam es in den letzten Jahren auch zu einer verstärkten Integration der „Input-Märkte" und zu einer grenzüberschreitenden Organisation der Produktion und der produktionsnahen Dienstleistungen.

Wichtige Charakteristika der Globalisierung von wirtschaftsgeographischem Interesse sind die rasche Zunahme des Welthandels (nicht nur des Waren-, sondern ebenso des Dienstleistungshandels), zunehmende Direktinvestitionen von Unternehmen im Ausland, die Bildung trans- bzw. multinationaler Unternehmen, Zulieferbeziehungen über Staatsgrenzen hinweg („global sourcing"), schließlich der rapide abnehmende Einfluss der Nationalstaaten auf die global operierende Wirtschaft mit nur noch geringen Möglichkeiten, staatlicherseits auf Standortentscheidungen, Produktionsziele, Finanztransfers, Geschäftspraktiken usw. einzuwirken.

Zu den hier angesprochenen Fragenkreisen wurde eine Vielzahl von Studien erarbeitet, insbesondere in Form von Diplomarbeiten unter der Leitung von H.-D. HAAS und seinen Mitarbeitern. Beachtung fand auch das Spannungsfeld zwischen Globalisierung und Regionalisierung. Im Sinne von Blockbildung ist Regionalisierung eine Begleiterscheinung der Globalisierung und bedeutet das Entstehen regionaler Integrationsräume (z.B. EU, NAFTA, ASEAN). Regionalisierung kann aber auch als eine Gegenbewegung zur Globalisierung gesehen werden und meint den Prozess kleinräumiger territorialer Integration und der Bildung regionaler Netzwerke (Cluster, Industriedistrikte). Wie HESS (1998) nachwies, kommt es nicht selten zu einer Synthese zwischen Globalisierung (z.B. im Beschaffungs- und Absatzwesen von Unternehmen) und Regionalisierung oder sogar Lokalisierung (regional verortete Produktion transnationaler Unternehmen). Hierfür wurde die Bezeichnung „Glokalisierung" geprägt (vgl. HAAS/NEUMAIR 2007: 107f.).

Zum Themenkomplex Globalisierung gehören auch zwei Forschungsbereiche, denen sich H.-D. Haas in den letzten Jahren zusammen mit zwei Mitarbeitern widmete (J. REHNER und H.-M. ZADEMACH). Zunächst ist die Thematik der interkulturellen Kommunikation, des interkulturellen Marketings und des Unternehmerverhaltens in außereuropäischen Ländern zu nennen. H.-D. HAAS arbeitet als Mitvorstand des bayerischen Forschungsverbunds „fortrans" (interdisziplinäre Forschungen über transnationale Netze), das sich mit den wirtschaftlichen, politischen, sozialen und kulturellen Risiken grenzüberschreitender Zusammenarbeit von Unternehmen befasst. Inzwischen wurde eine Arbeit über Unternehmerverhalten in Mexiko abgeschlossen (REHNER 2004); eine Studie über interkulturelles Risikomanagement durch informelle Netzwerke, bezogen auf Korruptions- und Kriminalitätsrisiken in Lateinamerika, ist in Bearbeitung. Ein anderes Forschungsthema sind die räumlichen Auswirkungen von Unternehmenszusammenschlüssen und Firmenübernahmen im weltweiten Rahmen („mergers and acquisitions") und generell die wirtschaftsgeographische Bedeutung globaler Produktion und Dienstleistungsangebote durch transnationale Unternehmen (vgl. ZADEMACH 2005; ZADEMACH 2006).

Im Verlauf des Globalisierungsprozesses kommt es seit den letzten Jahrzehnten des 20. Jahrhunderts zu einer außerordentlich raschen wirtschaftlichen Entwicklung von solchen Entwicklungsländern, die als „Schwellenländer" („emerging market economies", „newly industrialized countries") den Weg einer forcierten Industrialisierung einschlugen, sich ausländischen Direktinvestitionen öffneten und sich intensiv am Welthandel beteiligen, vor allem durch den Export von Industrieprodukten. Beispiele sind China und Indien. Auch hierzu wurden Forschungen am Lehrstuhl von H.-D. HAAS durchgeführt (vgl. HAAS 2006b). Er beteiligte sich u.a. am bayerischen Forschungsverbund „Forarea" im Arbeitsfeld „Interkulturelle Kommunikation und Unternehmerverhalten in außereuropäischen Ländern" mit dem Projekt „Standortbedingungen, Marktchancen und -risiken für den bayerischen Mittelstand in der VR China".

Umweltprobleme und Ansätze zu ihrer Lösung einerseits, die Verknappung natürlicher Ressourcen und die Notwendigkeit eines nachhaltigen Ressourcenmanagements andererseits gehören heute zu den wichtigsten und gesellschaftlich notwendigsten – auch von politischer Seite immer wieder angemahnten – Themen geographischer Forschung. Da die Geographie sowohl anthropogene als auch naturwissenschaftliche und räumliche Aspekte betrachtet, kann sie entscheidende Impulse für eine integrative Umweltwissenschaft liefern (HAAS/SCHLESINGER 2007: VII). H.-D. Haas hat sich seit Beginn seiner Lehr- und Forschungstätigkeit in München mit Umweltfragen beschäftigt. Das Themenspektrum wurde im Lauf der Jahre ausgeweitet zu einer umfassenden Umweltökonomie als „Teil der Wirtschaftswissenschaft, die in ihren Theorien und Analysen ökologische Parameter miteinbezieht" (HAAS/SCHLESINGER 2007: 16).

Als Ziele angewandter Umweltökonomie sind die Reduktion des erforderlichen Inputs (Ressourcen und Energie), aber auch die Verminderung des unerwünschten Outputs (Emissionen) anzusehen und dies bei gleichzeitiger Sicherstellung einer ausreichenden Versorgung mit knappen Gütern (vgl. HAAS/SCHLESINGER 2007: 16). Hieraus wird deutlich, dass zur Umweltökonomie auch das nachhaltige Management der Ressourcen gehört. Insbesondere zur Reduzierung des Einsatzes von bergbaulich oder agrarisch gewonnenen Primärrohstoffen wie auch zum möglichst weitgehenden Recycling und zum Gebrauch von Sekundärrohstoffen einschließlich der legislativen Rahmenbedingungen wurde am Lehrstuhl eine Vielzahl von Studien angefertigt. In Vorlesungen und Seminaren wurden Themen wie betriebliche Umweltökonomie, umweltgerechte Unternehmenspolitik und Öko-Marketing behandelt; beim Ressourcenmanagement wurden gleichermaßen agrarische, mineralische und Energierohstoffe berücksichtigt (vgl. auch HAAS ET AL. 2005).

Ergebnisse der wissenschaftlichen Arbeiten des Lehrstuhls wurden selbstverständlich in den einschlägigen Fachzeitschriften veröffentlicht (bei der „Zeitschrift für Wirtschaftsgeographie" wurde H.-D. HAAS in den wissenschaftlichen Beirat berufen), daneben in den Instituts-Schriftenreihen. Hier fand eine Neuordnung statt. In den „Münchner Studien zur Sozial- und Wirtschaftsgeographie" publizierte zuletzt nur noch H. JOB; H.-D. HAAS rief eine neue Reihe zur Veröffentlichung der von ihm betreuten Dissertationen ins Leben („Wirtschaft & Raum", ab 1998). Die beiden Reihen „Untersuchungen zur Abfallwirtschaft und zum Entsorgungsverhalten der Bevölkerung" sowie „WGI-Berichte zur Regionalforschung" wurden eingestellt und stattdessen die neue Materialienreihe „WRU-Berichte" („Wirtschaftsraum – Ressourcen – Umwelt") im Eigenverlag des Instituts gegründet. In ihr sind von 1995 bis Anfang

2009 34 Hefte erschienen (vorläufige Ergebnisse und Kurzfassungen von Forschungsvorhaben, Arbeitsberichte, Diplomarbeiten, Unterrichtsmaterialien u.a.). In diesem Zusammenhang muss auch die lexikalische bzw. terminologische Arbeit am Lehrstuhl erwähnt werden. In dem von H. LESER erstmals 1984 herausgegebenen „DIERCKE"-Wörterbuch Allgemeine Geographie" wurden alle Stichwortartikel zur Anthropogeographie (einschließlich Wirtschaftsgeographie und Umweltökonomie) von H.-D. HAAS und R. PAESLER verfasst. 2005 erschien die 13. völlig überarbeitete und aktualisierte Auflage, erstmals auch mit englischer Übersetzung aller Stichworte.

Die erwähnte Rückführung der Wirtschaftsgeographie in den Bereich der Wirtschaftswissenschaften wurde von H.-D. HAAS, auch auf Drängen der Kollegen in der Fakultät für Betriebswirtschaft – Department Betriebswirtschaft – bei der akademischen Ausbildung in mehreren Schritten vorgenommen. Um die betriebswirtschaftlichen Lehrstühle im engeren Sinn zu entlasten und deren Angebotsspektrum in der Lehre zu verbreitern, wurde Wirtschaftsgeographie von einem (Pflicht-)Wahlfach für Betriebs- und Volkswirte zu einer der so genannten „Speziellen Betriebswirtschaftslehren" im Hauptstudium umgepolt. Unter dem Namen „Internationale Wirtschaftsräume" fand diese Spezielle BWL großen Anklang unter den künftigen Diplom-Kaufleuten und wurde bald zu einem der von den Studierenden am häufigsten gewählten Fachgebiete. Insbesondere die Beschäftigung mit Fragen der internationalen Wirtschaftsentwicklung und -problematik, mit Globalisierung und Internationalisierung, mit den unterschiedlichen Problemen der Industrie-, der Entwicklungs- und der Schwellenländer, die in dieser Breite sonst kaum im betriebswirtschaftlichen Studium behandelt wurden, führte zur Beliebtheit des Faches.

H.-D. HAAS bot in einem mehrsemestrigen Zyklus Vorlesungen, jeweils mit Begleitübungen, zu den Themenbereichen an, die den Kern der allgemeinen und regionalen Wirtschaftsgeographie darstellen bzw. die seinen speziellen Forschungsthemen entsprachen („Wirtschaftsraum- und Standortforschung", „Internationale Unternehmenstätigkeit und Wirtschaftsräume", „Umweltökonomie", „Wirtschaftsgeographie der Rohstoffe", „Ost- und Südostasien"). In einem Vertiefungsstudium wurde den Betriebswirten (Diplomanden und Doktoranden) die Teilnahme an Haupt- und Projektseminaren (Geländepraktika für Fortgeschrittene), Diplomandenseminaren und Exkursionen angeboten.

Die Ausbildung von Lehramtskandidaten für das Fach Erdkunde musste aus personellen Gründen (mehrfache Stellenkürzungen) bzw. wegen der erheblichen Mehrbelastung durch das intensivierte Studium der Betriebswirtschafts-Studierenden aufgegeben bzw. an die Geographischen Institute der LMU und der TU abgetreten werden. Für den Studiengang des Diplom-Geographen wurde auf Wunsch der Fakultät durch H.-D. HAAS ebenfalls eine Wende vollzogen. Die Verbindung mit der Physischen Geographie durch ein gemeinsames Diplom (in zwei Studienrichtungen) und einen gemeinsamen Prüfungsausschuss wurde aufgehoben. Mit einer neuen Studien- und Prüfungsordnung, die in den 1990er Jahren mehrfach novelliert und an neue gesetzliche Regelungen und Prüfungsverfahren angepasst wurde (Einführung des Systems der studienbegleitenden Prüfungen mit Leistungspunkten anstelle der bisherigen Abschlussprüfungen), kam es zu einer Abkehr von der sozialwissenschaftlichen und einer Hinwendung zur rein wirtschaftswissenschaftlichen Ausrichtung. Dies wurde insbesondere dadurch erreicht, dass Volks- oder Betriebswirtschaftslehre mit relativ hohen Semesterwochenstundenanteilen zu Pflichtbestandteilen des Studiums gemacht wurden. Der akademische Grad hieß nun „Diplom-Geograph(in) Univ. (Studienrichtung Wirtschaftsgeographie)".

Die Schritte hin zu den Wirtschaftswissenschaften wurden mit einer neuen Studien- und Prüfungsordnung vollendet, die der Lehrstuhl auf Wunsch und in Zusammenarbeit mit der Fakultät ausarbeitete und die 2003 nach der Genehmigung durch die Universität und das Wissenschaftsministerium in Kraft trat. Nach einer Anpassung an die Studienpläne und die Prüfungsusancen der Betriebswirtschaftslehre war Wirtschaftsgeographie nun einer von vier Diplom-Studiengängen in den Wirtschaftswissenschaften (Betriebs- und Volkswirtschaftslehre, Wirtschaftspädagogik und Wirtschaftsgeographie). Das Studium bestand zu etwa gleichen Teilen aus wirtschaftswissenschaftlichen und geographischen Studieninhalten, und für die Organisation des Studiums und die Durchführung der Prüfungen war nun allein der Prüfungsausschuss Wirtschaftswissenschaften zuständig. Folgerichtig wurde auch der zu erwerbende akademische Grad angepasst. Erstmals in Deutschland wird Absolventen, die ihren Abschluss nach der Prüfungsordnung von 2003 machen, der Grad „Diplom-Wirtschaftsgeograph" verliehen.

Die Einbeziehung der Wirtschaftsgeographie unter die wirtschaftswissenschaftlichen Fächer und die Schaffung eines eigenen Diploms wurde seitens vieler geographischer Fachkollegen missbilligt und zum Teil heftig kritisiert. Sie sahen in einer Aufsplitterung des einheitlichen Geographie-Diploms Nachteile für das Fach und befürchteten die Gefahr weiterer „Teil-Diplome" (etwa „Diplom-Tourismusgeograph", „Diplom-Stadtgeograph" u.ä.). H.-D. HAAS sah dagegen die Vorteile einer eigenständigen Profilierung der Wirtschaftsgeographie vor allem für die Absolventen. Der Arbeitsmarkt für Diplom-Geographen hat sich seit der Einführung des Grades zweifellos stark verändert. Im Bereich der Raumplanung werden seit längerem mehr Stellen abgebaut als neu besetzt, und das gesamte Spektrum der Wirtschaft ist seit Jahren der größte Arbeitgeber für Wirtschaftsgeographen (Industrie- und Dienstleistungsunternehmen, Firmen im Bereich Handel, Transport und Logistik, Finanzdienstleistungen, Kammern, Wirtschaftsberatung, Unternehmensverbände usw.).

In einer klaren Positionierung als „Diplom-Wirtschaftsgeograph" anstelle des unscharfen und bei Arbeitgebern immer wieder zu Missverständnissen führenden Grades „Diplom-Geograph" erkannte H.-D. HAAS große Chancen für die Absolventen. Sie können auf dem Arbeitsmarkt erfolgreich mit Diplom-Kaufleuten und Diplom-Volkswirten konkurrieren und besitzen diesen gegenüber den Vorteil spezifisch geographischer Kenntnisse und Fertigkeiten (z.B. Beurteilung aktueller weltwirtschaftlicher Entwicklungen vor dem Hintergrund spezifischer regionaler Kenntnisse, Geographische Informationssysteme, Regionalstatistik, Computer-Kartographie).

Die Arbeit am Institut für Wirtschaftsgeographie litt seit Beginn der 1990er Jahre unter den Sparbemühungen des Freistaats Bayern und der Universität und zusätzlich unter beginnenden Stellenumschichtungen zulasten der Wirtschaftsgeographie. Die Zahl der Planstellen sowohl im wissenschaftlichen als auch im technischen und im Verwaltungsbereich wurde mehrfach verringert und somit die Stellenmehrungen aus der Zeit von K. RUPPERT größtenteils wieder rückgängig gemacht, obwohl die Zahl der Studierenden zunehmende Tendenz zeigte und seitens der Politik an den Universitäten immer wieder verbesserte Betreuungsrelationen von Lehrenden zu Lernenden gefordert wurden. Zwar bestanden für das Diplomstudium der (Wirtschafts)-Geographie Zulassungsbeschränkungen, doch erhöhte sich die Zahl der zu betreuenden Betriebs- und Volkswirte und vor allem die Zahl der Nebenfach-Studierenden (M.A.-Studiengang) stark.

Die Breite der Forschung und die Qualität der Lehre konnte nur dadurch aufrecht erhalten werden, dass sich H.-D. HAAS von Anfang an um die Akquisition von Drittmittel-Projekten bemühte. So konnten über Gutachten weitere Mitarbeiter bezahlt werden, die auch in der akademischen Lehre eingesetzt wurden, um personelle Defizite aufzufangen. Auftraggeber von Gutachten waren insbesondere Stadt- und Landkreisverwaltungen, Industrie- und Handels- und Handwerkskammern, Wirtschaftsunternehmen und Regionale Planungsverbände; Untersuchungsthemen bezogen sich auf regionale Raumstruktur- und Verkehrsanalysen, Industriestandortfragen, Auswirkungen von Infrastruktur-Großprojekten, Einzelhandelsstandorte, Flächenbedarf für Gewerbeimmobilien, Maßnahmen der Wirtschaftsförderung u.ä.

Wesentlich verbreitert wurde das Spektrum von Forschung und Lehre am Institut für Wirtschaftsgeographie durch die beiden a.o. Professoren (C3) während der Zeit von H.-D. HAAS als Ordinarius. Nach dem Wechsel von Haas auf die C4-Professur wurde seine bisherige Stelle zunächst kurzzeitig vertretungsweise von R. PAESLER besetzt, bis zum Beginn des Sommersemesters 1994 Privatdozent J. SCHMUDE aus Heidelberg auf die a.o. Professur berufen wurde. SCHMUDE führte seine schon am Heidelberger Institut begonnenen Forschungen zum betrieblichen Gründungsgeschehen und zu Spezialfragen der wirtschaftsgeographischen Bedeutung von Bildung und Ausbildung weiter. Auf dem Gebiet der Arbeitsmethoden engagierte er sich besonders für die Einführung bzw. Anwendung der damals in starker Entwicklung begriffenen Computer-Kartographie, und mit Forschungen in Frankreich und den französischen Übersee-Gebieten erweiterte er das Spektrum regionalgeographischer Untersuchungen.

Eine weitere Vermehrung des Lehrangebots bzw. der Forschungsthemen fiel in diese Zeit gegen Mitte der 1990er Jahre: die intensivierte Wiederaufnahme der Forschung und Lehre zum Themenkomplex Tourismus, Freizeit und Erholung, den bereits K. RUPPERT unter sozialgeographischen Aspekten bearbeitet hatte. H.-D. HAAS gliederte das Institut in zwei Abteilungen: Seminar für Internationale Wirtschaftsräume und Betriebliche Standortforschung (Leitung: H.-D. HAAS, Stellvertreter TH. POLENSKY), zuständig für die Ausbildung der Diplom-(Wirtschafts-)Geographen und der Diplom-Kaufleute und -Volkswirte, und Seminar für Wirtschaftsgeographie und Tourismusforschung (Leitung: J. SCHMUDE, Stellvertreter R. PAESLER), zuständig ebenfalls für die Ausbildung der Diplom-(Wirtschafts-)Geographen sowie für das neue Fach Tourismuswirtschaft. Dies wurde auf Wunsch der Fakultät als (Pflicht-)Wahlfach für Betriebs- und Volkswirte eingeführt; zusätzlich wurde es für Geographen des Diploms sozialwissenschaftlicher Richtung an der TU (später LMU), als Nebenfach in diversen Magister-Studiengängen und als Vertiefungsrichtung im Hauptstudium innerhalb des Lehrangebots für Diplomstudierende der Wirtschaftsgeographie angeboten. J. SCHMUDE engagierte sich beim Aufbau dieses neuen Faches und bezog das Deutsche Wirtschaftswissenschaftliche Institut für Fremdenverkehr an der Universität München (DWIF) mit ein, dessen Geschäftsführer J. MASCHKE einen Lehrauftrag am Institut für Wirtschaftsgeographie erhielt. Auch im Rahmen von Gutachten arbeiteten die beiden Institute zusammen.

Nach der Berufung von J. SCHMUDE auf einen Lehrstuhl an der Universität Regensburg im Jahr 1998 übernahm Privatdozent H. JOB aus Trier 2000 die Stelle des Extraordinarius für Wirtschaftsgeographie und Tourismuswirtschaft. Er setzte die von J. SCHMUDE begonnene Arbeit für den Ausbau des Faches Tourismuswirtschaft erfolgreich fort. So engagierte er sich ebenfalls als Wissenschaftlicher Leiter des DWIF und intensivierte die Kooperation im Bereich der Lehre und bei gemeinsamen Forschungsvorhaben. Tourismusgeographische und -ökonomische Studien wurden von H. JOB und seinen Mitarbeitern in Deutschland, im Alpenraum, in Mexiko und in West-, Ost- und Südafrika durchgeführt. Insbesondere die touristische, ökonomische und landeskulturelle Bedeutung von Großschutzgebieten wurde im Rahmen freier wissenschaftlicher Arbeiten und von Gutachten untersucht. Das größte Projekt dieser Art läuft zur Zeit noch als Forschungsauftrag des Bundesministeriums für Umwelt, Naturschutz und Reaktorsicherheit: eine Evaluation der regionalökonomischen Bedeutung von National- und Naturparken und Biosphärenreservaten in Deutschland.

Neben der Tourismus- und Freizeitwirtschaft nahmen Fragen des Naturschutzes und Probleme einer nachhaltigen Kulturlandschaftsentwicklung einen hohen Stellenwert bei der Forschungs- und Lehrtätigkeit von H. JOB und seinen Mitarbeitern ein. Als Beispiele seien nur Untersuchungen zum Flächenrecycling von Industriebrachen und militärischen Konversionsflächen und die Teilnahme am Projekt „Refina“ des Bundesministeriums für Verkehr, Bau und Stadtentwicklung genannt („Forschung für die Reduzierung der Flächeninanspruchnahme und ein nachhaltiges Flächenmanagement“). Teilweise fanden diese Projekte im Rahmen von Forschungsaktivitäten der Akademie für Raumforschung und Landesplanung (ARL) statt. H. JOB ist seit 2003 Ordentliches Mitglied der ARL und seit 2006 Leiter der Landesarbeitsgemeinschaft Bayern dieser Akademie. Neben kulturgeographischen Arbeiten in Süddeutschland erstreckte sich das Forschungsgebiet von H. JOB, wie schon angedeutet, vorzugsweise auf den Alpenraum, wo vielfach an Forschungen von K. RUPPERT angeknüpft werden konnte, und auf Afrika, speziell Ostafrika. In diesen Raum wurden auch mehrfach Exkursionen angeboten. H. JOB verließ München am Ende des Wintersemesters 2007/08 nach einem Ruf aus Würzburg und übernahm den Lehrstuhl für Kulturgeographie an der dortigen Universität.

4 Eingliederung in die Fakultät Geowissenschaften – das Ende eines eigenständigen Studienganges Wirtschaftsgeographie

Im Jahr 2004 bewahrheitete sich an der Münchner Universität die eher pessimistische Situationsanalyse, die STERNBERG (2000) für die deutsche Wirtschaftsgeographie publiziert hatte. Als „relativ kleines Fach“, als „kleiner Kreis“ von Wissenschaftlern mit ungewissen „Konsequenzen für das zukünftig Erreichbare“ (STERNBERG 2000: 37f.), ohne eine kräftige Lobby in der Fakultät oder gar in der Gesamt-Universität, wurde das Fach mit seinen personellen und räumlichen Ressourcen von der Leitung der Universität, zusammen mit einer Reihe anderer „kleiner“ Fächer (oft als „Orchideenfächer“ bezeichnet), zur Verfügungsmasse zugunsten von solchen Fächern erklärt, mit denen man sich rascheren Erfolg auf dem Weg zu einer „Elite-Universität“ erwartete.

2004 verfügte die Universitätsleitung die Schließung des Studienganges Diplom-Wirtschaftsgeographie. Damit trat der wohl einmalige groteske Fall ein, dass ein Studiengang nur ein Jahr nach seiner Errichtung durch Universität und Ministerium bereits wieder geschlossen werden sollte. Es folgten heftige Reaktionen: Proteste bei der Universitätsleitung und beim Wissenschaftsministerium, Petitionen an den Bayerischen Landtag, deutliche Stellungnahmen aus der Wirtschaft (z.B. Industrie- und Handelskammer für München und Oberbayern) mit Warnungen vor dem Verlust regionalwirtschaftlicher Fachkompetenz und mit Hinweisen auf die große Bedeutung der empirisch orientierten wirtschaftsgeographischen Ausbildung für Ökonomen, wie sie das Modell des eben erst eingeführten neuen Studienganges vorsieht. Seitens des Lehrstuhls konnte zudem auf die erst wenige Jahre zuvor erfolgte durchwegs positive Bewertung der Münchner Wirtschaftsgeographie im Rahmen einer bayernweiten Evaluierung der (Wirtschafts-)geographischen Institute hingewiesen werden. Außerdem erarbeiteten H.-D. HAAS und seine Mitarbeiter mehrere Alternativmodelle für eine Umstellung des Diplom-Studiengangs in einen Bachelor- und einen Master-Studiengang Wirtschaftsgeographie.

Das Ministerium stoppte zunächst die übereilt vorgenommene Schließung des Studienganges (und Liquidierung des Faches) durch die Universität. Die Frage des Fortbestandes wurde in der Schwebe gehalten und sollte erst nach dem Vorliegen eines Gutachtens („Wissenschaftsland Bayern 2020“) entschieden werden, das eine überfachlich zusammengesetzte Kommission unter Leitung des Konstanzer Professors für Philosophie und Wissenschaftstheorie J. MITTELSTRAß im Auftrag der bayerischen

Staatsregierung erarbeitete. Die Empfehlungen der „Mittelstraß-Kommission" zur künftigen Ausgestaltung der bayerischen „Hochschul- und Wissenschaftslandschaft" unter besonderer Berücksichtigung internationaler Exzellenzkriterien sahen einen Erhalt der Wirtschaftsgeographie, aber ihre Verbindung mit der Geographie vor. Angesichts der fachlichen Ausrichtung und der zuvor erfolgten Eingliederung des Faches in die Wirtschaftswissenschaften – von der die Kommission offenbar keine Kenntnis genommen hatte – erschien diese Empfehlung so fachfremd, wie es beispielsweise eine Eingliederung der Wirtschaftspädagogik in die Pädagogik oder der Kunstgeschichte in die Geschichtswissenschaft wäre. Negativ betroffen sind vor allem die Interessen der Studierenden, denen eine zukunftsträchtige Berufschance genommen wurde.

Ministerium und Universität folgten der Empfehlung der Kommission, hoben 2006 den Diplom-Studiengang Wirtschaftsgeographie und zusätzlich die Nebenfach-Studiengänge Wirtschaftsgeographie und Tourismuswirtschaft auf und verfügten die Umgliederung der beiden wirtschaftsgeographischen Professuren aus dem Department (und der Fakultät) Betriebswirtschaftslehre in die Fakultät für Geowissenschaften. Hier wurde in der Folge ein neues Department Geographie mit physisch-geographischen, sozialgeographischen und wirtschaftsgeographischen Professuren gegründet. Eine eigenständige wirtschaftsgeographische Lehre kann nur noch kurzfristig für die auslaufenden Studiengänge angeboten werden; das Fach wurde mit der Sozialgeographie zur Einheit Anthropogeographie verschmolzen. Die Lehre konzentriert sich in Zukunft auf die Beteiligung am Lehramtsstudium für das Schulfach Geographie und am sechssemestrigen Bachelorstudium Geographie, das trotz aller inhaltlichen Kritik im Rahmen des „Bologna-Prozesses" eingeführt wurde. Es erscheint wenig wahrscheinlich, dass in einem Kurzstudium, das die gesamte Breite der geographischen Wissenschaft umfassen soll, Inhalte der Wirtschaftsgeographie noch in einigermaßen ausreichendem Umfang berücksichtigt werden können. Über die Einführung und Ausgestaltung eines Master-Studiums wird erst 2009 entschieden.

Mit der Ausgliederung der Wirtschaftsgeographie aus den Wirtschaftswissenschaften war auch ein Umzug verbunden. Die für die Zwecke des Faches gut geeigneten und optimal gelegenen Räumlichkeiten mussten aufgegeben werden. Da im Gebäude der Geowissenschaften kein ausreichender Platz zur Verfügung stand, erfolgte im Herbst 2006 ein Umzug in unzureichend ausgestattete Räume im Gebäudetrakt der TU an der Luisenstraße. Die Fachbibliothek Wirtschaftsgeographie wurde mit der Bibliothek des bisherigen Sozialgeographischen Instituts der LMU (früher TU) zu einer neuen Bibliothek „Wirtschafts- und Sozialgeographie" vereinigt, bleibt aber zum Teil, ebenso wie die Sammlung sonstiger Medien, mangels geeigneter Regalflächen bis auf Weiteres der Benutzung entzogen.

Der Rückblick auf 60 Jahre Wirtschaftsgeographie in München muss leider mit der Feststellung enden, dass an der Universität außerfachliche Gesichtspunkte die Oberhand gewannen, dass trotz großer Nachfrage seitens der Praxis und aller wissenschaftlichen Leistungen von Professoren und Mitarbeitern das Fach in seinen Forschungsmöglichkeiten stark eingeschränkt wurde und dass der eigene Studiengang trotz ungebrochener und eher noch zunehmender Nachfrage durch die Studierenden und aller Erfolge der Absolventen eingestellt wurde. Es ist zu hoffen, dass es J. SCHMUDE, der im Wintersemester 2008/09 nach dem Ausscheiden von H.-D. HAAS den Lehrstuhl übernahm, gelingt, trotz eingeschränkter Möglichkeiten in Forschung und Lehre weiterhin der Wirtschaftsgeographie den gebührenden Stellenwert zu erhalten.

Literatur

BOBEK, H. (1962): Über den Einbau der sozialgeographischen Betrachtungsweise in die Kulturgeographie. In: Deutscher Geographentag Köln 1961. Tagungsbericht und wissenschaftliche Abhandlungen. Wiesbaden, S. 148-165.

HAAS, H.-D. (2006a): Globalisierung der Märkte und Internationalisierung der Wirtschaft. In: H.-D. Haas/S.-M. Neumair (Hrsg.): Internationale Wirtschaft-Rahmenbedingungen, Akteure, räumliche Prozesse. München/Wien, S. 3-16.

HAAS, H.-D. (2006b): Dynamische Wachstumsmärkte – Die Beispiele China und Indien. In: H.-D. Haas/S.-M. Neumair (Hrsg.): Internationale Wirtschaft – Rahmenbedingungen, Akteure, räumliche Prozesse. München/Wien, S. 321-347.

HAAS, H.-D./D. M. SCHLESINGER (2007): Umweltökonomie und Ressourcenmanagement (= Geowissen kompakt). Darmstadt.

HAAS, H.-D./J. SCHARRER/K. SCHLIEPHAKE (2005): Geographie des Bergbaus und der Energiewirtschaft. In: W. Schenk/K. Schliephake (Hrsg.): Allgemeine Anthropogeographie. Gotha/Stuttgart, S. 402-448.

HAAS, H.-D./R. FLEISCHMANN (1986): Probleme industrieller Standortentwicklung im Münchner Raum aus der Sicht einer verhaltensorientierten Industriegeographie. In: F. Schaffer/W. Poschwatta (Hrsg.): Angewandte Sozialgeographie. Karl Ruppert zum 60. Geburtstag (= Beiträge zur Angewandten Sozialgeographie, Sonderband). Augsburg, S. 303-328.

HAAS, H.-D./S.-M. NEUMAIR (2007): Wirtschaftsgeographie (= Geowissen kompakt). Darmstadt.

HAAS, H.-D./S.-M. NEUMAIR (Hrsg.) (2006): Internationale Wirtschaft. Rahmenbedingungen, Akteure, räumliche Prozesse. München/Wien.

HAAS, H.-D./S.-M. NEUMAIR/ D. M. SCHLESINGER (2009): Geographie der internationalen Wirtschaft (= Geowissen kompakt). Darmstadt.

HARTKE, W. (1959): Gedanken über die Bestimmung von Räumen gleichen sozialgeographischen Verhaltens. In: Erdkunde, Bd. XIII, S. 426-436.

HESS, M. (1998): Glokalisierung, industrieller Wandel und Standortstruktur. Das Beispiel der europäischen Schienenfahrzeugindustrie (= Wirtschaft & Raum, Bd. 2). München.

LESER, H. (Hrsg.) (2005): DIERCKE Wörterbuch Allgemeine Geographie. 13. Aufl. (= dtv 3422). München/Braunschweig.

MAIER, J.; R. PAESLER; K. RUPPERT/F. SCHAFFER (1977): Sozialgeographie (= Das Geographische Seminar). Braunschweig.

OBST, E. (1961): Allgemeine Wirtschafts- und Verkehrsgeographie. 2. Aufl. (= Lehrbuch der Allgemeinen Geographie, Bd. VII). Berlin.

OTREMBA. E. (1969): Der Wirtschaftsraum und seine geographischen Grundlagen und Probleme. 2. Aufl. (= Erde und Weltwirtschaft, Bd. 1). Stuttgart.

PAESLER, R. (1976): Wirtschaftsgeographie. In: R. A. Roth/H. M. Selzer (Hrsg.): Lexikon zur Arbeits- und Soziallehre. Donauwörth, S. 354-356.

REHNER, J. (2004): Netzwerke und Kultur – Unternehmerisches Handeln deutscher Manager in Mexiko (= Wirtschaft & Raum, Bd. 11). München.

RUPPERT, K. (Hrsg.) (1981): Institut für Wirtschaftsgeographie – Universität München – 4. Tätigkeitsbericht 1976 – 1980 (= „WGI"-Berichte zur Regionalforschung, Sonderheft 1981). München.

RUPPERT, K. (Hrsg.) (1987): Institut für Wirtschaftsgeographie – Universität München – 5. Tätigkeitsbericht 1981 – 1986 (= „WGI"-Berichte zur Regionalforschung, Sonderheft 1987). München.

RUPPERT, K. (Hrsg.) (1992): Institut für Wirtschaftsgeographie – Universität München – 6. Tätigkeitsbericht 1986 – 1991 (= „WGI"-Berichte zur Regionalforschung, Sonderheft 1992). München.

RUPPERT, K. ET AL. (1987): Bayern. Eine Landeskunde aus sozialgeographischer Sicht (= Wissenschaftliche Länderkunden, Bd. 8/II). Darmstadt.

RUPPERT, K./F. SCHAFFER (1969): Zur Konzeption der Sozialgeographie. In: Geographische Rundschau, Jg. 21, S. 205-214.

SCHAMP, E. W. (1983): Grundansätze der zeitgenössischen Wirtschaftsgeographie. In: Geographische Rundschau, Jg. 35, S. 40-46.

SCHÄTZL, L. (2003): Wirtschaftsgeographie. Band 1: Theorie. 9. Aufl. (= UTB 782). Paderborn.

STERNBERG, R. (2000): Stand, Selbstverständnis und Perspektiven der deutschen Wirtschaftsgeographie. In: Würzburger Geographische Arbeiten, 94, S. 33-57.

WEIGT, E. (1960): Wirtschaftsgeographie, Stand und Entwicklung. In: Erdkunde, Bd. XIV, S. 298-303.

WIRTSCHAFTSGEOGRAPHISCHES INSTITUT (Hrsg.) (1971): Wirtschaftsgeographisches Institut – Universität München – Tätigkeitsbericht 1965 – 1970 (= „WGI“-Berichte zur Regionalforschung, Sonderheft). München.

WIRTSCHAFTSGEOGRAPHISCHES INSTITUT (Hrsg.) (1975): Wirtschaftsgeographisches Institut – Universität München – 3. Tätigkeitsbericht 1971 – 1975 (= „WGI“-Berichte zur Regionalforschung, Sonderheft). München.

ZADEMACH, H.-M. (2005): Spatial Dynamics in the Markets of M&A (= Wirtschaft & Raum, Bd. 12). München.

ZADEMACH, H.-M. (2006): Fusionen und Übernahmen (M&A) im internationalen Kontext: Grundlagen und Beispiele aus der Finanzdienstleistungsbranche. In: H.-D. Haas/S.-M. Neumair (Hrsg.): Internationale Wirtschaft. Rahmenbedingungen, Akteure, räumliche Prozesse. München/Wien, S. 429-459.

Wirtschaftsgeographie und Regionalanalysen

Matthias Wallisch

1 Einführung

Die Analyse von Regionen gilt als wesentlicher Bestandteil des wirtschaftsgeographischen Forschungsprogramms. Räumliche Wirtschaftsstrukturen und ökonomische Entwicklungsprozesse stehen seit jeher im Mittelpunkt des fachlichen Interesses. Die lange Forschungstradition zeigt sich v.a. in der Untersuchung von Wirtschaftsformationen (vgl. WAIBEL 1927). Hierunter versteht man den räumlichen Verbund eines charakteristischen Bündels von Wirtschaftstätigkeiten, die auf eine dominierende Wertschöpfungsaktivität ausgerichtet und deren Interaktionen überwiegend auf eine Region als räumlichen Funktionskomplex beschränkt sind (vgl. HAAS/NEUMAIR 2007: 11). Diese Definition ist insofern bemerkenswert, als auf den ersten Blick eine auffällige Ähnlichkeit mit den Wesensmerkmalen regionaler Cluster oder auch industrial districts erkennbar ist, die seit den 1980er Jahren von wissenschaftlicher, unternehmerischer und politischer Seite große Aufmerksamkeit erfahren (z. B. MARKUSEN 1996, PORTER 1998, SUNLEY/MARTIN 2003). Freilich zeigen sich beim genaueren Hinsehen Differenzierungsmerkmale, im Kern ist jedoch das gleiche Erklärungsziel zu konstatieren: die räumliche Organisation ökonomischer Wertschöpfungsprozesse und deren Erfolgsfaktoren auf regionaler Ebene.

Die Wahrnehmung von Regionen hat sich dabei im Laufe der Jahrzehnte deutlich gewandelt. Geographische Forschungsarbeiten der 1960er und 1970er Jahre erachteten Regionen eher als Ergebnis übergeordneter politisch-ökonomischer Rahmenbedingungen und Entscheidungen, ohne diesen eine endogene Eigenständigkeit zuzusprechen:

> „Such work treated the region as an outcome of deeper political-economic processes, not a fundamental unit of social life in contemporary capitalism equivalent to, say, markets, states or families, nor a fundamental process in social life, such as technology, stratification, or interest-seeking behaviour.“ (STORPER 1995: 191).

Mit dem Aufkommen eines neuen industriellen Paradigmas, nach der Ära des Fordismus geprägt durch Massenproduktion und vertikal integrierte Industriekomplexe, wurde der regionalen Ebene jedoch eine zunehmende Bedeutung für die Organisation sozialer und ökonomischer Aktivitäten zugesprochen. Neben der Durchführung klassischer Analysen raumwirtschaftlicher Strukturen und Entwicklungen rückte die Konfiguration regionaler Wertschöpfungsaktivitäten sowie Interaktionsprozesse zwischen den beteiligten Akteuren immer mehr in den Vordergrund. Erfolgreiche Fallbeispiele wie das Dritte Italien oder das Silicon Valley dienen hierbei als wichtige Forschungsarenen (vgl. PIORE/SABEL 1984 und HALL/MARKUSEN 1985).

Die Wirtschaftsgeographie zeichnet sich durch eine ausgesprochene Methodenvielfalt aus. Neben quantitativen, statistischen Vorgehensweisen haben sich mit dem verstärkten Aufkommen idiographischer Fallbeispiele zur Untersuchung regionaler Wertschöpfungsphänomene auch qualitative Methoden innerhalb der scientific community etabliert, um den sozialen Aspekt ökonomischer Handlungen und den institutionellen Kontext besser berücksichtigen zu können. Das zu wählende Forschungsdesign hängt jeweils von den spezifischen Fragestellungen ab. Exemplarisch werden im vorliegenden Beitrag Analysemöglichkeiten für folgende Forschungsbereiche diskutiert:

- Skizzierung räumlicher Wirtschaftsstrukturen und Spezialisierungsmuster. Neben Branchen- und Strukturanalysen werden auch Ansätze zur Identifikation von Cluster- und Wissenspotenzialen dargestellt.
- Regionalökonomische Ausstrahlungseffekte fokaler Infrastrukturanlagen. Hierbei geht es um die Wertschöpfungseffekte internationaler See- und Flughäfen, als wesentliche Treiber des Globalisierungsprozesses.
- Konfiguration von Unternehmensnetzwerken. Der Fokus liegt auf Interaktionsbeziehungen zwischen regionalen Akteuren und deren Bedeutung für die Steuerung von Geschäftsprozessen.

Die Analyse und Darstellung räumlicher Branchenstrukturen und Spezialisierungsmuster erfolgt in der Regel anhand von Sekundärdaten öffentlicher Ämter, die mit Hilfe von statistischen Methoden aufbereitet und ggf. kartographisch umgesetzt werden. Die Ermittlung regionalökonomischer Ausstrahlungseffekte fokaler Infrastruktureinrichtungen oder Unternehmen sind ohne eigene – häufig standardisierte – Datenerhebungen kaum möglich. Für die Skizzierung von Interaktions- und Innovationsprozessen zwischen regionalen Akteuren wird in vielen Fällen eine Kombination quantitativer und qualitativer Erhebungstechniken notwendig, um der gewählten Fragestellung gerecht zu werden. Der kombinierte Einsatz unterschiedlicher Erhebungstechniken, Indikatoren und Messverfahren gewinnt in der Wirtschaftsgeographie zunehmend an Bedeutung und wird als „Triangulation" bezeichnet. Spezifische Schwächen der einen Strategie können so durch den Einsatz einer anderen ausgeglichen werden (vgl. SCHNELL ET AL. 2005: 262). Führt die Analyse der empirischen Phänomene anhand mehrerer Techniken zu ähnlichen Resultaten, trägt die Triangulation zu einer Fundierung empirischer Ergebnisse bei. Kommt es hingegen zu widersprüchlichen Erkenntnissen durch die Anwendung unterschiedlicher Methoden, bietet das Verfahren die Möglichkeit, tiefere und kontextgebundene Erklärungen zu suchen (vgl. GLÜCKLER 2004: 230).

2 Regionen im Zeitalter der Globalisierung

Zunächst erscheint die zunehmende Bedeutung von Regionen im Zuge einer voranschreitenden Globalisierung als Widerspruch. Bei einer genaueren Betrachtung zeigt sich jedoch eine hohe Spezifität einzelner Standorte mit regional gebundenen Ressourcen, die nicht aus ihrer räumlichen Verankerung herausgelöst werden können und somit für Unternehmen einen komparativen Vorteil im internationalen Wettbewerb darstellen. Häufig geht es hierbei um lokalisierte Wissensbestände, die als wesentliche Bausteine zur Entwicklung von Innovationen gelten und aus Sicht der Akteure erst durch räumliche Nähe greifbar werden. MARKUSEN (1996) spricht in diesem Zusammenhang von „Sticky Places in Slippery Space". Hieraus leitet sich in der Konsequenz die zunehmende Relevanz von Regionalanalysen ab, um das komplexe Geschehen im Spannungsfeld zwischen entankerter und lokalisierter Ökonomie zu erfassen. Neben den wissenschaftlichen Erkenntniszielen bilden politische Akteure und Unternehmen potenzielle Interessensgruppen, da die generierten Forschungsergebnisse einen Beitrag zur Steuerung von Innovations- und Wertschöpfungsaktivitäten liefern können.

Die Bezeichnung Slippery Space steht für eine Art sozioökonomischen Handlungsraum, der sich durch eine kontinuierliche Rekonfiguration räumlicher Wertschöpfungsaktivitäten auf globaler Ebene auszeichnet. Dabei streben die beteiligten Akteure in ihrem Wirken nach höchstmöglichen Gewinnen. Getragen werden diese Entwicklungen von neuartigen Produktions-, Transport- und Kommunikationstechnologien, welche zu einer sog. time-space compression geführt haben (vgl. HARVEY 1990). Die Option zur schnellen Verlagerung von Unternehmensstandorten hat vielen Regionen ihre langfristige Wirtschaftsbasis entzogen und so vor die Herausforderung gestellt, sich neu zu orientieren und zu etablieren. Strategische Alleinstellungsmerkmale in Form lokalisierter Fertigkeiten bieten in einem globalisierten Marktumfeld die notwendige „Griffigkeit", um im Wettbewerb der Regionen zu bestehen (vgl. MASKELL/MALMBERG 1999). Neue Technologien, die geographische Expansion unternehmerischer Standortportfolios sowie die zunehmende Organisation sozioökomischer Aktivitäten im Rahmen internationaler Netzwerke sind gleichzeitig Ursache und Wirkung für den voranschreitenden Globalisierungsprozess (vgl. HAAS 2006).

Tabelle 1: Ursachen räumlicher Entwicklungspfade als Ansatzpunkte für Regionalanalysen in der Wirtschaftsgeographie

Fokus	***Kennzeichen***
Natürliche Ressourcen	Regionale Entwicklungspfade stehen in Abhängigkeit von natürlichen Ressourcen (z. B. Kohle, Erdöl, Holz etc.) und technologischer Möglichkeiten für vor- und nachgelagerte Industrien.
Infrastrukturanlagen, die mit hohen versunkenen Kosten einhergehen	Persistenz regionaler Industriekomplexe (kapitalintensive Produktion) und lokaler Anlagegüter, vor allem im Bereich der Schwerindustrie mit ihrer physischen Infrastruktur in Form urbaner Bausubstanz und spezialisierter Transportsysteme. Getätigte Investitionen sind in der Regel irreversibel. Die variablen Kosten der Nutzung sind häufig niedriger als eine Neuentwicklung alternativer Wertschöpfungsanlagen. Das Festhalten an bestehenden Strukturen schränkt die Entwicklung neuer wirtschaftlicher Aktivitäten ein.
Externe Effekte industrieller Spezialisierung	Regionale Industriedistrikte und Cluster spezialisierter wirtschaftlicher Aktivitäten gekennzeichnet durch externe Effekte (im Sinne Marshalls) und untraded interdependencies. Folgende Merkmale sind charakteristisch: spezialisierter Pool von Arbeitskräften, Zulieferern, Dienstleistern und Intermediären, lokale Spillover-Effekte sowie regionsspezifische Koordinations- und Transaktionsmechanismen in Form von Netzwerken, etablierten Geschäftsabläufen und Interaktionsroutinen etc., die zu einer ausgeprägten intraregionalen Verknüpfung und Einbettung wirtschaftlicher Aktivitäten beitragen.
Regionaler und technologischer lock-in	Entwicklung eines einzigartigen technologischen Regimes oder Innovationssystems aufgrund lokaler kollektiver Lernprozesse durch nachahmende und isomorphe Verhaltensweisen mit entsprechenden Forschungs- und Entwicklungseinrichtungen, zwischenbetrieblicher Arbeitsteilung und weiteren Formen technologischer Wechselbeziehungen.
Agglomerationseffekte	Selbstverstärkende (regionale) Entwicklungen basierend auf vielfältigen Agglomerationseffekten gekennzeichnet durch einen diversifizierten Arbeitskräftepool, großes Marktvolumen, ausgeprägte Netzwerke an Input- und Output-Beziehungen, Zulieferern, Dienstleistungen und Zugriffsmöglichkeiten auf geschäftsrelevante Informationen. Eine große Bandbreite an spezialisierten Funktionen und Aktivitäten ist vorhanden.
Interregionale Beziehungen und Abhängigkeiten	Entwicklungspfade einer Region können durch externe Prozesse beeinflusst werden. Diese wirken durch intra- und interindustrielle Verknüpfungen; Abhängigkeiten von Finanzinstitutionen außerhalb der betrachteten Region sowie Handlungen wirtschaftlicher und politischer Entscheidungsträger auf nationaler oder internationaler Ebene. Entwicklungspfade haben in diesen Fällen keinen endogenen Ursprung sondern sind durch eine Ko-Evolution geprägt, die von der jeweiligen Position einer Region im Kontext übergeordneter Wertschöpfungs- und Systemzusammenhänge abhängt.
Regionalspezifische Institutionen, soziale und kulturelle Traditionen	Entwicklung lokalspezifischer wirtschaftlicher und regulativer Institutionen, „eingespielter" Beziehungen sowie sozialer Infrastrukturen und Traditionen, die zu einer Einbettung wirtschaftlicher Aktivitäten in einen regionalen Entwicklungspfad führen.

Quelle: MARTIN/SUNLEY 2006: 412.

Parallel zur Ausweitung grenzüberschreitenden Aktivitäten ist scheinbar eine entgegengesetzte Entwicklung ebenso bedeutsam geworden. Globalisierung schließt nicht nur Prozesse der räumlichen „Entankerung" sondern auch der „Wieder-Verankerung" mit ein. Nach KRÄTKE (2001: 147) ist Globalisierung nicht als Prozess der Auflösung konkreter Weltbindungen denkbar, sondern als Restrukturierung von Beziehungsgefügen und Raumbindungen, und zwar auf Basis höchst-greifbarer materiell-technischer Infrastrukturen. Prominente Beispiele für Prozesse der lokalen Verankerung in einem „globalen Zeitalter" (ALBROW 1996) sind die räumlichen Konzentrationen von High-Tech-Unternehmen im Silicon Valley oder auch in Bangalore, Indien (vgl. HAAS/ZADEMACH 2003). Diese können als Prototypen von sticky places interpretiert werden. Insbesondere wissens- und technologieintensive Branchen bilden weltweit eine Vielzahl von lokal konzentrierten „new industrial spaces" und „super cluster" aus, welche für die beteiligten Unternehmen entscheidende Wettbewerbsvorteile bieten (SCOTT 1988, 1998). Die neu entstehenden Cluster sind zumeist durch überdurchschnittlich hohe Wachstumsraten von Wertschöpfung und Beschäftigung gekennzeichnet. Anscheinend kann der Prozess der Globalisierung also nicht grenzenlos voranschreiten[1].

Die Besonderheit wirtschaftsgeographischer Analysen liegt in einer integrativen Betrachtung ökonomischer Aktivitäten auf verschiedenen Maßstabsebenen, um der Wechselwirkung zwischen lokalen, nationalen und globalen Prozessen gerecht zu werden (siehe Beitrag Zademach). Im Rahmen von Regionalanalysen liegt der Fokus einerseits auf standortspezifischen Elementen und Strukturen, die den Entwicklungspfad von Regionen maßgeblich prägen. Hierunter fallen u.a. die regionale Ausstattung mit natürlichen Ressourcen, kapitalintensive Infrastrukturanlagen sowie lokalspezifische Technologien und räumliche Agglomerationseffekte (vgl. Tabelle 1). Andererseits erfolgt gleichzeitig eine Bewertung vor dem Hintergrund übergeordneter Einflussgrößen, wie den institutionellen Rahmenbedingungen. Dabei geht es um Regeln und Normen, die den Spielraum für Interaktionsprozesse zwischen den beteiligten Akteuren abstecken (z. B. Möglichkeiten der Kooperation, Wahrnehmung von Risiko). Regionen werden demnach nicht als isolierte Einheiten betrachtet, sondern in einem

---

[1] Das Verhältnis von Entankerung und Wieder-Verankerung wird in der Regionalökonomie meist als Spannungsverhältnis von Globalisierung und Lokalisierung diskutiert, wobei Lokalisierung hier im Sinne einer territorialen Integration von sozioökonomischen Aktivitäten verstanden wird (vgl. z.B. AMIN/THRIFT 1992, 1994, BATHELT/GLÜCKLER 2002: 207ff., HESS 1998, LEAMER/STORPER 2001, SWYNGEDOUW 1997).

sozioökonomischen Gesamtkontext gestellt. Hierin begründen sich auch Alleinstellungsmerkmale gegenüber anderen wissenschaftlichen Disziplinen. Regionen haben in den letzten Jahren zwar zunehmend die Aufmerksamkeit benachbarter Fachbereiche auf sich gezogen, deren Analyse anhand einer multidimensionalen räumlichen Perspektive bleibt jedoch die strategische Kernkompetenz der Wirtschaftsgeographie.

3 Wirtschaftsgeographische Konzepte und Methoden der Regionalanalyse

Der nachfolgende Abschnitt nimmt eine Skizzierung unterschiedlicher Methoden wirtschaftsgeographischer Regionalanalysen vor. Quantitative und qualitative Herangehensweisen werden dabei jeweils vor dem Hintergrund theoretischer Überlegungen diskutiert, um die empirische Leistungsfähigkeit der Methoden besser beurteilen zu können. Dabei geht es auch um die Erfüllung wissenschaftlicher Gütekriterien im Rahmen des Forschungsprozesses.

3.1 Grundlagen einer quantitativen Regionalanalyse und Möglichkeiten zur Identifikation von Cluster- und Wissenspotenzialen

In ihrer grundlegenden Form ermöglicht die quantitative Regionalanalyse eine deskriptive Darstellung charakteristischer Merkmale ausgewählter Wirtschaftsräume. Hierbei geht es vor allem um die Erfassung sozioökonomische Strukturen und Entwicklungen in ihrer räumlichen Dimension. Der Einsatz erfolgt häufig mit dem Ziel, sich ein erstes „Bild" von einer Region mit ihren Besonderheiten und Charakteristika zu machen. Welche Branchen sind dominant? Wie entwickeln sich einzelne Wirtschaftszweige? Wie ist die Position im nationalen und internationalen Wettbewerb einzuschätzen? Hierfür gilt es eine Vielzahl von Indikatoren aufzuarbeiten und in eine systematische Darstellung zu überführen.

Für eine Analyse von Regionen ist im Vorfeld eine entsprechende Abgrenzung von räumlichen Einheiten erforderlich. In der Wirtschaftsgeographie können drei gängige Abgrenzungsprinzipien unterschieden werden (vgl. BATHELT/GLÜCKLER 2002: 45f.):

- Homogenitätsprinzip: Bei dieser Vorgehensweise werden Raumeinheiten mit weitgehend ähnlichen Merkmalen zu Regionen zusammengefasst. Als gängige Methoden gelten die Kennziffernmethode, die auf Indikatoren wie dem Pro-Kopf-Einkommen oder der Arbeitslosigkeit beruht, oder eine geographische Clusteranalyse.

- Funktionalprinzip: Im Rahmen des Funktionalprinzips werden Regionen aufgrund von Interaktionen und Verflechtungsbeziehungen bestimmt. Als Ausgangspunkt für die Abgrenzung dient in der Regel ein Kerngebiet, in dem sich bestimmte Funktionen konzentrieren. Hierbei kann es sich beispielsweise um Arbeitsmarktzentren handeln, die entsprechende Pendlerströme induzieren. Je nach Reichweite und Umfang der Pendlerbewegungen können so Regionen festgelegt werden.
- Verwaltungsprinzip: Legt man das Verwaltungsprinzip zu Grunde, erfolgt eine Orientierung an administrativen Grenzen. Als Regionen gelten somit Länder, Kreise und Gemeinden, die über einen langfristigen Zeitraum gewachsen sind. Gemeinsame Kennzeichen der Raumeinheiten sind etablierte sozio-institutionelle Strukturen.

Da offizielle statistische Daten nahezu ausschließlich für administrative Einheiten vorhanden sind, bilden diese häufig die kleinsten Einheiten im Rahmen des Homogenitäts- und Funktionalprinzips. Ansonsten werden umfassende eigene empirische Erhebungen für die Abgrenzung von Regionen erforderlich.

Um die Entwicklung von Branchenstrukturen und die Wirkung von Agglomerationseffekten zu erfassen, sind entsprechende raumbezogene Daten zur Beschäftigung und zur Wettbewerbssituation erforderlich. Im Rahmen von Regionalanalysen sollte dabei auf eine Ausgewogenheit zwischen Strukturdaten, die das jeweilige (zeitpunktbezogene) Niveau einer Region darstellen, und dynamischen Daten, welche die Entwicklung über einen längeren Zeitraum erfassen, geachtet werden. Steht eine ganzheitliche Beurteilung sozioökonomischer Entwicklungen im Fokus, so wird die Berücksichtigung einer breiteren Datenbasis notwendig, welche Aspekte zur Demographie und zu sozialen Strukturen widerspiegelt (vgl. Tabelle 2). Als Interessensgruppen für Regionalanalysen sind in erster Linie politische Akteure zu nennen, die an der Entwicklung bestimmter Branchen und Beschäftigtenbereiche interessiert sind, um Strategien der Wirtschaftsförderung und weitere Handlungsoptionen abzuleiten. Auch Unternehmen versuchen zunehmend geographische Analysen und Informationssysteme in ihre Entscheidungsprozesse zu integrieren. Hierbei geht es beispielsweise um die Optimierung von Filialnetzen im Einzelhandel oder die Bewertung von Standorten hinsichtlich ihrer Innovationsfähigkeit für die Konfiguration von Forschungs- und Entwicklungsaktivitäten.

Tabelle 2: Mögliches Datenspektrum für wirtschaftsgeographische Regionalanalysen

	Dynamik	*Niveau*
Demographie	Bevölkerungsentwicklung Wanderungssaldo von jungen Erwachsenen	Fertilitätsrate Anteil junge Erwachsene
Wohlstand / Soziales	Entwicklung der Kaufkraft Entwicklung der Sozialhilfe Entwicklung des Wahlverhaltens	Kaufkraft Kriminalitätsrate Kommunale Verschuldung Sozialhilfequote Wahlverhalten
Arbeitsmarkt / Beschäftigte	Entwicklung der Arbeitsplatzdichte Entwicklung der Arbeitslosenquote Entwicklung der Tertiärbeschäftigung Entwicklung der Hochqualifiziertenzahl	Arbeitsplatzdichte Arbeitslosenquote Tertiärbeschäftigung Hochqualifizierte
Wettbewerb / Innovation	Entwicklung des BIP Entwicklung der Gründungsintensität Entwicklung von Wachstumsbranchen Entwicklung des FuE-Beschäftigtenanteils	BIP je Beschäftigten Gründungsintensität Industriedichte FuE-Beschäftigte Investitionsquote der Industrie Patentintensität
Verkehrs-infrastruktur		Autobahn-Anbindung Flughafenanbindung

Quelle: PROGNOS AG 2007: 11, verändert.

Mit Hilfe einer einfachen deskriptiven Aufbereitung können bereits erste Aussagen zur räumlichen Struktur und regionalen Ballung von Branchen und Unternehmen getroffen werden. Für eine bessere Vergleichbarkeit und Positionierung von Regionen sind jedoch komplexere statistische Methoden erforderlich. Als besonders beliebt gilt der Einsatz von Standortquotienten und Gini-Koeffizienten zur Erfassung räumlicher Konzentrationen und Spezialisierungen, die Shift-Share-Analyse für die Herausstellung von Struktur- und Standorteffekten sowie die geographische Cluster-Analyse zur Identifikation wirtschaftsstruktureller Ähnlichkeiten und Differenzen im jeweiligen Untersuchungsraum. Diese Tools der wirtschaftsgeographischen Regionalanalyse haben den Vorteil, dass sie sowohl klare Aussagen ermöglichen als auch in ihrer Methodik relativ einfach nachvollziehbar sind. Dieser Aspekt ist gerade im Rahmen kommunalpolitischer Auftragsforschung nicht zu unterschätzen und gewährt die notwendige Praxisnähe (vgl. Tabelle 3).

Tabelle 3: Wirtschaftsgeographische Methoden zur quantitativen Regionalanalyse

Methode	*Erkenntnisziel*
Lorenz-Kurve	Graphische Darstellung von Ungleichverteilungen und deren zeitlicher und räumlicher Variation
Gini-Koeffizient	Maßzahl zur Beschreibung der Stärke von Konzentration (Beschäftigung, Bevölkerungsgruppen, Gehälter etc.)
Standort-quotienten	Bedeutung ausgewählter Branchen im Untersuchungsgebiet Darstellung der Wirtschaftsstruktur und der räumlichen Spezialisierung Informationen über räumliche Spezialisierungen von Branchenaktivitäten sowie Beurteilung der regionalen Wettbewerbsfähigkeit (z. B. im nationalen Vergleich)
Shift-Share Analyse	Vorgehen zur quantitativen Erfassung und zum Vergleichen von zeitlichen Entwicklungsverläufen zwischen Raumeinheiten, unter besonderer Berücksichtigung des Gesamtrahmens Beschreibung, Analyse und Prognose der räumlichen Struktur von Wirtschaftsaktivitäten, insbesondere deren Verteilung über einen bestimmten Zeitabschnitt Aufdeckung von Struktur- und Standorteffekten in den verschiedenen Teilräumen
Cluster-Analyse	Ermittlung von Gruppen ähnlicher Raumeinheiten anhand ausgewählter Indikatoren Administrative Einheiten mit ähnlichen Merkmalen werden zu Typen („Cluster") zusammengefasst Identifikation von Regionen mit überdurchschnittlichen bzw. unterdurchschnittlichen Entwicklungschancen

Quelle: eigene Zusammenstellung.

Im Zuge des enormen Popularitätsgewinns regionaler Clusterforschung stellt sich die Frage nach Möglichkeiten einer statistischen Erfassung dieser räumlichen Phänomene. Als Annäherungsmöglichkeit bietet sich die Verwendung einer „growth-share matrix" an (vgl. WOLFE/GERTLER 2004: 12). Diese umfasst eine Kombination von drei verschiedenen Indikatoren, um die Stärke des betrachteten Industrie- bzw. Wertschöpfungszweigs darzustellen: die absolute Größe des betrachteten Sektors, dargestellt anhand der Beschäftigtenzahl, die jeweilige durchschnittliche jährliche Wachstumsrate sowie den Lokalisationsquotienten. Die graphische Aufbereitung der Daten anhand eines Koordinatensystems verdeutlicht die relativen Stärken der Raumeinheiten im Analysefokus und lässt so Rückschlüsse zur regionalen Wettbewerbssituation zu. Es ist jedoch darauf hinzuweisen, dass die Berechnung von Lokalisationsquotienten in der Regel auf Basis standardisierter Branchenstatistiken erfolgt (z. B. dem Klassifikationssystem der Wirtschaftszweige) und somit keine Schlussfolgerungen auf die Interaktionsbeziehungen zwischen Unternehmen zulässt. Die Verwendung von Lokalisationsquotienten dient zunächst lediglich als Indikator für raumwirtschaftliche Spezialisierungen und Agglomerationen (vgl. BERGMAN/FESER 1999).

Die Bedeutung von Agglomerationseffekten hat in der Wirtschaftsgeographie vielfältige Konzeptualisierungen erfahren. Aus unternehmerischer Perspektive kann die räumliche Konzentration ökonomischer Aktivitäten für einen Betrieb positive oder negative Auswirkungen haben. BÖVENTER (1962: 13ff.) spricht in diesem Zusammenhang von Agglomerationsvorteilen (positive Ersparnisse) und Agglomerationsnachteilen (negative Ersparnisse). Positive externe Ersparnisse resultieren aus einer Verringerung der Beschaffungs-, Produktions- und Absatzkosten oder einer Verbesserung der Erlössituation. Interne positive Ersparnisse ergeben sich in der Regel durch sinkende Stückkosten in Folge der Kapazitätsausdehnung von Einzelbetrieben. Allgemein wird Agglomerationsvorteilen eine zentralisierende Wirkung zugeschrieben, die sich durch einen selbstverstärkenden Moment kennzeichnen und somit anziehend auf weitere ökonomische Aktivitäten wirken (vgl. SCHÄTZL 2001: 34f.). In dieser Hinsicht legitimiert sich die Anwendung von Lokalisationsquotienten zur Identifikation von Clusterpotenzialen. Denn Cluster entwickeln sich vornehmlich in solchen Regionen, in denen aufgrund der Anzahl von Unternehmen und Beschäftigten zuerst Agglomerationseffekte ihre selbstverstärkende Wirkung entfalten können (vgl. MENZEL 2008: 125).

Die wachsende Bedeutung von Wissen im Rahmen der gesamtwirtschaftlichen Wertschöpfung erfordert ebenfalls passende Methoden zur Identifikation der regionalen Verteilung dieser intangiblen Ressource, welche die Grundlage für die Schaffung neuer Technologien darstellt. Auf regionaler Ebene erhöht eine umfassende Wissensbasis die absorptive Kapazität und ermöglicht kontinuierliche Lern- und Innovationsprozesse (vgl. FLORIDA 1995, BOSCHMA 2005). Hieraus resultieren komparative Vorteile im internationalen Standortwettbewerb. Aus unternehmerischer Perspektive bieten diese Regionen ansässigen Unternehmen Rahmenbedingungen, welche die Produktivität und Innovationsfähigkeit positiv beeinflussen können (vgl. SCHIELE 2003: 131). Der Zugriff auf lokal gebundene Wissensressourcen stellt eine Subkategorie der positiven externen Ersparnisse aufgrund von Spill-over-Effekten dar. Eine Bewertung der räumlichen Innovationskompetenz sollte demnach die regionale Konzentration spezifischer Wissensbestände berücksichtigen.

Eine Möglichkeit die Wissensintensität einer betrieblichen Leistungserstellung zu bestimmen, bietet sich durch die Untersuchung der formalen Ausbildung und Erfahrung von Beschäftigten an (vgl. LICHTBLAU 1998). Für die Analyse gilt es, die „formale Qualifikation der Beschäftigten“ in Betracht zu ziehen. Hierbei handelt es sich um Vorwissen, das auf Ausbildungsinhalten und Qualifikationen beruht, oder auf Fachwissen, das innerhalb bestimmter wissenschaftlicher Disziplinen vermittelt wird (Formeln, Fachsprache). Der Indikator weist, wie empirische Untersuchungen zeigen, eine ausgeprägte Übereinstimmung mit dem jeweiligen Tätigkeitsprofil der Beschäftigten auf. Mit der zunehmenden Vereinheitlichung internationaler Bildungsabschlüsse werden auch länderübergreifende Vergleiche möglich. Daher kann im Weiteren über diesen Indikator auf die Wissensintensität von ausgewählten Branchen geschlossen werden (vgl. HAAS/LINDEMANN 2003: 5). Die unterschiedlichen Anforderungen, welche die verschiedenen Branchen an das Humankapital ihrer Beschäftigten und damit an die Wissensintensität der angebotenen Leistung stellen, können im Rahmen von Regionalanalysen auf der Basis der formalen Ausbildung der Arbeitskräfte ermittelt werden. Auf diese Weise lassen sich wissensintensive Branchen identifizieren und mittels ihrer Akademikerquote klassifizieren. Die Aufgliederung kann beispielsweise in drei Kategorien erfolgen: hohes Qualifikationsniveau (mit Fachhochschul- oder Hochschulabschluss), mittleres Qualifikationsniveau (mit betrieblicher oder fachschulischer Berufsausbildung), niedriges Qualifikationsniveau (ohne Berufsausbildung) (vgl. STMWVT 2000: 87f.). Eine regionsgenaue Zuordnung ausgewählter Branchen ermöglicht es, im nächsten Schritt Erkenntnisse über die vorhandene Wissensbasis und räumliche Spezialisierungsmuster abzuleiten[2].

3.2 Regionalökonomische Effekte internationaler Gateways

Der Bau und Betrieb großflächiger Infrastrukturanlagen, wie internationale See- und Flughäfen, geht mit weit reichenden sozialen und ökonomischen Konsequenzen einher. Die Auswirkungen auf die regionale Wirtschaft sind vielschichtig und erfordern entsprechende Methoden für deren Erfassung. Aus politischer, raumplanerischer aber auch privatwirtschaftlicher Sicht tragen genaue Kenntnisse über räumliche Wirkungsmechanismen dieser Infrastrukturkomplexe zu einer gezielten Inwertsetzung der regionalökonomischen Ausstrahlungseffekte bei. Für Beschäftigte müssen entsprechende Wohnmöglichkeiten geschaffen werden, Unternehmen benötigen günstige Standorte im jeweiligen Umland. Gleichzeitig gilt es die verkehrliche Anbindung zu optimieren

[2] Die Bestimmung der Wissensintensität über das formale Qualifikationsniveau betrachtet lediglich den jeweiligen Know-how-Input. Es lassen sich somit keine konkreten Aussagen darüber ableiten, wie innovativ erstellte Produkte und Dienstleistungen tatsächlich sind. Hierfür sind weitere Indikatoren notwendig, zum Beispiel die Anzahl der Patentanmeldungen. Allerdings liefern Kennzahlen zur formalen Qualifikation von Beschäftigten auf räumlich disaggregierter Ebene wichtige Indizien über die Innovationsfähigkeit und Kreativität von Regionen. Abgebildet wird das Innovationspotenzial dann als Wissenspotenzial der Unternehmen unterschiedlicher Branchen im regionalen Kontext (vgl. HAAS/LINDEMANN 2003: 6f.).

und ökologische Aspekte nicht aus dem Blickfeld zu verlieren (vgl. STMWIVT 2006). Die hiermit verbundenen Entscheidungsprozesse können durch wirtschaftgeographische Analysen gezielt unterstützt werden.

Der Begriff der Infrastruktur umfasst die Gesamtheit der materiellen, institutionellen und personellen Einrichtungen und Gegebenheiten einer Volkswirtschaft. Diese bilden eine wesentliche Grundlage zur effizienten Organisation und Durchführung wirtschaftlicher und sozialer Aktivitäten und weisen jeweils landestypische Eigenschaften auf (vgl. SCHÄTZL 2001: 35f.). Als Bestandteil dieses Gesamtsystems gelten die verschiedenen Bereiche der Verkehrsinfrastruktur. Dabei besitzen vor allem internationale Häfen des Seeschiffsverkehrs und Flughäfen eine ausgeprägte Schnittstellenfunktion zur Abwicklung lokaler und globaler Austauschprozesse[3]. In Kombination mit der Entwicklung neuer Kommunikationstechnologien, wie dem Internet, bilden sie eine wesentliche Basis für die Globalisierung des sozialen und wirtschaftlichen Lebens (vgl. MALECKI 2002). Eine übergeordnete Gemeinsamkeit dieser Infrastrukturanlagen ist deren nachhaltige Bedeutung für räumliche Entwicklungsprozesse in den jeweiligen Regionen.

Internationale See- und Flughäfen, die nachfolgend als Gateways bezeichnet werden, sind in der Regel mit enormen monetären Aufwendungen für den Bau und Betrieb der benötigten Infrastrukturanlagen verbunden und erfordern von Investoren langfristige Finanzierungskonzepte. Die Umsetzung erfolgt häufig im Rahmen von public-private-partnerships. Nachfolgende Beispiele des Hamburger Hafens und des Münchener Flughafens skizzieren die Größenordungen potenzieller Wertschöpfungseffekte derartiger Infrastrukturkomplexe.

In der Metropolregion Hamburg waren im Jahr 2005 etwa 145 000 Arbeitsplätze direkt oder indirekt vom Hamburger Hafen abhängig. Deutschlandweit sind es sogar 220 000 Arbeitsplätze. Der Hamburger Hafen schlägt im erheblichen Umfang Waren um, die in der Metropolregion produziert, verarbeitet oder verbraucht werden. Man spricht in diesem Zusammenhang vom sog. Loco-Aufkommen. Der prozentuale Anteil

---

3 Die Seeschifffahrt ist der wichtigste Verkehrsträger für den internationalen Warenhandel. Etwa zwei Drittel der Welthandelsgüter werden über See transportiert. Innovationen im maritimen Transportgewerbe, insbesondere die Containerisierung, haben eine nachhaltige Restrukturierung der Transportkette ausgelöst. Der internationale Personenverkehr über größere Distanzen wird heute nahezu ausschließlich per Flugzeug abgewickelt. Auch der Transport hochwertiger Fracht und zeitkritischer Güter mit just-in-time-Anlieferung erfolgt zunehmend über den Lufttransport. Trotz der ansteigenden Kosten für Treibstoff geht man in den nächsten 20 Jahren von jährlichen Wachstumsraten zwischen 5 und 7 Prozent aus (vgl. NUHN/HESSE 2006: 114ff.).

des Loco-Aufkommens am Gesamtumschlag wird als Loco-Quote bezeichnet. Mit steigender Loco-Quote nehmen auch die Beschäftigungseffekte im Umland zu. In der Metropolregion Hamburg liegt diese mit etwa 30 Prozent relativ hoch (vgl. FREIE UND HANSESTADT HAMBURG 2005).

Auch der Flughafen München hat sich seit seiner Verlagerung zu einer der größten regionalen Arbeitsstätten entwickelt. Im Jahr 2006 waren insgesamt 27 400 Personen direkt am Flughafen beschäftigt. Hiervon entfallen jeweils über 7 000 Mitarbeiter auf die Betreibergesellschaft und die Lufthansa. Insgesamt wurden 876 Millionen Euro an Löhnen und Gehältern ausgezahlt (FMG 2007: 21). Als regionale „Jobmaschine“ kommt dem Münchener Airport somit ein erheblicher Anteil an der positiven Wirtschaftsentwicklung im nordöstlichen Umland der bayerischen Landeshauptstadt zu. Freising und Erding zählen seit Jahren zu den Landkreisen mit den niedrigsten Arbeitslosenquoten in ganz Deutschland. Auch hinsichtlich der indirekten Beschäftigung sind beträchtliche Effekte zu konstatieren. 2004 erbrachten über 2 100 Unternehmen Leistungen für den Flughafen München. Die Unternehmen setzen sich überwiegend aus den Bereichen Baugewerbe, Elektrotechnik, Verkehr- und Nachrichtenübermittlung sowie dem Segment der unternehmensnahen Dienstleistungen zusammen (vgl. HAAS/WALLISCH 2008).

Die Diffusion von Wertschöpfungseffekten im näheren und weiteren Umland weist jeweils einen kontextspezifischen Charakter auf und steht im Zusammenhang mit den regionalen Gegebenheiten. Von Bedeutung sind in diesem Zusammenhang die Einbindung in das Straßen- und Schienensystem sowie der Anschluss an Rohrleitungen und Kabel für den Transport von Flüssigkeiten und Gasen sowie Elektrizität[4]. Für die gezielte regionalökonomische Inwertsetzung ist eine leistungsfähige Bodenverkehrsinfrastruktur erforderlich, um die kritische Masse an Unternehmen zu erreichen sowie den Warentransport innerhalb akzeptabler Zeitfenster abwickeln zu können. Die Messung regionalökonomischer Effekte sowie deren räumlicher Reichweite und Intensität erfordert eine systematische Abgrenzung der generierten Wirkungen (vgl. Abbildung 1).

---

4 In Deutschland wurde im Jahr 2000 etwa ein Zehntel der gesamten Güterverkehrsleistung durch Rohöl-, Produkt- und Fernwasserleitungen erbracht. Für Unternehmen, insbesondere der Energie- und chemischen Industrie, sind Rohrleitungen zu einem zuverlässigen und kostengünstigen Transportmittel für flüssiges Massengut geworden (vgl. NUHN/HESSE 2006: 88).

Abbildung 1: Regionale Ausstrahlungseffekte von Gateways

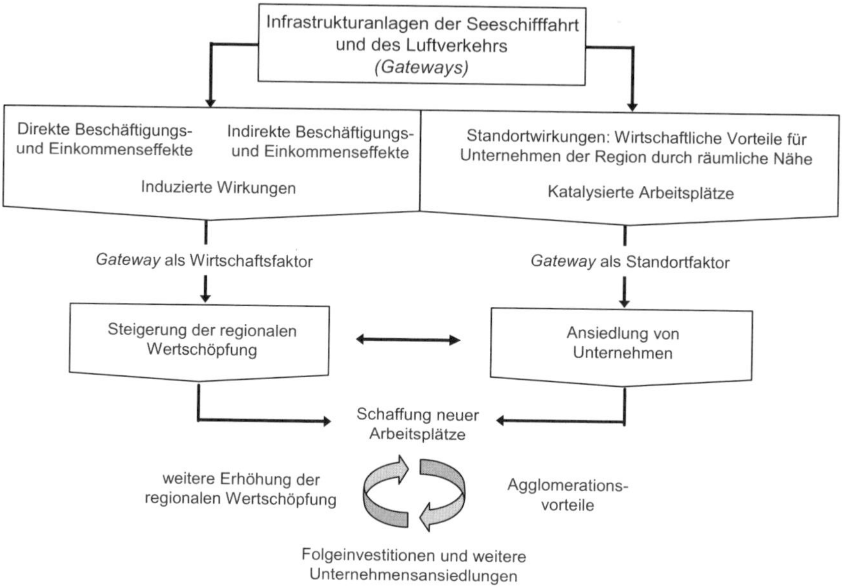

Quelle: eigene Darstellung.

Für die Darstellung von Wertschöpfungseffekten bietet sich eine Differenzierung zwischen der Rolle von Gateways als Standortfaktor und deren Funktion als Wirtschaftsfaktor an (vgl. HAAS ET AL. 1993, HAAS 1997, SANTIN 2000, HARTWIG 2000). Die Wirkung als Standortfaktor leitet sich aus der Bedeutung für Unternehmen ab, die im Rahmen ihrer Geschäftsaktivitäten auf die jeweiligen Gateway-Funktionen angewiesen sind. Günstige Transport- und Handelsmöglichkeiten spielen innerhalb des globalisierten Wettbewerbs eine immer größere Rolle. Betriebe profitieren von möglichen Zeit- und Kosteneinsparungen bei Geschäftsreisen oder dem Warenverkehr. Häfen bieten günstige Standortbedingungen für die Verarbeitung von Massengütern (Erdöl, Kohle, Erze, Getreide etc.) und hochwertigen Genussmittelimporten (Kaffee, Tee, Kakao, Tabak, Gewürze etc.) (vgl. NUHN 1998: 312). Flughäfen wirken anziehend auf eine ganze Bandbreite internationaler Konzerne mit einem überdurchschnittlichen Anteil personalisierter Dienstleistungen und einem hohen Bedarf an Geschäftsreisen. Insbesondere die Standorte von Headquarters befinden sich vorzugsweise in räumlicher Nähe von Flughäfen mit einem hohen Anteil interkontinentaler Direktverbindungen (vgl. BEL/FAGEDA 2008). Außerdem ist noch die Sparte der Logistikunternehmen mit hohem Luftfrachtanteil zu nennen. Durch einen Standort in unmittelbarer Nähe des Flughafens besteht die Möglichkeit, besonders schnell auf eingehende Aufträge zu reagieren. Die Vorteile aus der Kombination von Geschwindigkeit und zeitlicher Abstimmung innerhalb von komplexen Wertschöpfungsprozessen erlauben die Realisierung von economies of timing, welche für die globale Wettbewerbsfähigkeit unabdingbar sind (vgl. BERTRAM 1992). Beschäftigungsmöglichkeiten, die auf die Standortwirkung zurückzuführen sind, werden als katalysierte Arbeitsplätze bezeichnet (vgl. JANSEN/WEIMAR 2001: 10).

Direkte und indirekte Beschäftigungseffekte sind der Rolle von Gateways als Wirtschaftsfaktor zuzuschreiben. Direkte Effekte beziehen sich unmittelbar auf Arbeitsplätze, die innerhalb des jeweiligen Betriebsareals geschaffen werden. Indirekte Effekte umfassen Arbeitsplätze bei Unternehmen, die Dienste oder Produkte für die Funktionsfähigkeit von Gateways zur Verfügung stellen, deren Umsätze jedoch außerhalb des Geländes liegen. Effekte, die im Umland aus der Nachfrage nach Konsum, aus dem Einkommen der direkt und indirekt Beschäftigten entstehen und dadurch wieder Beschäftigungseffekte auslösen, gelten als induzierte Wirkungen. Diese machen sich vor allem im Einzelhandel und im Immobilienbereich bemerkbar (vgl. OECHSLE 2005: 69).

Als Orientierungsgröße für die Ermittlung von direkten Arbeitsplatzeffekten internationaler Flughäfen wird häufig von etwa 1 000 Beschäftigten pro eine Mio. Passagiere ausgegangen (vgl. HAAS/HESS 2000). Für das Jahr 2004 ergibt sich bei 155,7 Mio. Passagieren und 158 869 Beschäftigten an internationalen Flughäfen in Deutschland eine Zahl von ca. 1 020 direkten Arbeitsplätzen, bezogen auf eine Mio. Fluggäste. Eine differenzierte Betrachtung des Zusammenhangs zwischen Verkehrsaufkommen und Beschäftigtenzahlen zeigt, dass eine pauschale Anwendung dieser Formel jedoch nicht beliebig auf einzelne Flughäfen übertragen werden kann. Neben spezifischen Prozessabläufen für die Verkehrsabfertigung gilt es, Luftfrachtanteile, die Bedeutung des Non-Aviation-Bereichs und die Zahl der Langstreckenflüge zu berücksichtigen (vgl. KLOPHAUS 2007: 75f.). Für die Ermittlung von indirekten Effekten wird von zwei bis drei zusätzlichen Beschäftigten pro Arbeitsplatz am Flughafen ausgegangen. Infolge des einzigartigen Charakters regionaler Verflechtungsmuster zwischen dem Flughafen und seinem näheren und weiteren Umland ist eine einfache Übertragung solcher Faktorwerte als Berechnungsgrundlage jedoch nicht sinnvoll (vgl. ACI EUROPE 2004).

Zur Analyse der spezifischen Wirkung von Gateways im räumlichen Kontext ist eine umfassende Datenbasis erforderlich, die in der Regel auch eigener empirischer Erhebungen bedarf. Zum einen besteht die Möglichkeit, mit Hilfe von Zeitreihen sekundärstatistischer Daten die jeweilige Bedeutung als Standortfaktor für die betrachtete Region herauszuarbeiten. Hierfür eignen sich Daten zur Arbeitsmarkt-, Beschäftigten- und Wettbewerbsentwicklung. Häufig lassen sich im näheren und weiteren Umland räumliche Struktur- und Standorteffekte erkennen. Anhand dieser Vorgehensweise können jedoch keine unmittelbaren Wirkungszusammenhänge abgeleitet werden. Für detaillierte Erkenntnisse ist eine zusätzliche Befragung von regionalen Unternehmen hinsichtlich ihres Standortwahlverhaltens und ihrer Wertschöpfungsaffinität zum Hafen bzw. Flughafen erforderlich, auch um die Reichweite und Intensität der Standortwirkung bewerten zu können. Hierbei geht es vor allem um die Bedeutung für Geschäftsreisen und den Warentransport im Besonderen und den Beitrag für die unternehmerische Wettbewerbsfähigkeit im Allgemeinen.

Für eine Darstellung der direkten und indirekten Beschäftigungseffekte und ihres räumlichen Umfangs sind in der Regel Daten der jeweiligen Betreibergesellschaften und der ansässigen Fluggesellschaften bzw. Reedereien erforderlich. Für die Skizzierung direkter Beschäftigungseffekte gilt es sowohl die Wohnorte der Arbeitskräfte als auch die jährlich ausbezahlten Gehaltssummen in Betracht zu ziehen. Diese Informationen bieten weitere Ansatzpunkte zur Erfassung von induzierten Standortwirkungen. Eine Analyse der regionalen Kaufkraftentwicklung kann in diesem Zusammenhang zusätzliche Erkenntnisse zur direkten Beschäftigungswirkung beisteuern. Um indirekte Beschäftigungseffekte zu berechnen, sind detaillierte Daten der jeweiligen Zulieferer und Dienstleister mit den zugehörigen Auftragswerten notwendig. Aggregierte Werte zu den getätigten Aufwendungen und zum Leistungsbezug können auch aus den jährlichen Gewinn- und Verlustrechungen der Betreibergesellschaften herausgelesen werden. Die jeweiligen Summen sind unter den Posten Materialaufwand offen gelegt. Hierzu gehören die „Aufwendungen für Roh-, Hilfs- und Betriebsstoffe und für bezogene Waren“ sowie „Aufwendungen für bezogene Leistungen“ (vgl. SCHEFFLER 2001: 94). Sie lassen jedoch keine Rückschlüsse auf die räumliche Verteilung von Wertschöpfungs- und Arbeitsplatzeffekten zu. Eine genaue räumliche Analyse der Ausstrahlungseffekte ist ohne einen direkten Zugriff auf unternehmensspezifische Daten der Leistungserbringer mit den jeweiligen Standorten und Umsätzen kaum möglich.

3.3 Zur Analyse von Unternehmensnetzwerken

Mit leichter zeitlicher Verzögerung zur Entwicklung eines neuen industriellen Paradigmas hat das Theoriegebäude der Neuen Institutionenökonomik (NIÖ) in der Wirtschaftsgeographie Eingang gefunden. Es steht für verschiedene Ansätze zur Erklärung des Wirtschaftens in einer Welt, in der unvollkommene Akteure, Menschen mit begrenzter Rationalität und Moral, in ihrem ökonomischen Handeln aufeinander angewiesen sind (vgl. PICOT ET AL. 1999, ERLEI ET AL. 1999). Von besonderer Relevanz für die Erklärung von Unternehmensnetzwerken im Rahmen der NIÖ sind die Beiträge von COASE (1937) und WILLIAMSON (1975, 1985), welche die Unternehmensorganisation als Transaktionsproblem betrachten. Die Überlegungen zur Bedeutung von Transaktionskosten für die Erklärung von Netzwerken wurden im Laufe der 1980er auch in anderen Disziplinen aufgenommen und einer kritischen Betrachtung unterzogen. Von Seiten der Geographie konnte gezeigt werden, dass sich durch räumliche Nähe die Transaktionskosten reduzieren lassen, so dass Netzwerke eine größere Stabilität erlangen als von Williamson ursprünglich angenommen (vgl. SCOTT 1988). Von Seiten der Soziologie wird der Transaktionskostenansatz als Beitrag zu einer institutionellen Perspektive allerdings in Frage gestellt. Die Kritik konzentriert sich dabei vor allem auf die atomistische Konzeption des ökonomisch Handelnden, nach der jeder Akteur scheinbar kontextfrei und unbeeinflusst von seiner konkreten Umwelt agiert. GRANOVETTER (1985, 2000) erklärt, dass ökonomisches Handeln sich nicht zwischen isolierten Akteuren abspielt, sondern in fortdauernde Systeme sozialer Beziehungen integriert ist. Er bezeichnet dieses Phänomen als embeddedness. Den unterschiedlichen fachlichen Ansichten zufolge wird die Konstitution unternehmerischer Netzwerke demnach durch das Spannungsfeld zwischen betriebswirtschaftlichen Kostenüberlegungen, sozialer Integration und räumlicher Nähe bestimmt.

Die Wirtschaftsgeographie hat seit dem Aufkommen neuartiger zwischenbetrieblicher Wertschöpfungsnetzwerke eine Vielzahl von Konzeptionen und Theorien entwickelt, um das Zusammenspiel und die räumliche Wirkung sozioökonomischer Interaktionsprozesse zu erklären. Hierunter fallen, wie bereits angesprochen u.a. die Arbeiten zu industrial districts (vgl. HARRISON 1992, AMIN/THRIFT 1992), zu kreativen Milieus (vgl. CREVOISIER/MAILLAT 1991, FROMHOLD-EISEBITH 1995, 2001) und regionalen Clustern (vgl. MASKELL/MALMBERG 2001, BATHELT 2004). Die Generierung der zu Grunde liegenden Erkenntnisse erfolgte zunehmend durch Einzelfallstudien mit einem explorativen Charakter, da quantitative, standardisierte Daten nur wenige Anhaltspunkte zum Grad der Einbettung von Unternehmen oder deren Netzwerkorganisation liefern können. Die gewählte Untersuchungsmethodik umfasst dabei häufig die Durchführung von Interviews mit involvierten Akteuren aus der jeweiligen Untersuchungsregion. Die zunächst unreflektierte Anwendung führte zu einer nicht ungerechtfertigten Kritik aus dem eigenen Fachbereich aber auch benachbarter Disziplinen[5].

Um dieser Art der Regionalanalysen eine größere Akzeptanz zu verschaffen, erfolgte die systematische Herausarbeitung potenzieller Vor- und Nachteile sowie Orientierungsregeln für eine gemeinsame Vorgehensweise innerhalb der Forschungsgemeinschaft (vgl. SCHOENBERGER 1991, HEALY/RAWLINSON 1993). Im Allgemeinen besitzt explorative Forschung eine besondere Relevanz für die Erfassung sozioökonomischer Zusammenhänge, da die Pluralisierung der Lebenswelten in modernen Gesellschaften eine neue Sensibilität für empirische untersuchte Gegenstände erforderlich macht. FLICK (2002: 12) argumentiert dabei mit dem raschen sozialen Wandel, der durch klassische deduktive Methoden nicht mehr adäquat untersucht werden kann. Forschung ist dadurch in stärkerem Maße auf induktive und qualitative Vorgehensweisen verwiesen. Grundlegendes Ziel der Forschung ist dabei weniger, Bekanntes zu überprüfen, als Neues zu entdecken und empirisch abgeleitete Theorien zu entwickeln. Diese beziehen sich auf bestimmte, umgrenzte lokale Situationen und Problemstellungen. Die Anwendung von Fallstudien stellt dabei eine wichtige Grundlage der explorativen Forschung dar. EISENHARDT (1989) stellt in diesem Zusammenhang die Vorteile der Theorieentwicklung durch Fallstudien explizit heraus:

> „Theory developed from case study research is likely to have important strengths like novelty, testability, and empirical validity, which arise from the intimate linkage with empirical evidence. Second, given the strengths of this theory-building approach and its independence from prior literature or past empirical observation, it is particularly well-suited to new research areas or research areas for which existing theory seems inadequate."

---

5 Der relationale Status von Experten ist im Rahmen von wissenschaftlichen Untersuchungen kritisch zu bewerten, da keine objektiven Auswahlkriterien existieren. Das bedeutet, dass verschiedene Forscher, die das gleiche Unternehmensnetzwerk untersuchen, aufgrund ihrer spezifischen Wahrnehmung unterschiedliche Akteure als mögliche Experten identifizieren und somit wahrscheinlich auch zu differierenden Ergebnissen hinsichtlich der Konstitution und Erfolgsfaktoren von Unternehmensnetzwerken kommen. KAMANN (1998: 287) erklärt in diesem Zusammenhang: „.... two researchers studying the same industry, or the same area, may come up with a different list of actors and a different „network" because of a different research question resulting in a different perception of who is relevant. This also illustrates the relatively subjective nature of „networks" as described by researchers. It implies that although a theoretical check-list of actors that can or should be included can be used, the actor´s inventory requires inside knowledge of or at least familiarity with the networks to be studied."

Qualitative Forschung ermöglicht das detektivische Erkunden des Forschungsfelds sowie das Sammeln möglichst vielfältiger und das ganze Spektrum von Sichtweisen repräsentierender Information aus denen letztendlich neue Hypothesen entwickelt werden können (vgl. KROMREY 1998: 67).

Für ein systematisches Forschungsdesign sind eine zielgerechte Auswahl unterschiedlicher Akteure und ein entsprechendes Ordnungsschema zur Strukturierung der erhobenen Daten notwendig. MARKUSEN (1999: 55ff.) schlägt für die Akteurswahl und die Analyse räumlicher Netwerkbeziehungen von Unternehmen und unterstützenden Institutionen folgende Arbeitsschritte vor:

- Moving from Region to Industry: Die wirtschaftliche Leistungsfähigkeit von Regionen begründet sich in vielen Fällen auf bestimmten Schlüsselindustrien. Eine einfache Auswertung sekundärstatistischer Daten hilft bei der Identifikation wichtiger Branchen im betrachteten räumlichen Kontext und vermeidet gleichzeitig die Gefahr der Vernachlässigung relevanter Wirtschaftszweige. Als wichtige Kennzahlen gelten in diesem Zusammenhang die Zahl der Betriebe, der Beschäftigten sowie branchenspezifische Lokalisationsquotienten und Exportvolumina.
- Moving from Industry to Firm Establishment: Nach der Identifikation von Schlüsselindustrien gilt es entsprechende Firmen und Niederlassungen auszuwählen. In einer größeren Region kommen schnell mehrere hundert potenzielle Firmen für eine nähere Betrachtung in Frage. Grundsätzlich sollte das Sample neben der Branchen- auch die Größenstruktur der Unternehmen im Untersuchungsraum widerspiegeln. Darüber hinaus erfordern Unternehmen mit mehreren Niederlassungen und Funktionsbereichen in der Regel mehrere Interviews. Nur hierdurch ist eine ganzheitliche Sichtweise der Geschäftsaktivitäten und strategischen Planungen gewährleistet.
- Moving from Firm and Establishments to Informants: In diesem Schritt geht es um die Auswahl geeigneter Gesprächspartner. Bei kleineren Unternehmen mit flachen Hierarchien erweist sich die Identifikation potenzieller Experten mit dem gewünschten Wissenshintergrund als relativ einfach, da Eigner oder Manager viele Aufgaben im operativen und strategischen Bereich in Personalunion erfüllen. Bei multinationalen Konzernen ist eine Orientierung an den jeweiligen funktionalen Einheiten erforderlich. Aspekte der übergeordneten betrieblichen Standortplanung können häufig durch Mitarbeiter des strategischen Managements adäquat beantwortet werden. Informationen über die Konfiguration von Zuliefernetzwerken (in Form von traded interdependencies) sind dagegen eher bei Einkaufsleitern im Bereich des Beschaffungswesens sowie Angestellten im Material- und Dienstleistungsmanagement zu suchen. Bewertungen hinsichtlich der regionalen Arbeitsmarktsituation können vor allem durch Leiter des Recruiting- und Personalbereichs abgegeben werden. Im Rahmen der Erhebung dient

die erste Kommunikationsphase mit einem Unternehmen häufig dazu, die geeigneten Gesprächspartner für die jeweiligen Fragestellungen zu identifizieren.

Neben den Interviews mit Managern und Angestellten in Unternehmen können Experten aus Politik oder halb-öffentlichen Einrichtungen weitere wesentliche Informationen für die Analyse beisteuern. Als mögliche Interviewpartner kommen beispielsweise Vertreter der Wirtschaftsförderung oder regionaler Forschungseinrichtungen in Frage. Auch potenzielle Kapitalgeber sind häufig wichtige Schlüsselspieler bei der Gestaltung regionaler Entwicklungsprozesse[6].

Abbildung 2: Ordnungsschema zur Analyse von Unternehmensnetzwerken

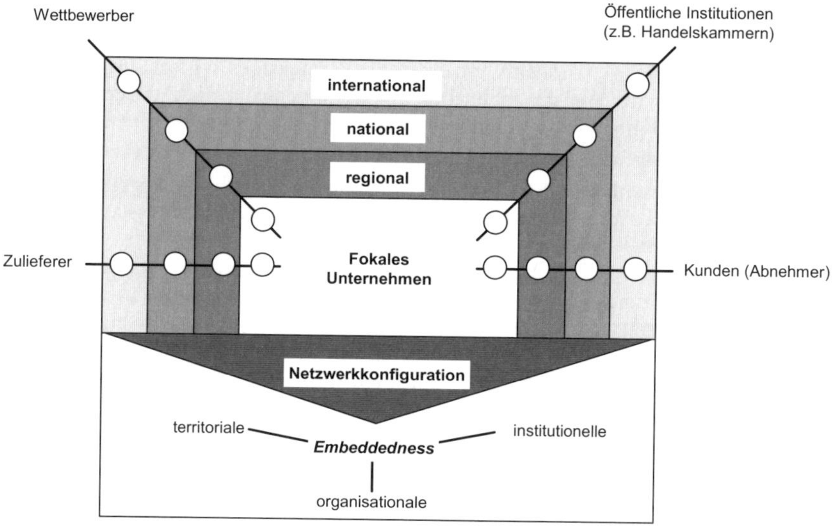

Quelle: verändert nach SCHLESINGER 2006: 66, MARKUSEN 1999: 54.

6 Durch die systematische Erfassung der subjektiven Perspektiven einzelner Akteure im Netzwerk sind Rückschlüsse auf kritische Erfolgsfaktoren möglich, die mit anderen Erhebungsmethoden nicht identifiziert werden können. Hierbei geht es vor allem um „weiche" Phänomene wie Vertrauen und informelles Kooperationsverhalten, die nachhaltigen Einfluss auf die Konstitution der betrachteten Netzwerke nehmen.

Abbildung 2 zeigt eine mögliche Systematik zur Strukturierung von erhobenen Interviewdaten. Im Zentrum stehen dabei die betrachteten Unternehmen, deren Netzwerke sich entlang von zwei Dimensionen ausbilden. Zum einen entlang der Wertschöpfungskette, also zwischen Lieferanten und Kunden (Abnehmern). Zum anderen aber auch zwischen regionalen Institutionen und zwischen Wettbewerbern, die aber durchaus als mögliche Kooperationspartner bei gemeinsamen Projekten in Frage kommen. Die vorgeschlagene Systematik weist eine große Ähnlichkeit mit PORTER´S (1988: 26) Strukturanalyse von Branchen auf, ist aber noch um eine räumliche Komponente erweitert.

Durch die Unterscheidung zwischen räumlichen Maßstabsebenen wird berücksichtigt, inwieweit ein Unternehmen stärker in intraregionale oder interregionale Netzwerkbeziehungen eingebunden ist. Bei der Expertenauswahl ist es notwendig, sich nicht nur auf das fokale Unternehmen zu konzentrieren, sondern auch Akteure entlang der beschriebenen zwei Dimensionen zu identifizieren. Hierdurch können im Rahmen der Leitfadeninterviews eine Vielzahl unterschiedlicher Perspektiven ermittelt werden, welche Rückschlüsse auf spezifische Netzwerkstrukturen und Netzwerkbeziehungen zulassen. Die vorgeschlagene Systematik ermöglicht so eine Bewertung der territorialen, organisationalen und institutionellen Einbettung der betrachteten Unternehmen und Akteure.

4 Schlussbetrachtung

In der wirtschaftsgeographischen Forschungsgemeinschaft hat sich in den vergangenen Jahren ein breites Spektrum an Methoden für die Analyse von Regionen etabliert. Auf der einen Seite stehen klassische quantitative Methoden zur Durchführung statistischer Berechnungen und Tests (von Hypothesen), auf der anderen Seite sind induktive, qualitative Herangehensweisen für die Untersuchung ausgewählter regionaler Fallbeispiele zu konstatieren. Entsprechend dem gewählten Untersuchungsdesign werden die Anforderungen der wissenschaftlichen Gütekriterien mehr oder weniger erfüllt. Qualitativen Methoden, die sich seit den 1990er Jahren einer hohen Beliebtheit erfreuen, wird häufig eine hohe Validität bei geringer Reliabilität zugesprochen. Aufgrund der praktischen Natur persönlicher Interviews oder Beobachtungen ist eine exakte Reproduktion der Ergebnisse durch unterschiedliche Forscher wenig wahrscheinlich (vgl. HEALY/RAWLINSON 1993: 345). Das erläuterte Ordnungsschema zur Analyse von Unternehmensnetzwerken und deren Einbettung bietet geeignete Anhaltspunkte, um diese Problematik zu reduzieren.

Mit dem Aufkommen qualitativer Forschung in der Wirtschaftsgeographie wurde eine rege Diskussion innerhalb der scientific community über den Nutzen und potenzielle neue Erkenntnisse entfacht. Eine qualitative Vorgehensweise gilt als geeigneter Weg, um neue konzeptionelle und theoretische Bausteine zu entwickeln. Insbesondere verschiedene Formen der Einbettung vor dem Hintergrund eines voranschreitenden Globalisierungsprozesses sind häufig nur durch einen direkten, qualitativen Zugang erkennbar. Den positiven Impulsen für eine fruchtbare wissenschaftstheoretische Diskussion stehen jedoch Probleme der Kontextgebundenheit von Ergebnissen und die mangelnde Vergleichbarkeit einzelner Fallstudien gegenüber. Auch der konkrete Anwendungsbezug bei politischen Fragestellungen wird durch eine höhere Detailgenauigkeit nicht zwangsläufig verbessert (vgl. CLARK 1998: 83).

Der kombinierte und systematische Einsatz unterschiedlicher Methoden und Datenquellen für die Durchführung von Regionalanalysen bietet Ansatzpunkte, spezifische Schwächen der einen Forschungsstrategie durch eine andere auszugleichen. Wirtschaftsgeographische Studien sollten in Zukunft vermehrt auf Formen der Triangulation setzen, um empirische Phänomene in ihrer ganzen Breite zu erfassen und in Theorie und Praxis eine größere Überzeugungskraft zu entwickeln (vgl. YEUNG 2003). Gerade in den aktuellen Forschungsbereichen zu Unternehmensnetzwerken und regionalen Clustern ist die Wirtschaftsgeographie mit ihrem Methodenspektrum in einer günstigen Ausgangsposition. Neben der Erklärung von räumlichen Konfigurationsmustern und Interaktionsprozessen spezifischer Wertschöpfungsaktivitäten gilt es noch stärker als bisher erfolgskritische Merkmale der betrachteten Phänomene zu identifizieren.

Literatur

ACI EUROPE – AIRPORT COUNCIL INTERNATIONAL EUROPE (2004): The social and economic impact of airports in Europe. Brüssel.

ALBROW, M. (1996): The Global Age: State and Society Beyond Modernity. Cambridge: Polity Press.

AMIN, A., THRIFT, N. (1992): Neo-Marshallian Nodes in Global Networks. In: International Journal of Urban and regional research 16 (4), S. 577-587.

AMIN, A., THRIFT, N. (1994): Living in the global. In: Amin, A., Thrift, N. (eds.): Globalisation, Institutions and Regional Development in Europe. Oxford, New York: Oxford University Press, S.1-22.

BATHELT, H. (2004): Vom „Rauschen“ und „Pfeifen“ in Clustern, Reflexive Informations- und Kommunikationsstrukturen im Unternehmensumfeld. In: Geographica Helvetica , 59 (2), S. 93-105.

BATHELT, H., GLÜCKLER, J. (2002): Wirtschaftsgeographie. Ökonomische Beziehungen in räumlicher Perspektive. Stuttgart.

BEL, G., FAGEDA, X. (2008): Getting there fast: globalization, intercontinental flights and location of headquarters. In: Journal of Economic Geography 8, S. 471-495.

BERGMAN, E., FESER, E. (1999): Industrial and Regional Clusters: Concepts and Comparative Applications. The Web Book of Regional Science. Regional Research Institute, West Virginia University. URL: http://www.rri. wvu.edu/ WebBook/Bergman-Feser/contents.htm (01.09.2008).

BERTRAM, H. (1992): Industrieller Wandel und neue Formen der Kooperation. Ein Transaktionskostentheoretischer Ansatz am Beispiel der Automobilindustrie. In: Wirtschaftsgeographische Zeitschrift 4, S. 214-229.

BOSCHMA, R. (2005): Proximity and Innovation: A Critical Assessment. In: Regional Studies 39 (1), S. 61-74.

BÖVENTER, E. V. (1962): Theorie des räumlichen Gleichgewichts. Tübingen.

Clark, G. (1998): Stylized Facts and Close Dialogue: Methodology in Economic Geography. In: Annals of the Association of American Geographers 88 (1), S. 73-87.

COASE, R. (1937): The Nature of the Firm. In: Economica 4, S. 386-405.

CREVOISIER, O., MAILLAT, D. (1991): Milieu, Industrial Organisation and Territorial Productions System : Towards a New Theory of Spatial Development. In: Camagni, R. (Hrsg.): Innovations Networks: Spatial Perspectives. London, New York, S. 13-14.

EISENHARDT, K. (1989): Building Theories from Case Study Research. In: Academy of Management Review 14, S. 532-550.

ERLEI, M., LESCHKE, M., SAUERLAND, D. (1999): Die Neue Institutionenökonomik. Stuttgart.

FLICK, U. (2002): Qualitative Forschung. Eine Einführung. Rowohlt Taschenbuch Verlag. Hamburg.

FMG – FLUGHAFEN MÜNCHEN GMBH (Hrsg.)(2007): Arbeitsstättenerhebung 2006. URL: www.munich-airport.de/media/download/general/publikationen/de/arbeitsstaette.pdf (01.09. 2008).

FLORIDA, R. (1995): Towards a Learning Region. In: Futures (5), S. 527-536.

FREIE UND HANSESTADT HAMBURG (Hrsg.)(2005): Im Focus dynamischer Wachstumsmärkte. Chancen und Entwicklungspotenziale des Hamburger Hafens. Hamburg.

FROMHOLD-EISEBITH, M. (1995): Das „kreative Milieu“ als Motor regionalwirtschaftlicher Entwicklung. In: Geographische Zeitschrift 83 (1), S. 32-47.

FROMHOLD-EISEBITH, M. (2001): Technologieregionen in Asiens Newly Industrialized Countries. Strukturen und Beziehungssysteme am Beispiel von Bangalore, Indien und Bandung, Indonesien (=Wirtschaftsgeographie, Band 18). Münster.

GLÜCKLER, J. (2004): Reputationsnetze. Zur Internationalisierung von Unternehmensberatern. Eine relationale Theorie. Frankfurt am Main.

GRANOVETTER, M. (1985): Economic Action and Economic Structure: The Problem of Embeddedness. In: American Journal of Sociology 91, S. 481-510.

GRANOVETTER, M. (2000): Ökonomische Institutionen als soziale Konstruktionen – Ein Analyserahmen. In: Bögenhold, D. (Hrsg.): Moderne amerikanische Soziologie. Stuttgart.

HAAS, H.-D. (Hrsg.) (1997): Zur Raumwirksamkeit von Großflughäfen. Wirtschaftsgeographische Studien zum Flughafen München II (=Münchner Studien zur Sozial- und Wirtschaftsgeographie, Band 39). Kallmünz.

HAAS, H.-D. (2006): Globalisierung der Märke und Internationalisierung der Wirtschaft. In: Haas, H.-D., Neumair, S. M. (Hrsg.): Internationale Wirtschaft: Rahmenbedingungen, Akteure, räumliche Prozesse. München, S. 3-16.

HAAS, H-D., BROCKFELD, H., HESS, M. (1993): Der Flughafen München – seine nationale und internationale Bedeutung. Zur Stellung des Flughafens als Drehkreuz in Europa. In: Zeitschrift für den Erdkundeunterricht (9), S. 292-300.

HAAS, H.-D., HESS, M. (2000): Standortanforderungen und -wirkungen internationaler Flughäfen. Institut für Länderkunde (Hrsg.): Nationalatlas Bundesrepublik Deutschland, Band 9: Verkehr und Kommunikation. Leipzig, S. 140-141.

HAAS, H.-D., LINDEMANN, S. (2003): Wissensintensive unternehmensorientierte Dienstleistungen als regionale Innovationssysteme. In: Zeitschrift für Wirtschaftsgeographie 47(1), S. 1-14.

HAAS, H.-D., ZADEMACH, H.-M. (Hrsg.) (2003): Entwicklungsprozesse und unternehmerische Entscheidungsdeterminanten in Technologieregionen – dargestellt anhand der High-Tech-Standorte Kalifornien (USA) und Bangalore (Indien) (=WRU, Band 18). München.

HAAS, H.-D, NEUMAIR, S. (2007): Wirtschaftsgeographie (=Geowissen Kompakt). Darmstadt.

HAAS, H.-D., WALLISCH, M. (2008): Der Wandel des Münchener Flughafens zur Airport-City: Entwicklungsdeterminanten und raumwirtschaftliche Ausstrahlungseffekte. In: Geographische Rundschau 60 (10). S. 32-38.

HALL, P, MARKUSEN, A. (Hrsg.) (1985): Silicon Landscapes. London.

HARVEY, D. (1990): The Condition of Postmodernity. An Enquiry into the Origins of Cultural Change. Cambridge (MA).

HARRISON, B. (1992): Industrial Districts: Old Wine in New Bottles? In: Regional Studies 26, S. 469-483.

HARTWIG, N. (2000): Neue urbane Knoten am Stadtrand? Die Einbindung von Flughäfen in der Zwischenstadt: Frankfurt/Main – Hannover – Leipzig/Halle – München (=Akademische Abhandlungen zur Raum- und Umweltforschung). Berlin.

HEALEY, M., RAWLINSON, M. (1993): Interviewing Business Owners and Managers: a Review of Methods and Techniques. In: Geoforum 24, S. 339-355.

HESS, M. (1998): Glokalisierung, industrieller Wandel und Standortstruktur. Das Beispiel der EU-Schienenfahrzeugindustrie (=Wirtschaft & Raum, Band 2). München.

JANSEN, P., WEIMAR, K.-H. (2001): Zukunft der deutschen Verkehrsflughäfen im Spannungsfeld von Verkehrswachstum, Kapazitätsengpässen und Umweltbelastungen (=Wirtschaftspolitische Diskurse des Wirtschafts- und sozialpolitischen Forschungs- und Beratungszentrum der Friedrich-Ebert-Stiftung Abt. Wirtschaftspolitik, Band 140). Bonn.

KAMANN, D. (1998): Modelling networks: a long way to go. In: Tijdschrift voor Economische en Sociale Geografie 89, S. 279-297.

KLOPHAUS, R. (2007): Zur direkten Beschäftigungswirkung zusätzlicher Passagiere im Luftverkehr. In: Zeitschrift für Verkehrswissenschaft 78 (1), S. 71-85.

KRÄTKE, S. (2001): Institutionelle Ordnung und soziales Kapital der Wirtschaftsregionen. Zur Bedeutung von Raumbindung im Kontext der Globalisierung. In: Geographische Zeitschrift 89, S. 144-164.

LICHTBLAU, K. (1998): Beschäftigungsentwicklung, Strukturwandel und Qualifikationsprofil des Humankapitals (=IW-Trends, Jg. 25, Nr. 2).

KROMREY, H. (1998): Empirische Sozialforschung. Modelle und Methoden der Datenerhebung und Datenauswertung. 8. Auflage. Opladen.

LEAMER, E., STORPER, M. (2001): The Economic Geography of the Internet Age. NBER Working Paper Series. URL: http://www.nber.org/papers/w8450 (01.09.2008).

MARTIN, R., SUNLEY, P. (2003): Deconstructing clusters: chaotic concept or policy panacea. In: Journal of Economic Geography (1), S. 5-35.

MARTIN, R., SUNLEY, P. (2006): Path dependence and regional economic evolution. In: Journal of Economic Geography (6), S. 395-437.

MALECKI, E. (2002): Hard and Soft Networks for Urban Competitiveness. In: Urban Studies 39 (5-6), S. 929-945.

MALMBERG, A., MASKELL, P. (2002): The Elusive Concept of Localization Economies: Towards a Knowledge-based Theory of Spatial Clustering. In: Environment and Planning A (3), S. 429-449.

MASKELL, P. MALMBERG, A. (1999): Localised Learning and Industrial Competitiveness. In: Cambridge Journal of Economics 23 (2), S. 167-185.

MARKUSEN, A. (1996): Sticky Places in Slippery Space: A Typology of Industrial Districts. In: Economic Geography 72 (3), S. 293-313.

MARKUSEN, A. (1999): Studying Regions by studying firms. In: Markusen, A., Lee, Y.-S., Di Giovanna, S. (Hrsg.): Second Tier Cities. Rapid Growth beyond the Metropolis. Minneapolis, S. 43-63.

MENZEL, M.-P. (2008): Zufälle und Agglomerationseffekte bei der Clusterentstehung. Eine vergleichende Diskussion des Core-periphery-Modells, des Window-of-locational-opportunity-Konzepts sowie stochastischer Ansätze. In: Zeitschrift für Wirtschaftsgeographie 52, Heft 2-3, S. 114-128.

NUHN, H., HESSE, M. (2006): Verkehrsgeographie. Paderborn.

NUHN, H. (1998): Maritime Wirtschaft in Norddeutschland. In: Kulke, E. (Hrsg.): Wirtschaftsgeographie Deutschlands. Gotha, S. 309-343.

OECHSLE, M. (2005): Erweiterung von Geschäftsfeldern im Non-Aviation-Bereich an europäischen Flughäfen unter besonderer Berücksichtigung des Standorts München (=Wirtschaft & Raum, Band 13). München.

PIORE, M., SABEL, C. (1984): The second industrial divide. Possibilities for Prosperity. New York.

PICOT, A., DIETL, H., FRANCK, E. (1999): Organisation. Eine ökonomische Perspektive. Stuttgart.

PORTER, M. (1988): Wettbewerbsstrategie. Methoden zur Analyse von Branchen und Konkurrenten. Frankfurt am Main.

PROGNOS (2007): Prognos Zukunftsatlas 2007 – Deutschlands Regionen im Zukunftswettbewerb. URL: www.prognos.com/zukunftsatlas (01.09. 2008).

SANTIN, A. (2000): Die Bedeutung von Interkontinentalverbindungen für den Einzugsbereich des Flughafens München. Eine empirische Untersuchung am Beispiel des Nonstop-Dienstes von München nach Kuala Lumpur mit Malaysia Airlines. Münster.

SAXENIAN, A. (1994): Regional Advantage. London.

SCHÄTZL, L. (2001): Wirtschaftsgeographie 1. Theorie. 8. Auflage. Paderborn.

SCHEFFLER, E. (2001): Bilanzen richtig lesen. Was Bilanzen aussagen und verschweigen. 5. Auflage. München.

SCHIELE, H. (2003): Der Standort-Faktor: Wie Unternehmen durch regionale Cluster ihre Produktivität und Innovationskraft steigern. Weinheim.

SCHLESINGER, D. M. (2006): Unternehmerische Motive eines umweltgerechten Verhaltens (=Wirtschaft & Raum, Band 14). München.

SCHNELL, R. HILL, B., ESSER, E. (2005): Methoden der empirischen Sozialforschung. 7. Auflage. München.

SCHOENBERGER, E. (1991): The corporate interview as a research method in economic geography. In: Professional Geographer 43, S. 180-189.

SCOTT, A. (1988): New Industrial Spaces: Flexible Production Organization and Regional Development in North America and Western Europe. London: Pion.

SCOTT, A. (1998): Regions and the World Economy. The Coming Shape of Global Production, Competition, and Political Order. Oxford.

STMWVT (Hrsg.) (2000): Dienstleistungsstandort Bayern. Ein Gutachten des Instituts für Wirtschaftsgeographie der LMU München im Auftrag des Bayerischen Staatsministeriums für Wirtschaft, Verkehr und Technologie. München.

STMWIVT (Hrsg.) (2006): Entwicklungskonzept für das weitere Umland des Flughafens München. Bayerisches Staatministerium für Wirtschaft, Infrastruktur, Verkehr und Technologie. URL: http://www.stmwivt.bayern.de/verkehr/luftverkehr/flughafenumland.html (01.09.2008).

STORPER, M. (1995): The Resurgence of Regional Economies, Ten Years Later: The Region as a Nexus of Untraded Interdependencies. In: European Urban and Regional Studies 2 (3), S. 191-222.

SWYNGEDOUW, E. (1997): Neither Global nor Local: „Glocalisation“ and the politics of scale. In: Cox, K. (ed.): Spaces of Globalisation: Reasserting the power of the local. New York, London: Guilford, S. 137-166.

WAIBEL, L. (1927): Die Sierra Madre de Chiapas. In: Verhandlungen und wissenschaftliche Abhandlungen des 22. Deutschen Geographentages zu Karlsruhe. Darmstadt.

WILLIAMSON, O. (1975): Markets and Hierarchies: Analysis and Anti-Trust Implications. New York. Free Press.

WOLFE, D., GERTLER, M. (2004): Clusters from the Inside and Out: Local Dynamic and Global Linkages. In: Urban Studies 41 (5-6), S. 1071-1093.

YEUNG, H. (2003): Practicing New Economic Geographies: A Methodological Examination. In: Annals of the Association of American Geographers 93, S. 442-462.

Immobilienmärkte als Forschungsthema der Wirtschaftsgeographie

Matthias Ottmann

1 Einleitung

Immobilienmärkte in ihrer unterschiedlichen Ausprägung eignen sich wegen der volkswirtschaftlichen Bedeutung und den ihnen innnewohnenden Heterogenitäten als ein Forschungsfeld vieler Fachdisziplinen. Mit einem geschätzten Anlagevermögen von ca. 8,85 Bio. € im Jahr 2006 (vgl. BULWIEN 2007: 16) nimmt der Immobilienmarkt die herausragende Position bei der Vermögensverteilung deutscher Haushalte und Unternehmen ein.

Die Immobilenmärkte sind auch in ihrer räumlichen Dimension ein interessantes und viel beachtetes Wissenschaftsgebiet. Jedes Objekt, jede Wohnung, jede Gewerbeimmobilie ist in ihrer Art einzigartig und setzt sich aus vielen Lage- und Produkteigenschaften zusammen. Und trotz oder gerade wegen der erwähnten Heterogenität kann für jede Gewerbe- oder Wohnimmobilie ein spezifischer Preis gefunden werden. EDWIN V. BÖVENTER (1988: 2) betont, dass Preise die autonomen Entscheidungen der Wirtschaftssubjekte koordinieren und „(...) bei Wettbewerb die Selbstkontrolle aller Beteiligten ermöglichen. Preise insbesondere für Grundstücke, Gebäude und Wohnungen koordinieren auch raumbezogene städtische Aktivitäten: Das ist tägliche Erfahrung in der Stadt.“.

Obwohl einerseits eines der Hauptkriterien bei der Beurteilung von Immobilien die konkrete Lage des Objekts (vgl. PFNÜR/ARMONAT 2001: 47) und andererseits die räumliche Dimension ein, wenn nicht das maßgebliche Untersuchungskriterium der Wirtschaftsgeographie ist, ist der Untersuchungsgegenstand „Immobilienmarkt“ bisher nur sehr bedingt in der Wirtschaftsgeographie verankert. Zu spröde oder vielleicht zu merkantilistisch veranlagt (vgl. SCOTT 2006: 58, siehe dazu später) erscheint das Forschungsfeld „Immobilie“ oder „Immobilienmarkt“. In welcher wissenschaftlichen Disziplin – so drängt sich die Frage auf – werden die Eigenheiten des Immobilienmarktes dann aber behandelt? Im deutschsprachigen Schrifttum trifft man in aller Regel auf zwei Wissenschaftsgebiete, die sich einigermaßen klar voneinander trennen lassen, die Immobilienökonomie und die Immobilienmanagementlehre.

Die Immobilienökonomie ist in ihrer Ausprägung auf die Untersuchung der einzelnen Teilmärkte konzentriert. Sie berücksichtigt bei den Analysen wichtige Randbereiche, wie die Raumplanung, die Landes- und Regionalplanung, die Bauleitplanung und das öffentliche Baurecht sowie die Beurteilung der Entwicklung spezifischer Märkte.

Das Immobilienmanagement oder die Immobilienmanagementlehre haben den umfassenden Anspruch, die einzelnen betrieblichen Leistungsbereiche im Rahmen der Immobilienbewirtschaftung, wie Projektmanagement, Facility Management, Strategische Steuerung, Instandhaltungscontrolling etc. zu behandeln. Neben den reinen Managementtools muss sich das Immobilienmanagement stetig mit den räumlichen Dimensionen auseinandersetzen, insbesondere durch die Einbeziehung von Raum-/Zeitmodellen wie z.B. den Standort- und Marktanalysen.

Im englischsprachigen Schrifttum beschäftigen sich die „New Economic Geography“ und „Urban Economics“ auffällig viel mit den Eigenheiten des Immobilienmarktes. Die „New Economic Geography“ oder auch „NEG“ ist zwar im Wortsinn mit der Wirtschaftsgeographie gleichzusetzen, bedient sich allerdings viel stärker ökonometrischen Modellen (vgl. PLUMMER/SHEPPARD 2006: 620). „Urban Economics“ und „Urban Design“ stellen davon unabhängig eine überaus anspruchsvolle Teildisziplin dar, die im deutschsprachigen Raum als Forschungsbereiche nicht in dieser Form angelegt sind. Zu stark getrennt scheinen hier die Disziplinen Immobilienökonomie, Wirtschaftsgeographie, Raumplanung und Städtebauplanung zu agieren (vgl. STADTBAUWELT 2008).

Gegenstand der Forschungen der „Urban Economics“ sind die funktionalen Abhängigkeiten von Stadtplanung und Stadtentwicklung als programmatische und ordnende Disziplin einerseits und der Standortwahl der einzelnen Wirtschaftssubjekte, seien es Industrie- und Gewerbeansiedlungen, öffentliche Infrastruktur oder Wohnimmobilien andererseits. Die daraus entstehenden räumlichen Strukturen, die in den früheren theoretischen Ausführungen eher den Thünenschen Ringen entsprachen, gleichen heute vielmehr so genannten Clustern im Sinne einer Zusammenballung gleicher oder zumindest ähnlicher Hersteller oder Unternehmer im unmittelbaren Umfeld (vgl. OTTMANN 2006: 317). Je nach Schwerpunktbildung findet man im Rahmen der „Urban Economics“, aber auch der „New Economic Geography“ Forschungsansätze, die sich mit den neuerlichen Problemen wie Segregation, Migration und Agglomeration beschäftigen.

Schließlich können auch die „Evolutionary Theory", die Innovationstheorie und der Ansatz der „Entrepreneurial Economy" im weitesten Sinn zu den Teildisziplinen, die sich mit dem Immobilienmarkt beschäftigen, hinzugezählt werden.

So kann man an dieser Stelle grundsätzlich zusammenfassen, dass die Wirtschaftsgeographie als großes Ganzes die Immobilienmärkte in ihrer volkswirtschaftlichen Ausprägung und räumlichen Ausdehnung zwingend zum Gegenstand ihres Forschungsdesigns hat, gleichwohl aber der Eindruck entsteht, dass sie bislang anderen Wissenschaftsgebieten den Vorrang bei der Behandlung immobilienwirtschaftlicher Themenbereiche gegeben hat. Insofern mag es legitim sein, die einzelnen Forschungsbereiche der verschiedenen Teildisziplinen näher zu beleuchten und nachzuforschen, inwieweit sich daraus ein klares Erkenntnisinteresse für die Wirtschaftsgeographie ableiten lässt.

In den folgenden Abschnitten wird ein Erklärungszusammenhang zwischen Wirtschaftsgeographie und den Immobilienmärkten aufgebaut. Der nachfolgende Artikel geht im Wesentlichen zwei primären Fragestellungen nach:

- (Wie) Kann eine wissenschaftliche Verankerung des Forschungsfelds „Immobilienmarkt" in der Wirtschaftsgeographie gelingen?
- In welchen raumwirksamen ökonomischen Entscheidungssituationen kann das Anwendungsprofil der Wirtschaftsgeographie eine notwendige Ergänzung für das Entscheidungsverhalten der Wirtschaftssubjekte bilden?

In den folgenden Abschnitten soll darauf eingegangen werden, welche Schwerpunkte die Wirtschaftsgeographie im Rahmen der Raumforschung und Stadtplanung bislang belegt hat. In einem weiteren Schritt wird anhand wissenschaftlicher Teilbereiche der Wirtschaftsgeographie beispielhaft behandelt, in welchem thematischen Umfang Kenntnisse oder Analysen über Immobilienmärkte einfließen und es somit gerechtfertigt erscheint, den Immobilienmarkt als Forschungsgebiet der Wirtschaftsgeographie einzuordnen. Mit diesen Fragestellungen soll es gelingen, einerseits aus dem Verständnis der Wissenschaft, andererseits aus Sicht des Untersuchungsgegenstands einen Bezugsrahmen herzustellen und damit den Austausch zwischen den verschiedenen wissenschaftlichen Disziplinen noch weiter zu fördern.

2 Die Immobilienmärkte – Verortung eines Forschungsfelds in der Wirtschaftsgeographie

Der Zugang zum Immobilienmarkt und zum Forschungsansatz der Immobilienökonomie mag sich für eine Wissenschaft wie die Wirtschaftsgeographie, die die raumwirksame Entscheidung zum Gegenstand der Untersuchung macht, leicht erklären.

Dennoch drängt sich der Verdacht auf, dass die ökonomische Theorie einen vielfach stärkeren Einfluss auf die Grundlagenforschung des Immobilienmarktes nahm. Die Grundlagen der Mikroökonomie behandeln den Raum in der Lagerententheorie oder in der Außenhandelstheorie. Als dreidimensionale Ebene nimmt er im Rahmen dieses Forschungsansatzes nur bedingt Einfluss auf die Standortentscheidungen der Wirtschaftssubjekte, vorausgesetzt man folgte der Annahme, dass Transportkosten das maßgebliche Bestimmungsmerkmal dieser Entscheidungen sind. Die Erkenntnisse, die sich daraus ableiten lassen, wirken deshalb vielfach zu abstrahiert und beinahe trivial.

Erst mit der Einbeziehung weiterer Dimensionen wie der Zeit, den sozio-kulturellen Kräften, den Heterogenitäten eines Produkts wie der Immobilie und den bestehenden Informationsasymmetrien entsteht ein höchst spannendes und gar überraschendes Forschungsfeld. Bezogen auf die ursprüngliche Fragestellung, dem Erkenntnisinteresse der Wirtschaftsgeographie am Immobilienmarkt, hilft diese Aussage jedoch nur bedingt, außer dass es anzustreben wäre, eine von der ökonomischen Theorie unabhängige Deutung des Immobilienmarktes als Forschungsfeld zu finden.

Wie aber lauten die ursprünglichen Paradigmen, die sich mit der Standortbeurteilung und dem Investitionsverhalten der Wirtschaftssubjekte beschäftigt haben? Die Immobilie durchläuft verschiedene Phasen eines Lebenszyklus. Der Grund und Boden und die darauf zu errichtende Immobilie wird einen Prozess durchlaufen vom Entstehen, dem Bauen und Entwickeln, dem Nutzen und Abnutzen, dem Zerstören und womöglich dem Neuentwickeln. In diesen Phasen setzt sich der Nutzer der Immobilie mit verschiedenen Märkten und anderen Produkten auseinander, die sich entweder im kompetitiven oder komplementären Verhältnis zu seiner Immobilie verhalten. Dies sind zum einen der Grundstücksmarkt in seiner Ausbildung als Bauland- oder Bauerwartungslandmarkt, der Gebäude- und Mietimmobilienmarkt, der Bauleistungsmarkt oder der häufig mit Risiken behaftete Developer-Markt.

Angebot und Nachfrage treffen auf den einzelnen Märkten aufeinander und treten in Tauschbeziehungen. Die Stabilität der Märkte wird grundsätzlich nicht dadurch erschüttert, weil die Verhältnisse zwischen Strom- und Bestandsgrößen (Bestands- und

Neubaumarkt) so ungleich sind und die Angebotselastizitäten gering ausfallen. Auch muss, trotz der Kenntnisse über die teilweise enormen timelags zwischen Nachfrageerhöhung und Angebotsausgleich, nicht grundsätzlich daran gezweifelt werden, dass die Marktkräfte nicht funktionieren.

Die einzelnen Lagekriterien wurden zu Beginn der wissenschaftlichen Diskussion – hier sind stellvertretend die wichtigen Arbeiten von MUTH, MILLS UND ALONSO zu nennen (vgl. SPIVEY 2008: 296) – durch die Transportkosten festgelegt, und zwar in einem mehr oder minder festen proportionalen Verhältnis zum Stadtkern (Central Business District – CBD). Ausgehend von einem starken wirtschaftlichen Zentrum in der Mitte der Stadt (CBD) gruppieren sich die Marktteilnehmer. Die unterschiedlichen Grenzkostenneigungen der Wirtschaftssubjekte regeln im Einzelnen den Grundstückspreis, die Dichtemaße und die Flächenverteilung zwischen Unternehmen, privaten Haushalten und Kommunen. So gehen raumwirksame Entscheidungen häufig mit immobilienwirtschaftlichen Maßnahmen einher. Im Rahmen der Diskussion um die "Renaissance der Städte", dem Betonen von Stadtleitbildern, dem "city branding" und dem manchmal bemühten Herbeireden der historischen Bedeutung einer Stadt wirkt dieser in die Jahre gekommene Untersuchungsansatz damit wieder so aktuell wie damals bei der Entstehung der ersten Modelle zu den urban economics.

Die vergleichsweise rigiden Annahmen und die geringe Flexibilität in der Erklärung von wirtschaftlich dominanten Subzentren kann aber dieser ursprüngliche Ansatz nicht erklären, so dass sich einige Autoren wie MILLS mittlerweile von dem ursprünglichen Ansatz distanzieren (vgl. SPIVEY 2008: 296).

Was die Betrachtung weiterhin sehr unvollständig macht, ist die fehlende Einbeziehung der Zeit als eine weitere wichtige Dimension – gerade unter dem Aspekt, dass Investitionen im Immobilienbereich eines langen Vorlaufs bedürfen, die Übergabe an den Nutzer aber meist ad-hoc bei Fertigstellung erfolgt. Den Zeitpunkt des Übergangs an den Enderwerber oder Nutzer richtig gewählt zu haben, entscheidet über Erfolg oder Misserfolg.

Immobilieninvestitionen zu tätigen – und dies gilt insbesondere für den städtischen Raum – birgt deshalb immer ein sehr hohes ökonomisches Risiko. Dies muss keine Frage des Standortes sein. Derjenige, der an einer konkreten Stelle im urbanen Raum investiert, mag zu früh oder zu spät aktiv gewesen sein. Denn Stadträume unterliegen andauernd einer Veränderung. Wo früher eine Brache war, kann heute ein attraktiver Standort sein. Mithin gibt es viele Beispiele, die belegen, dass nicht nur Lagekriterien, sondern ganz besonders das richtige Timing für den Erfolg auf dem Immobilienmarkt entscheidend sein kann.

Das Ineinandergreifen von Raum-Zeit-Dimensionen spielt auch bei den neueren wissenschaftlichen Ansätzen ein Rolle, die sich mit dem Immobilienmarkt auseinandersetzen: in den theoretischen und ökonometrischen Modellen der „Urban Economics“ wird zunehmend die jeweils fehlende Dimension (ob Raum oder Zeit) als exogene Variable berücksichtigt oder sogar „endogenisiert“ bzw. als zu erklärende Variable ausgebildet (vgl. PLUMMER/SHEPPARD 2006: 631ff.).

In den Analysen, die der Stadt- und Regionalökonomie (Urban Economics) zugeordnet werden können und dynamische Positionen enthalten, steht vor allem die Frage im Vordergrund, welche makroökonomischen und/oder regionalen Parameter die betrachteten Immobilienmärkte beeinflussen. Als Einflussgrößen werden hauptsächlich genannt: Mietpreisentwicklung, Bauinvestitionen, Hauspreisentwicklung, Kapitalisierungsrate sowie Einkommensentwicklung, Arbeitslosenquote, Fremdkapitalzins und Baukonstruktionskosten.

Als Beispiel sei eine aktuelle Studie von ROBERT H. EDELSTEIN und DESMOND TSANG genannt, deren Schwerpunkt in der Untersuchung die nordamerikanischen Immobilienmärkte in dem Zeitraum 1988 – 2003 bilden. EDELSTEIN und TSANG kommen zu einem erstaunlichen, aber gleichwohl intuitiv verständlichen Ergebnis: „Our empirical analyses suggest that fundamentals, such as employment growth and interest rates are key determinants of the residential real estate cycles. However, in general, local fundamentals tend to have greater cyclical impacts than those of national or regional fundamentals.” (EDELSTEIN/TSANG 2007: 295f.)

Die heute wohl dominierende Forschungsrichtung bildet die „New economic geography“. Nach Abspaltung der Physischen von der Wirtschafts- und Sozialgeographie in den 60er Jahren des letzten Jahrhunderts war letztere bemüht, durch Hinwendung zu sozialen Disparitäten Gegenpositionen zur rein ökonomischen Theorie aufzubauen. Erst Anfang der 80er Jahre gelingt eine erneute Korrektur und eine zunehmende Ökonomisierung der Wissenschaft. Pikanterweise ist es einem Ökonomen wie PAUL KRUGMAN (1991) gelungen, dieses lang anhaltende Schisma zwischen ökonomischen und empirischen, zwischen induktivem und deduktivem Ansatz aufzubrechen mit seinem 1991 erschienenen Buch „Geography and trade“. Erneut war die Wirtschaftsgeographie gezwungen, Stellung zu beziehen und Forschungsschwerpunkte und -ziele festzulegen.

ALLEN J. SCOTT, der sich letztendlich für eine „new political economy of spatial development“ einsetzt, betont trotz des Einflusses der „Capitalist Economy“ das enorme Entwicklungspotenzial der Wirtschaftsgeographie: „In fact, geographers and other social scientists regularly encounter one another at points that lie deep inside each other´s proclaimed fields of inquiry, and this circumstance reveals another of modern geography´s peculiarities, namely its extreme intellectual hybridity. It is perhaps because of this hybridity that geography is so susceptible to rapidly shifting intellectual currents and polemical debate, but also – and this is surely one of its strengths – an unusual responsiveness to the burning practical issues of the day." (SCOTT 2007: 58)

Der wissenschaftliche Beitrag von PAUL KRUGMAN wird nicht ohne große Zweifel und Skepsis in der Wirtschaftsgeographie angenommen. Ausgehend von einer monopolistischen Konkurrenz und dem Entstehen steigender Skalenerträge werden kumulative räumliche Entwicklungen in seinem Modell erzeugt. Dies geschieht unter Beibehaltung der bekannten mikroökonomischen Annahmen, wie dem methodologischen Individualismus, der vollständigen Information und der Nutzenmaximierung. Doch steckt das Modell durch seinen hohen Grand der Abstraktion die Grenzen eng ab. Dies bleibt nicht ohne Folge: „The Krugman model is for the most part a black box that occludes what by many accounts must be seen as some of the most important aspects of regional economic growth and development.“ (SCOTT 2007: 65)

Es ist anhand der wissenschaftlichen Beiträge noch zu früh, um zu erkennen, ob als Lösungspfad die "Evolutionary Economic Geography" den richtigen Lösungsansatz enthält, so wie zumindest KOEN FRENKEN und RON A. BOSCHMA (2007: 636) davon überzeugt sind: „Basically, economic geography deals with the uneven distribution of economic activity across space. An evolutionary approach centres on historical processes that have produced these patterns. Characteristic for any evolutionary theory is that it explains a current state of affairs from history: the explanation to why something exists intimately rests on how it became what it is. ... It means that economic geography is inseparable from economic growth processes, because spatial patterns emerge from processes that have taken place in the past. At the same time, spatial distributions affect subsequent patterns of growth due to the uneven spatial distribution of resources built up in the past. Time and space are thus intrinsically linked in an evolutionary framework."

Die Bedeutung von Routine bzw. von Routinevermeidung und die Erneuerung unternehmerischer Prozesse sind der eigentliche Antrieb lokaler Konzentration: „Following this reasoning, the emergence of spatial agglomerations is to be analysed neither in terms of rational locational decisions, as in neoclassical theory, nor in terms of the set-up of specific local institutions, as in institutional theory, but in terms of the historically grown spatial concentration of knowledge residing in organizational routines. In this respect, there are several evolutionary mechanisms that produce the spatial concentration of firms (…). The resulting industrial and spatial dynamics involve path dependence in firm and regional leadership, and once a spatial pattern has settled historically it becomes largely irreversible." (BOSCHMA/FRENKEN 2006: 279)

Die räumliche Dynamik kann, muss aber nicht durch externe Effekte wie "agglomeration economies" hervorgebracht oder unterstützt werden. Denn diese treten im Wesentlichen nur bei so genanntem „tacit knowledge" auf: „It must be recognized, however, that the tacit nature of knowledge and routines implies that spillovers do not occur automatically ("in the air") but rely on transfer mechanisms, such as inter-firm collaborations, professional networks and labour mobility." (BOSCHMA/FRENKEN 2006: 279)

Um örtlich-lokale oder regionale Entwicklungen zu untersuchen und gleichzeitig ökonomische Ungleichgewichte („locally unstable but globally stable") zuzulassen, können analytische Ansätze zur Anwendung kommen, vorausgesetzt dass nicht-lineare Systeme ein „out-of-equilibrium-problem-solving" abbilden (PLUMMER/SHEPPARD 2006: 626).

Ob nun wirklich dieser Weg zu einem befriedigenden Ergebnis führt, kann noch nicht bestätigt werden. Die Bedeutung des Raums und der Pfadabhängigkeit als Referenz der zeitlichen Dimension ist vom Ansatz her richtig gewählt, nachdem nunmehr explizit sozio-kulturelle und ökonomische Einflüsse gleichberechtigt wahrgenommen werden: „Geographers stress the importance of recognizing that spatial structures are produced through socioeconomic processes (...). Yet it is equally important to recognize that produced spatial structures have their own distinct effects on socioeconomic processes. Ed Soja coined the term socio-spatial dialectic to refer to such reciprocity, whereby social and spatial relations are dialectically inter-reactive, interdependent." (PLUMMER/SHEPPARD 2006: 622)

Die ausführliche Behandlung der verschiedenen Ansätze der "New Economic Geography" und der "Evolutionary Economic Geography" sind in ihrer Ausprägung als Grundlagenforschung für die Immobilienwirtschaft und die Immobilienmarkttheorie nicht zu unterschätzen. Sie können in dem Forschungsansatz endlich unter Beweis stellen, dass die sozioökonomischen Entwicklungen von Räumen erklärbar werden und für Standortentscheidungen und strategische Entscheidungen aller Art in der Immobilienwirtschaft herangezogen werden können.

Natürlich ist damit noch nicht geklärt, ob das Verhalten eines einzelnen Marktteilnehmers auf dem Immobilienmarkt, unterstellt er hätte eine hervorgehobene Marktposition, auch wirklich „Märkte" beeinflussen kann oder sich jeder der historisch vorgegebenen Pfadabhängigkeit von Standorten unterwerfen muss. Im Falle des Immobilienmarktes liegt wohl die größte Marktmacht in Händen der jeweiligen Kommune: Mit der im Grundgesetz verankerten Selbstverwaltungsgarantie ist das Recht, Baurecht auszusprechen, der Gemeinde übertragen (Art. 28 GG). Davon unabhängig stellt sich die Frage, ob ein einzelnes Unternehmen vor Ort, wie z.B. ein im kommunalen Eigentum befindliches Wohnungsbauunternehmen, tatsächlich stadträumliche Entwicklungen beeinflussen oder gar fördern kann. Der ökonomische Hintergrund dieser Überlegung ist klar: Durch die Aufwertung eines Stadtgebiets, in dem ein Unternehmen mehrheitlich Immobilienbestände hält, entsteht ein Mehrwert, ein added-value, durch gegenseitig sich befruchtende externe Effekte. Doch häufig hat diese bewusst herbeigeführte Trendentwicklung oder Trendumkehr nur Erfolg bei einem veränderten Bewusstseinsbild über das jeweilige Stadtviertel, verbunden mit einem langjährigen und schmerzlichen Prozess, der auch auf die Zusammensetzung der Bevölkerungsstruktur Einfluss nehmen wird.

In diesem Zusammenhang sei die Dissertation von LITZENBURGER (2007: 57f.) genannt, der die Kriterien von Stabilität und Instabilität von urbanen Zentren und wirtschaftlichen Agglomerationen behandelt. Entscheidende Variable ist neben den Transportkosten der Anteil der variablen und mobilen Arbeitskräfte der Region an dem gesamten Betrachtungsraum. Je größer dieser Anteil ist, umso instabiler reagiert die Region auf Nachfragestörungen. Ohne auf konkrete Beispiele näher einzugehen, wie beispielsweise die signifikanten Abwanderungen aus Ostdeutschland und einen teilweise steuerinduzierten Zusammenbruch verschiedener regionaler Immobilienmärkte dort, weist diese Betrachtung auf die bedingte Eignung regionalpolitischer Maßnahmen hin, die eine Trendumkehr oder -abschwächung eben nicht oder allenfalls bedingt herbeiführen können.

Die mitunter recht kritische Haltung gegenüber regionalpolitischen Maßnahmen leitet zu einem besonderen Aspekt über, inwieweit Immobilienmärkte auf andere Märkte reagieren oder gar ein wechselseitiges Verhältnis zwischen Immobilienmarkt und nicht-immobilienspezifischen Märkten besteht. Damit eng verbunden sind alle Ansätze der Konjunktur- und Wachstumsforschung, sofern ihr grundsätzliches Vorgehen auch räumlicher Natur ist. Eine der Fragestellungen geht darauf ein, inwieweit regionale konjunkturelle Entwicklungen durch Angebotsbeschränkungen an Wohn- und Gewerbeflächen beeinflusst werden.

Es steht außer Frage, dass es zwischen dem Immobilienangebot und der Bevölkerungsentwicklung eine enge Verbindung gibt, die Entwicklung auf dem Immobilienmarkt aber offenbar nur eine abgeleitete Funktion darstellt. Dazu schreiben EDWARD L. GLAESER, JOSEPH GYOURKO UND RAVEN E. SAKS (2006: 73): „The correlation between housing supply and population change provides a necessary, but not sufficient, element of the case that the nature of the supply of housing is important for understanding urban dynamics. In principle, city growth could be completely determined by other variables, with the housing supply simply responding to those factors."

Inwieweit der Immobilienmarkt auf Veränderung der Bevölkerungsentwicklung reagiert und gegebenenfalls sogar als reglementierender Faktor gilt, war Gegenstand einer empirischen Analyse von RAVEN E. SAKS. Anhand von 83 nordamerikanischen Metropolen und Städten wurde zunächst ersichtlich, dass die Angebotselastizität des Wohnungsmarktes entscheidend von der Baurechtsausweisung der jeweiligen Kommune abhängt und als maßgebliche Größe fungiert: „Thus, the elasticity of housing supply is a key factor in determining how labor markets adjust to changes in local economic conditions.“ (SAKS 2008: 179)

Insbesondere in Orten mit hoher Regulierungsdichte wie New York, San Francisco und Sacramento (vgl. SAKS 2008: 181) führt ein Beschäftigungseffekt zu durchschnittlich sehr viel höheren Häuser- und Baulandpreisen und gegebenenfalls Wohlfahrtseinbußen infolge des Verdrängungswettbewerbs der privaten Haushalte: „Of course, policies that restrict the expansion of the housing supply are not without benefits. By enforcing quality standards for residential housing units and reducing the negative externalities associated with crowding and undesirable land uses, these regulations can make some local residents better of. The goal of this paper was not to emphasize the negative consequences of housing supply restrictions, but rather to point out that the costs of housing supply regulation will be underestimated if the effects on the labour market are not taken into account. Thus, discussions of land use policy are not complete without considering their implications for the labour markets and employment growth in addition to their impact on housing markets." (SAKS 2008: 191)

Eine weitere wichtige Fragstellung, die in diesen Rahmen passt und auf die Zusammenhänge zwischen Immobilienmarkt und Standortattraktivität eingeht, behandelt die Bildung innovativer Cluster, die häufig mit einem innovativen Milieu in Verbindung gebracht werden – einem Umfeld, das die Innovationsfreudigkeit und die überdurchschnittliche Investitionsneigung der Unternehmen zu erklären hilft. Ob in Form so genannter „windows of locational opportunity" (ESSLETZBICHLER/RIGBY 2007: 556) oder in einem „nursery environment" (GORDON/MCCANN 2005: 527) tatsächlich ein neues Unternehmensumfeld geschaffen wird, das sich tatsächlich von anderen Standorten absetzt, scheint noch nicht nachhaltig geklärt zu sein. IAN R. GORDON und PHILIP MCCANN (2005: 541) meinen jedenfalls, dass diese Effekte anhand des herangezogenen und untersuchten Beispiels Greater London deutlich überschätzt werden: „As such, there appears to be no empirical support for arguments relating to much of the clustering, innovative milieux or the new industrial areas literatures, at least as far as the UK is concerned."

Das bedeutet schließlich nicht, dass lokale Netzwerke bzw. der örtlich leichte Zugriff auf Wissen und der Austausch von Innovation nicht doch zu einer Clusterbildung führen. Weitgehend übereinstimmend, so MERIC S. GERTLER (2007: 94 f.), ist gerade die Haltung der „Economic Geography", dem „local knowledge" eine hohe Bedeutung beizumessen: „The economic geography associated with this perspective is clear and unequivocal: since spatial proximity is key to the effective production and transmission/sharing of tacit knowledge, this reinforces the importance of innovation clusters, districts, and regions. Moreover (…) these regions also benefit from presence of localized capabilities and intangible assets that further strengthen their centripetal pull. Many of these are social assets, but produced one level above the scale of the individual organization – i.e. they exist between rather than within firms."

3 Wirtschaftsgeographie als Grundlagenforschung für die Immobilienwirtschaft

Im letzten Abschnitt wenden wir uns der Frage zu, inwieweit die professionelle Immobilienwirtschaft von den empirisch ausgerichteten Forschungsansätzen der Wirtschaftsgeographie profitieren und diese in ihrem Entscheidungshorizont berücksichtigen kann.

Die Teilnehmer auf dem Immobilienmarkt bilden jedenfalls nicht die homogene Masse, wie allgemein in den analytischen Darstellungen unterstellt wird. Auch wenn die meisten Marktteilnehmer nach ihrem eigenen Nutzen trachten, unterscheiden sie sich insbesondere auf dem Immobilienmarkt wegen der vermögenswirksamen Bedeutung der Anlageentscheidung deutlich in ihrem Risikoverhalten und der Professionalisierung. Neben denjenigen, die als Selbstnutzer auftreten und Wohnraum oder Gewerbeflächen suchen, sind es vor allem die immobilienwirtschaftlich geprägten Unternehmen, die durch ihre Portfolioentscheidungen mehr oder weniger stark ausgeprägte Allokationswirkungen auslösen und in der Erwartung zukünftiger Renditeüberlegungen über die Entwicklung einzelner Stadträume entscheiden (vgl. BULWIEN 2007: 12).

Die getroffenen Dispositionen über das eigene Portfolio hängen zum einen von der Standortattraktivität, der regionalen Konjunktur und – sofern international tätig – auch von den längerfristigen Abhängigkeiten oder Korrelationen der Anlagesegmente und Standorte ab (vgl. BEYERLE 2007: 93f.). Inwieweit diese Unternehmen auf einen möglichst neutralen research zurückgreifen, hängt deshalb davon ab, in welchen Räumen (regional, national, international) und mit welchen Produkten (Wohn- oder Gewerbeimmobilien oder Infrastrukturprojekte) die Unternehmen agieren.

Abbildung 3: Innovationsbereitschaft und Stadtentwicklung als Bezugsrahmen für portfoliogetriebene Immobilienentscheidungen

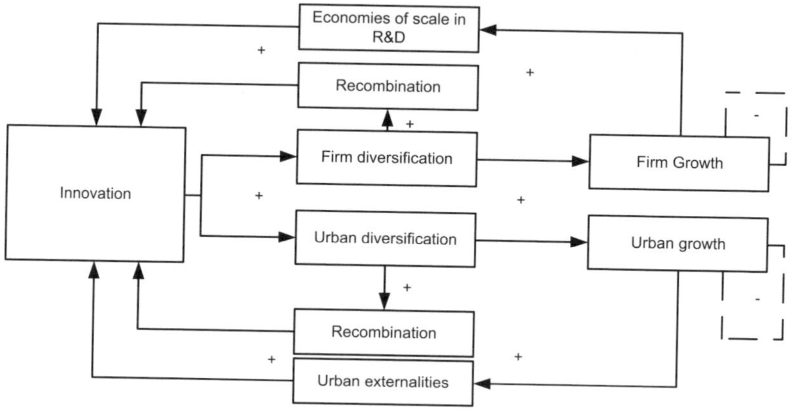

Quelle: FRENKEN/BOSCHMA 2007: 643.

Da die Wirtschaftsgeographie die unterschiedliche Entwicklung von Wirtschaftsräumen zum Gegenstand hat – „Economic geography deals with the uneven distribution of economic activity across space" (BOSCHMA/FRENKEN 2007: 636) – können und sollen immobilienwirtschaftliche Entscheidungen auf die geographische Einschätzung über die Stadtentwicklung und die wirtschaftliche Entwicklung infolge der Innovationsbereitschaft in einer bestimmten Region oder Stadt zurückgreifen.

Doch darüber hinaus müssen sich die Immobilienwirtschaft und das Immobilienmanagement nicht nur als Rezipienten der Stadt- und Standortentwicklung verstehen: es finden sich ebenfalls viele Anstöße von Seiten der Immobilienwirtschaft, die durch ihre Beteiligung an Wohn-, Gewerbe- oder Industrieansiedlungen standortbestimmend Einfluss nehmen. Diese Möglichkeiten sind in Deutschland baurechtlich und teilweise förderpolitisch (wie z.B. das Bund-Länder-Programm „Soziale Stadt") angelegt. Auch werden investive Maßnahmen häufig mit wirtschaftspolitischen Zielen vermengt und können zu der Aufwertung eines konkreten Standorts führen.

Es ist somit eine Frage der Bündelung der vielfältig agierenden Personen, ob Kommunen, Wirtschaftsförderung und Immobilienwirtschaft einen gestalteten Prozess eingehen (vgl. Abbildung 3). Ob sich der nachhaltige Erfolg einstellt, hängt von den Ausgangsbedingungen (Pfadabhängigkeit) und von einem glaubhaft gemachten Politikansatz ab.

4 Zusammenfassung

Die Fragen im Zusammenhang mit der wissenschaftlichen Verankerung des Immobilienmarktes im Rahmen der Wirtschaftsgeographie sind vielfältig, aber lösbar. Wie sich gezeigt hat, machen insbesondere die neueren Ansätze der Wirtschaftsgeographie in Form der „New Economic Geography" und der "Evolutionary Economic Geography" Hoffnungen, dass ein tieferes Verständnis für die Standortentwicklung aufgebaut werden kann. Gerade die prognostische Fähigkeit eines wissenschaftlichen Ansatzes, der durch seine Angaben das wahrscheinliche Eintreten eines Zustands deduziert, kann eine enorme Entscheidungshilfe für die Immobilienwirtschaft sein. Selbst wenn frühere empirische Befragungen einzelner Immobilienunternehmen zu dem Ergebnis kamen, dass Kapitalanlagegesellschaften der Immobilienbranche ihre Portfolioentscheidungen viel zu sehr vom Tagesgeschäft und der unmittelbaren Vermiet- oder Veräußerbarkeit der Immobilie abhängig machen (vgl. PFNÜR/ARMONAT 2001: 46), so ist es die zukünftige Aufgabe des Forschungsansatzes, die Verfügbarkeit von Daten und deren mittelfristigen Einfluss auf das Immobilieninvestment stärker zu fokussieren, um auf Marktchancen oder Fehlentwicklungen und daraus für die Immobilienwirtschaft entstehende Gefahren frühzeitig zu reagieren.

Literatur

BEYERLE, T. (2007): Entwicklung der Anlagestrategien für Auslandsinvestments. In: MAYRZEDT, H. ET AL. (Hrsg.): Internationales Immobilienmanagement. München, S. 87-99.

BÖVENTER, EDWIN V./J. HAMPE (1988): Ökonomische Grundlagen der Stadtplanung. Hannover.

BOSCHMA, R. A./K. FRENKEN (2006): Why is economic geography not an evolutionary science? Towards an evolutionary economic geography. In: Journal of Economic Geography, 6, S. 273-302.

BULWIEN, H. (2007): Immobilienwirtschaft, Standortfaktoren, Mieten und Preise (am Beispiel Deutschlands). In: MAYRZEDT, H. ET AL. (Hrsg.): Internationales Immobilienmanagement. München, S. 3-32.

EDELSTEIN, R. H./D. TSANG (2007): Dynamical Residential Housing Cycles Analysis. In: Journal of Real Estate Finance and Economy, S. 295-313.

ESSLETZBICHLER, J./D. L. RIGBY (2007): Exploring evolutionary economic geographies. In: Journal of Economic Geography, 7, S. 549-571.

FRENKEN, K./R. A. BOSCHMA (2007): A theoretical framework for evolutionary economic geography: industrial dynamics and urban growth as a branching process. In: Journal of Economic Geography, 7, S. 635-649.

GERTLER, M. S. (2007): Tacit knowledge in production systems: how important is geography? In: K. R. POLENSKE (Hrsg.): The Economic Geography of Innovation. Cambridge, S. 87-111.

GLAESER, E. L., J. GYOURKO/R. E. SAKS (2006): Urban growth and housing supply. In: Journal of Economic Geography, 6, S. 71-89.

GORDON, I. R./P. MCCANN (2005): Innovation, agglomeration and regional development. In: Journal of Economic Geography, 5, S. 523-543.

KRUGMANN, P. (1991): Geography and Trade. Cambridge.

LITZENBURGER, T. (2007): Cluster und die New Economic Geography. Frankfurt a.M.

OTTMANN, M. (2006): Preisbildung, Standortverhalten, Stadtentwicklung. In: H. BACH ET AL. (Hrsg): Immobilienmarkt und Immobilienmanagement. München, S. 277-330.

PFNÜR, A./S. ARMONAT (2001): Ergebnisbericht „Immobilienkapitalanlage institutioneller Investoren-Risikomanagement und Portfolioplanung", Arbeitspapier 26/2001. Universität Hamburg, Fachbereich Wirtschaftswissenschaften.

PLUMMER, P./E. SHEPPARD (2006): Geography matters: agency, structures and dynamics at the intersection of economics and geography. In: Journal of Economic Geography, 6, S. 619-637.

SAKS, R. E. (2008): Job creation and housing construction: Constraints on metropolitan area employment growth. In: Journal of Urban Economics, 64, S. 178-195.

SCOTT, A. J. (2006): A perspective of economic geography. In: S. BAGCHI-SEN/H. L. SMITH: Economic Geography. London, S. 56-79.

SPIVEY, C. (2008): The Mills-Muth Model of Urban Spatial Structure: Surviving the Test of Time? In: Urban Studies, 45 (2), S. 295-312.

STADTBAUWELT (2008): Theorie, Praxis, Kritik, Heft 178.

Transnationale Wirtschaft: Unternehmen, Wertschöpfungsnetzwerke und Regionale Integrationsprozesse

Hans-Martin Zademach[*]

1 Einführung

Die Globalisierung der Wirtschaft ist sowohl für Unternehmen als auch politische Akteure wie Regierungen und supranationale Institutionen mit vielschichtigen Veränderungen verbunden. Zum einem haben Konzerne ihre Produktions- und Distributionsaktivitäten weltweit ausgedehnt, um ihre Wettbewerbsfähigkeit zu sichern und zu stärken. In der globalen Ökonomie konkurrieren dadurch nicht mehr territorial getrennte Wirtschaftssektoren oder Produktionssysteme (vgl. SCHAMP 1996, 2000; HAAS 2006a); vielmehr interagieren verschiedene Wertschöpfungszusammenhänge, die in komplexen grenzüberschreitenden Produktionsnetzen gesteuert werden und multiskalar in verschiedene institutionelle Kontexte und politische Kräftefelder eingebettet sind. Damit einher ging zum anderen ein Wandel der Aufgaben und Kompetenzen des klassischen Nationalstaates. Über den gesamten Globus haben Staaten Teile ihrer Macht an internationale Organisationen und supranationale Zusammenschlüsse abgetreten und kooperieren in regionalen Blöcken.

Die verschiedenen Ausprägungen dieser supranationalen Zusammenschlüsse (siehe hierzu HAAS/NEUMAIR 2006, insbes. Kapitel 10) stellen einen wichtigen Bezugsrahmen für die Produktion, Beschaffung und Distribution von Gütern und Dienstleistungen dar. Ein weitgehender Zusammenschluss von Ländern ermöglicht es, verschiedene Zielländer verstärkt als einen Markt zu bearbeiten und somit Größendegressionseffekte zu erzielen. Dabei können rechtliche und formal-institutionelle Unterschiede gegenüber dem Heimatmarkt jedoch erhebliche Barrieren für den Markteintritt bilden. Gleichzeitig sind sie eine maßgebliche Bestimmungsgröße für die Position, die einzelne Unternehmenseinheiten in den Produktionssystemen international tätiger Konzerne einnehmen (LANE 2007; vgl. auch HALL/SOSKICE 2001). Unternehmen versuchen da-

[*] Der Autor dankt den beiden Herausgebern und den Kollegen am Lehrstuhl für konstruktive Anmerkungen zum Beitrag sowie die großartige gemeinsame Zeit mit Prof. Hans-Dieter Haas.

her im Vorfeld eines Produktionsengagements verstärkt Einfluss auf die Veränderung institutioneller Rahmenbedingungen zu gewinnen (z.B. JOOS 1998; YOSHIMATSU 2002; BOCKSTETTE 2003). Gezielt bringen sie ihre Interessen z.B. über Branchenverbände, Nichtregierungsorganisationen (NGOs) oder Politikberatungen in politische Entscheidungsprozesse ein – bei jedoch großer Unsicherheit bezüglich des Erfolgs solcher Maßnahmen.

In der wissenschaftlichen Literatur finden sich bislang relativ wenige Studien, die den verstärkten Trend zur regionalen Blockbildung und die zunehmende Transnationalisierung der Unternehmen bzw. ihrer Wertschöpfungssysteme zueinander in Beziehung setzen (DICKEN 2005). Die Auseinandersetzung mit beiden Prozessen ist ein etablierter Inhalt in der Forschung und Lehre des Instituts bzw. Lehrstuhls für Wirtschaftsgeographie der LMU München. Vor diesem Hintergrund ist es Ziel des vorliegenden Beitrags, sich der wechselseitigen Beziehung von politischer Integration und grenzüberschreitender Wertschöpfungsvernetzung anzunähern. Hierzu erfolgt zunächst eine theoretische Betrachtung, die auf verschiedene Typen international agierender Unternehmen und analytische Zugänge zur global vernetzten Produktionsorganisation eingeht. Im Anschluss werden die Position und die Einflussmöglichkeiten von Unternehmen in nationalstaatlichen und supranationalen Systemen diskutiert. Abschließend reflektiert der Beitrag eine Auswahl von am Institut erstellten Untersuchungen und zeigt Anknüpfungsmöglichkeiten für die Arbeit über die Zusammenhänge zwischen transnationaler Produktionsorganisation und regionalen Entwicklungsprozessen auf.

2 Von international tätigen Unternehmen und linearen Wertketten zu relationalen Wertschöpfungsnetzen

Mächtige, international agierende Unternehmen gelten als Motor der ökonomischen Globalisierung. Sie sind wesentliche Treiber und Träger des internationalen Waren-, Leistungs-, Kapital- und Wissenstransfers. Die Investitionen dieser Unternehmen stiegen in den letzten beiden Jahrzehnten deutlich stärker als die Weltproduktion. Zum Teil erreichen ihre Umsätze heute Dimensionen, die denen des Bruttoinlandsprodukts kleinerer westlicher Industriestaaten entsprechen (vgl. HAAS 2006a: 6). Gleichzeitig setzen sie Staaten und Regionen einer schärfer werdenden Standortkonkurrenz aus. Die folgenden Abschnitte geben einen Überblick über die Möglichkeiten, international tätige Unternehmung analytisch zu fassen und in den Kontext globaler Wertschöpfungszusammenhänge einzuordnen.

2.1 Die transnationale Unternehmung als Idealtyp international agierender Organisationen

Transnationale Unternehmen bilden, ausgehend von ihrem Heimatstandort, durch die Errichtung von Niederlassungen oder mittels Übernahmen und Fusionen ein globales Standortsystem. Parallel dazu werden Funktionsbereiche in andere Regionen verlagert – etwa aus Flexibilitätsüberlegungen oder aufgrund unterschiedlich hoher Arbeits- und Umweltkosten. Neben diesem Ziel der Effizienzsteigerung lassen sich als weitere Kernmotive für das Eingehen eines Auslandsengagements Markt- und Ressourcenerschließung sowie die Sicherstellung strategischer Vorteile anführen (DUNNING 1988). Inzwischen finden sich in den Auslandsmärkten nicht mehr nur Vertriebsstätten und Montagewerke; auch höherrangige Unternehmensfunktionen wie Forschung und Entwicklung werden in anderen, auch weniger entwickelten Regionen durchgeführt. So entstehen innerhalb eines globalen Unternehmensnetzwerks gleichwertige, in den Gesamtkonzern integrierte Produktionssysteme.

Zur analytischen Abgrenzung bzw. Typologisierung von international tätigen Unternehme existieren unterschiedliche Zugänge. Bekannt ist vor allem der Ansatz nach CHRISTOPHER BARTLETT und SUMANTRA GOSHAL (1989), in dem die sog. Archetypen des internationalen, globalen, multinationalen und transnationalen Unternehmens konzeptualisiert werden. Dieser Typologisierung liegt das Spannungsfeld von globaler Integration und lokaler Anpassung zu Grunde (*Integration-Responsiveness-Ansatz*). Hierin gilt es, möglichst sowohl die Vorteile der Standardisierung auszuschöpfen und Größenvorteile zu erzielen als auch auf lokale Gegebenheiten einzugehen, um Vorzüge der einzelnen Standorte auszunutzen. Mit diesen beiden Dimensionen, also dem Ausmaß der übergreifenden Abstimmung von Unternehmensprozessen gegenüber dem Eingehen auf wirtschaftsraumspezifische Gegebenheiten, wird ein Bezugsrahmen aufgespannt, in dem sich die unterschiedlichen Formen und Strategien der internationalen Unternehmenstätigkeit vereinfachend systematisieren lassen (vgl. z.B. TUCHER 1999: 37ff.; BATHELT/GLÜCKLER 2002: 276f.; LEVASIER 2006: 655ff.).

Die transnationale Unternehmung stellt in dieser Konzeption das idealtypische Modell einer Organisation dar, das beide Dimensionen in hohem Maße erfüllt. Sie profitiert sowohl von globalen Kostenvorteilen als auch von der Berücksichtigung lokaler Erfordernisse. Erreicht wird dies durch den Aufbau einer integrierten Netzwerkstruktur, in dem wichtige Kompetenzen und Koordinationsaufgaben dezentral gesteuert werden. Einzelne Standorte sind mit spezifischen Aufgaben betraut wie beispielsweise dem Produktdesign. Innerhalb dieses Kompetenzfelds koordiniert die jeweilige Einheit die weltweiten Aktivitäten des Gesamtnetzwerks. Damit kommt es zu einer unternehmensinternen Differenzierung der einzelnen Standorte, die zusammengenommen ein Netz komplementärer Kompetenzzentren darstellen. Die jeweils gesammelten Erfahrungen werden in Schaltzentralen gebündelt und fließen von dort in die einzelnen Unternehmensteile zurück, wo sie wiederum an lokale Bedingungen angepasst werden.

Demgegenüber grenzen BARTLETT/GOSHAL die internationale Unternehmung als eine Organisationsform ab, in der Kostenvorteile dem Ausnutzen von Lokalisierungskräften weit übergeordnet sind. Dieser Typ zeichnet sich damit durch die weitgehend identische Übertragung von Strukturen und Prozessen von der Muttergesellschaft auf die Auslandsniederlassungen aus. Heimische Technologien und das im Inland verankerte Wissen werden meist nur unter geringfügigen Modifikationen ins Ausland transferiert. Genauso verbessert die globale Unternehmung ihre Wettbewerbssituation mittels einer konsequenten Ausschöpfung der Möglichkeiten der Kostendegression. Hier werden Prozesse und Produkte jedoch nicht einfach aus dem Heimatland übernommen, sondern zentral für den globalen Markt geplant. Die ausländischen Tochterunternehmen dienen hier als Empfänger dieser globalen Standards oder als Vertriebsstützpunkte. Häufig besitzt die globale Unternehmung eine regional integrierte Produktionsorganisation, in der internationale Märkte über Exportbeziehungen erschlossen werden.

Im Gegensatz dazu steht die ausgeprägte Ausrichtung auf lokale Verhältnisse im vierten und letzten Typ der multinationalen Unternehmung. Hier verfügen die ausländischen Niederlassungen oder Tochtergesellschaften über weitgehende Entscheidungsfreiheit und können ihre Wertschöpfung autark organisieren. Die resultierenden Effizienzeinbußen werden angesichts des zentralen Motivs, lokale Marktchancen erkennen und mittels Anpassung der Leistungen nutzen zu können, in Kauf genommen. Die Unternehmenszentrale nimmt also eine sehr zurückgenommene Position ein. In der transnationalen Unternehmung wiederum, dem Ideal, verbleibt die Entwicklung der globalen Grundsatzstrategien in der Zentrale, die Niederlassungen liefern differenzierte Beiträge. Die Dezentralisierung der Kompetenzen stellt den Zugang zu lokalen Innovationszentren – wie z.B. regionalen Clustern – sicher und bindet sie in die Unternehmensstruktur ein. Auf diese Art und Weise lassen sich die wandelnden Erfordernisse in den einzelnen Märkten frühzeitig identifizieren und es kann schnell und adäquat darauf reagiert werden. Mit den Kooperations- und Koordinationsbeziehungen, die die einzelnen Kompetenzzentren miteinander verbinden, werden gleichzeitig Kosten- und Wissensvorteile für das gesamte Unternehmen erzielt.

2.2 Ausgangspunkte der Analyse transnationaler Produktionsorganisation: Wertschöpfung, Wertketten und Netzwerke

Transnationale Unternehmen operieren nicht in einem Vakuum. In der praktischen und analytischen Auseinandersetzung mit der Koordination von (internationalen) Wertschöpfungszusammenhängen vollzog sich deshalb im letzten Jahrzehnt eine immer stärkere Fokussierung auf den Netzwerkgedanken (vgl. grundlegend zu Netzwerken z.B. HAAS 2006b: 634ff. oder HESS 2006a). Zusammenarbeit und Vernetzung sind insbesondere dann sinnvoll, wenn entweder wechselseitig Kernkompetenzen genutzt werden können, ohne den Verlust der eigenen Kompetenzen befürchten zu müssen, oder wenn die Ressourcenbündelung zu einer verbesserten Wettbewerbsposition führt.

Die jüngere Fachliteratur zur vernetzten Organisation von Wertschöpfungsprozessen hat zwei Gruppen von Zugängen besonders viel Aufmerksamkeit geschenkt: zum

Tabelle 4: Analytische Zugänge zu transnationalen Wertschöpfungsnetzen

	Global Commodity und Value Chains (GCC/GVC)	***Global Production Networks (GPN)***
Grundkonzept	Wertschöpfungsprozesse als sequentielle Folge; Typologisierung von Waren- und Wertketten mit Hilfe interner Faktoren, v.a. Beziehung zw. Kettenmitgliedern	Organisation von Produktion, Distribution u. Konsum als relationaler Prozess; Wechselbeziehung zw. internen u. externen Einflüssen (auch ‚Nicht -Firmen' Teil von GPNs)
Gegenstand	• Steuerung und Konfiguration von GCCs/ GVCs; Entwicklungsprozesse im globalen Maßstab (Industrie-/Schwellenländer) • Branchen (High- vs. Low-tech), fokale Unternehmen, (Regionen)	• (Räumliche) Konfiguration von GPNs; regionale, wirtschaftliche u. soziale Entwicklungsprozesse (multiskalar) • Akteure (Unternehmen, Institutionen), Netzwerke (wirtschaftlich u. politisch), Branchen (Prod. Gewerbe u. Dienstl.)
Analyse-kategorien	(1) Input-Output-Strukturen (2) Territorialität (3) *Governance* (4) institutioneller Rahmen	(1) Wertschöpfung / Mehrwert; (2) Macht (korporativ, institutionell, kollektiv); (3) *Embeddedness* (territorial, organisational, gesellschaftlich)
Fachdisziplinen	Wirtschaftssoziologie, Entwicklungsforschung; Organisationstheorie	Wirtschaftsgeographie; Politische Wissenschaften
Wechselwirkungen mit region. Integrationsprozessen	lediglich monodirektional (Einfluss reg. Integrationen auf Wertketten) und empirisch eher randlich thematisierert	zwar explizit im Fokus (vgl. besonders DICKEN 2005), jedoch ebenfalls nur nachrangig behandelt
Wichtige Vertreter u. Publikationen	DIETER ERNST, GARY GEREFFI, JOHN HUMPHREY, HUBERT SCHMITZ, TIMOTHY STURGEON GEREFFI/KORZENIEWICZ 1994 (GCC); GEREFFI/HUMPHREY/STURGEON 2005 (GVC)	NEIL COE, PETER DICKEN, MARTIN HESS, JEFFREY HENDERSON, HENRY YEUNG HENDERSON/DICKEN/HESS/COE/YEUNG 2002; COE/HESS/YEUNG/DICKEN/HENDERSON 2004

Quelle: Eigene Zusammenstellung.

einen dem Konzept der Globalen Wertketten, zum anderen der Heurisitik der Globalen Produktionsnetzwerke (vgl. Tabelle 4). Einen Ausgangspunkt stellt bei beiden Ansätzen MICHAEL PORTERS (1985) Konzeption der Wertkette (*value chain*) dar. Sie gliedert Unternehmen in eine lineare Abfolge von Wertschöpfungsaktivitäten, in der die einzelnen Phasen der Herstellung eines Produkts oder einer Dienstleistung, von der Planung über die unterschiedlichen Fertigungsschritte bis zum Vertrieb, sequentiell aufgeschlüsselt sind. Wertschöpfungsprozesse können hierbei sowohl organisatorisch als auch räumlich voneinander getrennt werden. Dabei ergeben sich jedoch komplexe Interaktionen und Zirkulationsbeziehungen zwischen verschiedenen Akteuren, die steten Veränderungen und Rückkopplungen unterliegen. Somit lassen sich Wertschöpfungszusammenhänge kaum mehr als lineare Prozesse darstellen. Der Netzwerkbegriff begegnet diesem Problem durch Hinweis auf den grundlegend relationalen Charakter von Produktion, Distribution und Konsumption.

2.3 Zur Konzeption Globaler Waren- und Wertketten nach Gereffi

Den ersten, gegenwärtig viel beachteten Zugang zu vernetzten Produktions- und Wertschöpfungszusammenhängen stellt das Konzept der *Global Value Chains* (GVC) dar. Bezogen auf den Wertbegriff noch relativ nahe am Porter'schen Verständnis ausgerichtet, geht diese Konzeption aus dem Ansatz der *Global Commodity Chains* (GCC) oder Warenketten hervor, welcher in der ersten Hälfte der 1990er Jahre von GARY GEREFFI und Kollegen in die Fachdebatte eingeführt und seitdem beständig weiterentwickelt wurde. GCCs werden darin als organisationsübergreifende Netzwerke gefasst, die sich um standardisierte Produkte bzw. Konsumgüter (*commodities*) gruppieren und die Haushalte, Unternehmen und Staaten der Weltwirtschaft verknüpfen (siehe grundlegend GEREFFI/KORZENIEWICZ 1994).

In seiner ursprünglichen Konzeptualisierung schlägt dieser Ansatz vier analytische Dimensionen als Bezugsrahmen zur Untersuchung von Warenketten vor: erstens die Input-Output-Struktur der Kette; zweitens die räumliche Verortung und Territorialität der Wertschöpfungsprozesse (mit starkem Fokus auf die globale und nationale Maßstabsebene); drittens die *Governance* bzw. Steuerung der Produktionsbeziehungen sowie viertens die institutionellen Bedingungen im Sinne des nationalen und internationalen Referenzrahmens für das Zusammenwirken der beteiligten Akteure. Allerdings konzentrieren sich die Studien über Warenketten – trotz dieses umfassenden Analyserahmens – nahezu ausschließlich auf die Dimension der Governance, also z.B. die Führungsstile oder den Grad der Mitbestimmung in zwischenbetrieblichen Beziehungen: „The institutional dimensions of the GCC/GVC analysis seem to be hijacked by its privileging of governance structures.“ (HESS/YEUNG 2006: 1196).

Mit Hilfe des GCC-Konzepts konnten insbesondere die Unterschiede zwischen Warenketten, die von Produzenten gesteuert werden (*producer driven*), gegenüber käufergesteuerten Warenketten (*buyer driven chains*) herausgearbeitet werden. Vereinfacht dargestellt sind erstere typisch für technologieintensive Branchen wie die Automobil- oder die Halbleiterindustrie, in dem die führenden Unternehmen in einem integrierten Produktionssystem sowohl auf ihre Zulieferer als auch ihre Abnehmer Einfluss ausüben können. Käufergesteuerte Warenketten beschreiben Massengütermärkte mit eher geringer Technologieintensität; hier liegt die Steuerungsmacht bei Handelsunternehmen wie führenden Warenhausketten oder Markenunternehmen, die ein Netz meist unabhängiger Produzenten vornehmlich über Preis- und Wettbewerbskräfte koordinieren (so z.B. im Textilsektor, wo die meisten Markenunternehmen keinerlei Eigenproduktion mehr vornehmen). Überlegungen bezüglich des nationalen und internationalen Referenzrahmens werden weniger konkretisiert bzw. untergeordnet (vgl. GEREFFI ET AL. 2005: 99; HESS/YEUNG 2006: 1198).

Auch in den Weiterentwicklungen des GCC-Ansatzes stehen die verschiedenen Koordinationsmechanismen, mittels derer die Wertschöpfungsnetzwerke gesteuert werden, im Zentrum der Betrachtung. Mithilfe dreier analytischer Kategorien – nämlich erstens der Komplexität einer Transaktion (*complexity*), zweitens der Möglichkeit, Informationen zu kodifizieren (*codifiability*), und drittens der Fähigkeiten des Zulieferers (*capability*), also z.B. das Vorhandensein eigener Patente oder die Verfügbarkeit bestimmter Technologien – erfolgt eine stärkere Ausdifferenzierung unterschiedlicher Governance-Formen. Anstelle der Zweiteilung wird nun eine fünfgliedrige Typologie vorgeschlagen, mit der sich die möglichen Steuerungsformen einer GVC ordnen lassen (vgl. Abbildung 4). Die einzelnen Formen unterscheiden sich dabei im Grad der Machtasymmetrie und im Grad der expliziten Koordination.

Auf der Stufe des geringsten Grads der beiden Differenzierungsmerkmale befinden sich marktvermittelte Beziehungen; die Macht der einzelnen Wertschöpfungspartner ist hier am wenigsten asymmetrisch, die Koordination der einzelnen Wertschöpfungsstufen am wenigsten explizit. Demgegenüber stehen hierarchische Organisationen, entsprechend von ausdrücklicher Koordination und ausgeprägt asymmetrischen Machtbeziehungen gezeichnet. Zwischen den Extremen liegen, in absteigender Reihenfolge, ‘gefesselte’ oder ‘gefangene’ Wertschöpfungsbeziehungen, in denen ein fokales Unternehmen den oder die Zulieferer dominiert, relationale Netzwerkbeziehun-

Abbildung 4: Wertschöpfungssteuerung im Konzept der Global Value Chains

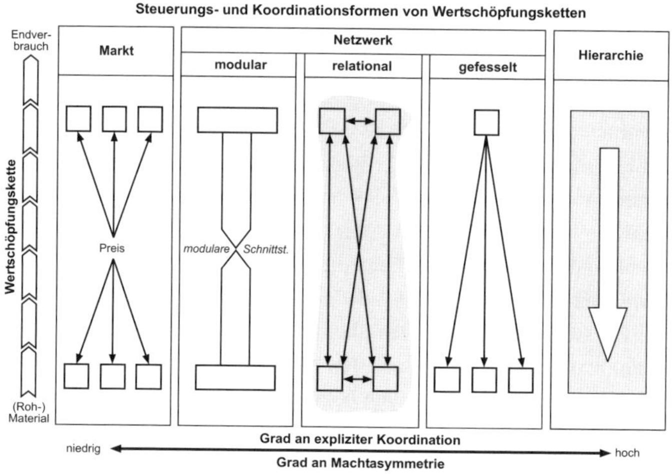

Quelle: nach GEREFFI ET AL. *2005: 89 (siehe auch* ZADEMACH/KNOGLER/HAAS *2006)*

gen wie z.B. regionale Unternehmensnetzwerke in der Tradition der Industriedistrikte, sowie schließlich über modulare Schnittstellen erfolgende Beziehungen. Für letztere konstitutiv sind hochgradig komplexe Produktionsprozesse, große Fähigkeiten der Zulieferer sowie ein hohes Maß an Kodifizierbarkeit der zu übermittelnden Informationen. Damit werden die Wertschöpfungspartner mit vergleichsweise geringem Aufwand austauschbar und die Wertschöpfungskette setzt sich im Idealfall aus einer Aneinanderreihung auswechselbarer Module zusammen (vgl. ausführlicher STURGEON 2002; ZADEMACH/KNOGLER/HAAS 2006: 187ff.).

In der GCC-/GVC-Literatur werden die unterschiedlichen Koordinationsformen von Wertschöpfungsnetzen vornehmlich mit internen Faktoren begründet: die Art der Transaktionen, die Kompetenz der Netzwerkunternehmen sowie die Möglichkeiten zentraler Akteure, auf vor- und nachgelagerte Wertschöpfungsstufen etwa durch die Definition von Standards Einfluss zu nehmen. Die externen Gegebenheiten transnationaler Produktionsorganisation, also z.B. politische Regulierung, Arbeitsmarkt oder bestimmte sozio-kulturelle Praktiken, werden als mögliche Einflüsse zwar konzeptionell erwähnt, erscheinen jedoch gegenüber den internen Faktoren stark untergeordnet. Eine Möglichkeit, den Kontext wirtschaftlichen Handelns demgegenüber wesentlich stärker in die Betrachtung einzubinden, findet sich in der zweiten Gruppe der im Fach etablierten Zugänge zu transnationalen Produktionsprozessen.

2.4 Globale Produktionsnetzwerke – Annäherung an einen umfassenden analytischen Rahmen aus der Wirtschaftsgeographie

Unabhängig voneinander brachten zwei Forschergruppen den Begriff der *Global Production Networks* (GPN) in die wissenschaftliche Diskussion um transnationale Wertschöpfungsprozesse ein (ERNST 2002; ERNST/KIM 2002, 2003; HENDERSON ET AL. 2002; COE ET AL. 2004). In den Arbeiten von DIETER ERNST und Kollegen wird die Entstehung von GPN in einer evolutionsökonomischen Grundperspektive reflektiert und drei Gründen zugeschrieben: der Liberalisierung der Märkte, den Möglichkeiten der IuK-Technologien sowie dem zunehmendem internationalen Wettbewerbsdruck. Hierbei stehen wie in der GVC-/GCC-Literatur vor allem fokale Unternehmungen, die 'Flaggschiffe' der Netzwerke – daher auch die alternative Bezeichnung *flagship model* – im Mittelpunkt. Ihre Möglichkeiten, Beziehungen zu koordinieren, werden unter Berücksichtigung unternehmensinterner und -externer Transaktionen (also mit eigenen Tochtergesellschaften oder Joint Ventures genauso wie mit Subunternehmen, Zulieferern, Dienstleistern und strategischen Partnern) beleuchtet. Empirisch wurde der Ansatz nur auf eine relativ kleine Auswahl technologieintensiver Branchen wie die Halbleiterindustrie angewendet. Der Schwerpunkt liegt dabei auf dem Wissenstransfer zwischen den involvierten Unternehmen[7]. Letztlich werden GPNs hier als eine überlegene Form zur Organisation der industriellen Produktion angesehen.

Eine umfassendere Möglichkeit zur Analyse der Ausrichtung unternehmerischer Produktionsnetzwerke und deren Bedeutung für regionale Entwicklungsprozesse liefert der von NEIL COE, PETER DICKEN, JEFFREY HENDERSON, MARTIN HESS und HENRY YEUNG in Manchester entwickelte Zugang. Ihre Konzeption knüpft an die oben genannten Ansätze – allen voran Gereffis Wertketten, daneben netzwerktheoretische Ansätze (z.B. SYDOW 1992) und das durch MARK GRANOVETTER (1989) in der Wirtschaftssoziologie popularisierte Konzept der *Embeddedness* – an und versucht den ihnen gegenüber geäußerten Kritikpunkten zu begegnen. Die lineare bzw. vertikale Struktur der bisherigen Theorien wird dabei endgültig überwunden. An die Stelle des

7 „A focus on international knowledge diffusion through an extension of firm organization across national boundaries distinguishes our concept of GPN from network theories developed by sociologists, economic geographers and innovation theorists that focus on localized, mostly interpersonal networks." (ERNST/KIM 2003: 17)

Kettenkonzepts rückt der Netzwerkbegriff, der die Komplexität von Wertschöpfungsprozessen besser abbilden soll und die relationale Konzeption ökonomischen und sozialen Handelns betont. Auch zielt der Ansatz darauf ab, GPNs weniger branchenspezifisch als in ERNSTs Konzeption zu fassen und somit größere Allgemeingültigkeit zu bieten. Entsprechend ist die Bezeichnung Produktion hier nicht auf die ursprüngliche Bedeutung beschränkt, sondern schließt auch die Bereiche Beschaffung, Forschung, Entwicklung, Distribution und Konsum mit ein. So lässt sich der Zugang zunächst als eine weiterentwickelte Heuristik zur Erfassung unternehmerischer Netzwerke sowie deren Konfiguration und Koordination verstehen.

Im Erkenntnisinteresse des GPN-Ansatzes liegt jedoch nicht lediglich die Organisation transnationaler Wertschöpfungsprozesse; vielmehr steht ein weit gespanntes Feld von Fragen und Problemstellungen der globalen Wirtschaft im Vordergrund. Hierzu zählen insbesondere die kontinuierlichen Ungleichgewichte der Raummuster von Produktion und Konsum sowie die Maßnahmen und Strategien von NGOs und den Institutionen des Staates (vgl. HESS/YEUNG 2006: 1183; COE ET AL. 2008: 271; siehe auch BERNDT/BOECKLER 2009). Der Ansatz eröffnet damit die Möglichkeit, der „relationalen Topologie“ (AMIN 2002: 386) und Unordnung unternehmerischer Netzwerke zu begegnen und sie konzeptionell in ihrer Verbindung mit wirtschaftlichen und sozialen Entwicklungsprozessen auf der globalen, nationalen und regionalen Ebene zu fassen.

Der GPN-Ansatz grenzt einen Bezugsrahmen mit drei konzeptionellen Kategorien und vier analytischen Dimensionen ab (vgl. Abbildung 5). Grundelemente in der Architektur und Konfiguration eines Produktionsnetzwerks sind dabei die drei Kategorien Wertschöpfung, Macht und Embeddedness. Der verwendete Wertbegriff ist dabei weiter als zuvor gefasst und beschreibt nicht nur Input-Output-Relationen, sondern schließt auch die Verteilung, Sicherung oder Übertragung von Mehrwerten ein. Ähnlich findet auch in der Kategorie Macht ein erweitertes Verständnis Anwendung: Neben der korporativen Macht, die für die Machtverteilung und die Machtausübung im Netzwerk steht, werden auch institutionelle und kollektive Machtverhältnisse berücksichtigt. Erstere bilden sich zwischen (formellen) Institutionen wie nationalen Regierungen oder supranationalen Organisationen untereinander sowie zwischen diesen Institutionen und Unternehmen; letztere beschreibt die Möglichkeit kollektiver Zusammenschlüsse, z.B. Gewerkschaften, Branchenverbände oder NGOs, auf politische Akteure oder Unternehmen Einfluss auszuüben. Embeddedness als dritte Kategorie berücksichtigt schließlich die Einbettung eines Produktionsnetzwerks in seine verschiedenen institutionellen, kulturellen und sozialen Kontexte. Hierbei unterschied der An-

Abbildung 5: Analyserahmen zur Untersuchung Globaler Produktionsnetzwerke in der Konzeption der Manchester School

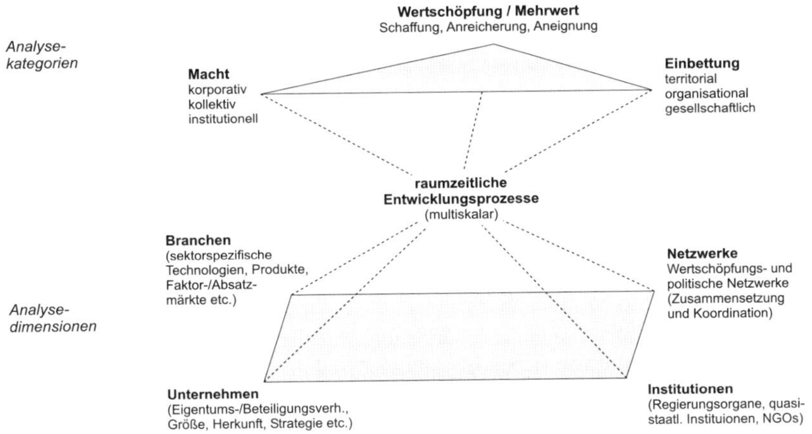

Quelle: eigene Darstellung.

satz urspünglich nur zwischen erstens territorialer, also der Einbettung in lokale und regionale Zusammenhänge, und zweitens Netzwerk- oder organisationale Embededdness, die die Beziehungen zwischen den Netzwerkmitgliedern unabhängig von ihrer Herkunft und Verortung beschreibt. Unter Rückgriff auf HESS (2004) wurde dem die *societal* oder gesellschaftliche Embeddedness hinzugefügt, die für die soziale und kulturelle Einbettung eines Akteurs in die Strukturen seines Heimatlandes steht (für eine ausführlichere Diskussion des Embeddedness-Begriffs siehe auch GLÜCKLER 2001).

Die drei Kategorien finden ihre Ausgestaltung im Handeln von Unternehmen und Institutionen (Akteursgruppen) sowie in spezifischen Strukturen (Branchen, Netzwerken). Die Handlungen mit ihren jeweiligen Pfaden sind ausschlaggebend dafür, wie sich ein Produktionsnetzwerk zusammensetzt und entwickelt, wie sich bestimmte Wertschöpfungsschritte und Machtverhältnisse in einem GPN verteilen, zu welchem Ausmaß einzelne Akteursgruppen in ein lokales Gefüge oder die Gesamt- oder Teilstruktur des Netzwerks eingebettet sind und mit welchen Auswirkungen dies letztlich für wirtschaftliche, soziale und regionale Entwicklungsprozesse (z.B. zunehmender Wohlstand durch die Sicherung des generierten Mehrwerts, technologischer Aufschwung etc.) einhergeht. Entsprechend bildet nicht lediglich eine Branche, eine Unternehmung, eine Institution, die Nachfrageseite, der Arbeitsmarkt oder eine Region den Ausgangspunkt der Untersuchung, sondern stets auch die interdependenten Zusammenhänge dieser Einheiten untereinander.

Ähnlich wie im Diskurs der GCC-/GVC-Literatur lassen sich die Beziehungen und Governance-Strukturen innerhalb und zwischen verschiedenen Produktionsnetzen oder Branchen mit diesem Ansatz analytisch ordnen. An die Stelle einer einfachen Typologie rückt hierbei eine stärkere Bezugnahme auf Interaktionen mit externen Faktoren sowie den stets relationalen und kontingenten Charakter von Produktionsnetzwerken. Im Hinblick auf die Diskussion des Zusammenhangs zwischen Bemühungen um politische Integration und transnationalen Wertschöpfungsbeziehungen bietet die GPN-Heuristik gegenüber den Zugängen über Waren- und Wertketten damit Vorteile; sie erlaubt es, gleichzeitig das Verhältnis zwischen Unternehmen und ihren Interessenvertretungen einerseits und staatlichen Institutionen und politischen Entscheidungsprozessen andererseits zu betrachten und integriert diese Beziehungen als endogene Größen. Meist erfolgt hierbei jedoch eine relativ einseitige Betrachtung. Bislang wurde vornehmlich der Einfluss von Institutionen auf die Ausgestaltung von transnationalen Produktionsnetzwerken thematisiert; die umgekehrte Richtung dieser Beziehung stand dagegen vergleichsweise selten im Vordergrund des Erkenntnisinteresses.

3 Transnationale Wertschöpfungsnetze und regionale Integration

Der weltweite Trend zu Internationalisierung und Vernetzung der Märkte wird häufig im Zusammenhang mit einem neuen Rollenverständnis des Nationalstaats diskutiert. Nach wie vor bestimmen Nationalstaaten als 'Container' für spezifische kulturelle und soziale Praktiken, Technologien und Institutionen eines Landes viele zentrale Rahmenbedingungen für das Handeln der in ihm vertretenen Akteure. Durch die Zunahme der vielfältigen Formen grenzüberschreitender Zusammenarbeit sind diese Sammelbecken jedoch in der Tat durchlässiger geworden.

3.1 Transnationale Wertschöpfungsorganisation im Einfluss multiskalarer Regulierung

Zu Beginn des Globalisierungsdiskurses wurde oft davon ausgegangen, dass die wirtschaftliche und gesellschaftliche Vernetzung der Märkte zu einem Autoritätsverlust des Nationalstaats führt und sich die Machtverhältnisse einseitig zu Gunsten von transnationalen Unternehmen und supranationalen Organisationen verschieben (z.B. OHMAE 1990, O'BRIEN 1992). Die verschiedenen Dimensionen des Globalisierungsprozesses (gesellschaftlich, politisch, ökonomisch, kulturell, ökologisch usw.) sind seitdem in einer Vielzahl wissenschaftlicher Disziplinen reflektiert worden (siehe hierzu auch HESS 2006b: 380ff.). Dabei heben zum Beispiel Vertreter der politischen Ökonomie die Koordinationsfunktion nationaler Makrostrukturen für die Handlungsoptionen und Wettbewerbsfähigkeit von Unternehmen hervor (z.B. HOLLINGSWORTH/ BOYER 1997; HIRST/THOMPSON 1999).

Über die Gestaltung der institutionellen Rahmenbedingungen ihres Territoriums üben Nationalstaaten direkt Einfluss auf die ansässigen Unternehmen aus, etwa bei der Besteuerung, beim Ausbildungswesen, über Local-Content-Vorschriften oder regionale Wirtschaftsförderung. Besonders in Produktionsnetzwerken zwischen Industrie- und Schwellenländern nehmen staatliche Institutionen eine gewichtige Rolle ein, z.B. bei der Förderung des Transfers von technischem und betriebwirtschaftlichem Know-how, um ein *Upgrading* der eigenen Industrien zu forcieren. Zu den Feldern, auf denen die nationalstaatliche Ebene unternehmerisches Handeln mittels fördernder oder restriktiver Maßnahmen beeinflusst, zählen insbesondere Industrie-, Wettbewerbs- und Handelspolitik.

- Zentrales Anliegen der Industriepolitik ist es, die Rahmenbedingungen so zu setzen, dass die Wettbewerbsfähigkeit bestimmter Industrien bzw. Branchen erhalten und ihr Wachstums-, Beschäftigungs- und Innovationspotential erhöht wird. In Deutschland führen hierzu Bundes- und Landesregierungen Gespräche mit Branchenvertretern und den Sozialpartnern, um Problemfelder zu identifizieren und Lösungsansätze zu erarbeiten (z.B. Gründerförderung, Innovationsberatungen). Für strategisch bedeutende Sektoren wie die Luft- und Raumfahrtindustrie koordiniert das Bundesministerium für Wirtschaft und Technologie zwischen Politik und Industrie (BMWI 2008).
- Wettbewerbspolitik zielt darauf ab, möglichst uneingeschränkten Wettbewerb zu gewährleisten und nachhaltig zu sichern. In der Bundesrepublik schützt das Gesetz gegen Wettbewerbsbeschränkungen (Kartellgesetz) den Wettbewerb mittels Kartellbekämpfung, Fusionskontrolle und Missbrauchsaufsicht. Dabei dienen das Kartellverbot und die Kontrolle von Unternehmenszusammenschlüssen dazu, wettbewerbliche Marktstrukturen zu erhalten und der Entstehung von Marktmacht entgegenzuwirken (ZADEMACH 2006).
- Zur Handelspolitik zählen alle Maßnahmen zur Förderung des Außenhandels wie der Abschluss von Handelsabkommen sowie Maßnahmen zur Anbahnung

von Außenhandelsgeschäften (z.B. Förderung von Auslandsmessen, Finanzierungshilfen). Mit protektionistischen Maßnahmen wie tarifären und nicht-tarifären Handelshemmnissen wird der Schutz inländischer Branchen angestrebt (vgl. z.B. HAAS/NEUMAIR 2006, Kapitel 4).

Daneben wirken sich Entscheidungen in weiteren Politikfeldern (u.a. Energie, Umwelt, Gesundheit, Verteidigung) direkt oder indirekt auf die Unternehmen in einem Nationalstaat aus.

Grenzüberschreitende Produktionsnetzwerke sind in unterschiedlichen nationalen Territorien verankert. Nationalstaatliche Institutionen nehmen dabei eine in zweifacher Hinsicht relevante Rolle ein. Einerseits beeinflussen die institutionellen Rahmenbedingungen im Herkunftsland die *Corporate Governance* von Unternehmen und damit die Steuerung des gesamten Produktionsnetzwerks (zu einer Diskussion des Corporate-Governance-Begriffs siehe auch HAAS 2006a: 7f.). Andererseits wirken sich der Standort und das institutionelle Umfeld eines Netzwerkelements auf dessen Verhalten und Rolle im Gesamtnetzwerk aus. So können einzelne Einheiten gehobene Funktionen wie die eines regionalen *Headquarters* oder eine eher untergeordnete Position, beispielsweise ein Montagewerk zur Versorgung eines Ziellands, einnehmen. Ferner wirken nationalstaatliche Institutionen auch auf der Ebene einzelner Individuen. So sind von der Unternehmenszentrale entsandte Manager in ihrem Verhalten im Gastland von den gewachsenen sozialen und kulturellen Handlungspraktiken innerhalb ihres Heimatlands geprägt (REHNER 2004).

Die Organisation von Wertschöpfung bewegt sich jedoch nicht nur auf der nationalen Ebene, sondern auf Entwicklungspfaden in einem multiskalaren Kräftefeld. In der Handelspolitik etwa haben die Mitgliedstaaten der EU ihre gesetzgeberische Kompetenz an die europäische Ebene abgegeben. Außenwirtschaftsförderungsmaßnahmen erfolgen hingegen noch stärker auf regionaler und nationaler Ebene. All diesem ist der welthandelspolitische Rahmen übergeordnet, der sich im Allgemeinen Zoll- und Handelsabkommen GATT bzw. in der WTO sowie branchenbezogenen Abkommen konstituiert[8]. Ähnlich existieren auch über- und untergeordnete kartellrechtliche und industriepolitische Instrumente. Zwischen den Maßstabsebenen kann es hierbei zu kon-

[8] Regionale Handelsabkommen verstoßen gegen das GATT/WTO-Prinzip der Gleichbehandlung aller Vertragspartner (Meistbegünstigtenprinzip). Gleichzeitig können sie jedoch als sinnvolle Ergänzung bzw. Stimulus multilateraler Liberalisierungsbemühungen angesehen werden (vgl. grundlegend DE MELO/PANAGARIYA 1993). Im GATT/WTO-System ist die Gründung von regionalen Abkommen dann zulässig, wenn die Barrieren gegenüber Drittstaaten nicht erhöht werden und sich die Rahmenbedingungen für den Handel mit Drittländern nicht verschlechtern.

kurrierenden Interessen und Zielkonflikten kommen. So stellt die Verlagerung einer bislang in Deutschland angesiedelten Produktionsstätte in einen der neuen EU-Mitgliedstaaten oder einen Beitrittskandidaten aus Bundesperspektive einen Verlust dar; aus EU-Sicht kann es sich hingegen um einen im Sinne der Kohäsionsziele begrüßenswerten Vorgang handeln.

Gemeinsam mit den internen Faktoren, also den organisatorischen Strukturen und Prozessen innerhalb eines Netzwerks, wirkt dieses Spannungsfeld auf die Ausgestaltung und Topologie transnationaler Produktionsnetzwerke. Jedes Wertschöpfungssystem ist in seiner raumzeitlichen Dynamik in einen mehrdimensionalen institutionellen und geographischen Kontext eingebettet und den Kräften verschiedener Systeme und regulierender Eingriffe ausgesetzt. Wie im folgendem thematisiert, werden transnationale Unternehmen und Produktionssysteme jedoch nicht nur einseitig durch interne und externe Faktoren beeinflusst. Vielmehr stehen sie in vielfältigen Interaktionsbeziehungen mit ihrer Umwelt und können hier wichtige Impulse für die Veränderung von Rahmenbedingungen geben.

3.2 Transnationale Unternehmen und Wertschöpfungssnetze in regionalen Integrationsprozessen

Das Zusammenspiel zwischen der Wertschöpfungsorganisation transnationaler Unternehmen und ihrer Umgebung ist durch ein asymmetrisches Verhältnis gekennzeichnet (vgl. COE ET AL. 2008: 279f.). Der territorialen Gebundenheit des Staats steht der variable Aktionsraum von Unternehmen gegenüber: Während staatliche Institutionen bezüglich ihrer Souveränität und Autorität auf ihr jeweiliges Territorium begrenzt sind, verfügen die Unternehmen über flexible – wenngleich keineswegs unbegrenzte – Handlungsspielräume und können sich nationale Regulierungsunterschiede zu Nutze machen. Diese Asymmetrie manifestiert sich in komplexen Aushandlungsprozessen zwischen Unternehmen und staatlichen Institutionen. Bislang sind diese Prozesse jedoch wenig geklärt und bieten entsprechend Raum für weiterführende Arbeiten.

In Hinblick auf die Rolle, die grenzüberschreitendes unternehmerisches Handeln in politischen Integrationsprozessen einnehmen kann, sind vor allem drei Fragen wesentlich. Erstens gilt es zu beantworten, welche Interessen Unternehmen an der Intensivierung regionaler Wirtschaftsbeziehungen haben, in welchen Fällen sie also überhaupt bereit sind, entsprechende politische Bemühungen unterstützend zu begleiten. Zweitens ist zu klären, unter welchen Voraussetzungen darauf hin abzielende unternehmerische Bemühungen als sinnvoll bzw. wünschenswert erachtet werden können. Den

Ausgangspunkt hierfür stellen die unterschiedlichen Formen regionaler Integrationen dar; je nach Grundausrichtung und Fortschritt der Integrationsbemühungen eröffnen sie verschiedene Möglichkeiten und erfordern unterschiedliche Maßnahmen der Unternehmen. Drittens schließlich stellt sich die Frage, mit welchen Mitteln und Möglichkeiten eine solche Zielsetzung verfolgt werden kann.

Für eine regionale Integration oder ihre Vertiefung sprechen aus politischer Sicht mehrere Argumente, so z.B. eine stärkere Position bei multilateralen Verhandlungen, die Absicherung innenpolitischer Reformen oder die Bewältigung von Migrationsproblemen (z.B. BARTH 1999). Gesamtwirtschaftlich betrachtet werden mit supranationalen Zusammenschlüssen die Stimulation wirtschaftlichen Wachstums durch das Anziehen ausländischer Investitionen, Lerneffekte sowie die Sicherung des Zugangs zu Märkten verbunden. Aus Perspektive international tätiger Unternehmen ist das Interesse an regionalen Blockbildungsprozessen hingegen insbesondere dann groß, wenn sich durch eine Konzentration von Fertigungskapazitäten in regional integrierten Wirtschaftsräumen verschiedene Kostenvorteile ausschöpfen lassen (vgl. TUCHER 1999: 227f; YOSHIMATSU 2002: 128f.). Entscheidendes Kriterium sind dabei das Erreichen von Effizienz- und Größenvorteilen gegenüber der nationalen bzw. lokalen Ausrichtung sowie die Einsparung von Zoll- und Logistikkosten, daneben ebenfalls der Sicherstellung des Zugang zu besonders bedeutenden Zuliefer- oder Absatzmärkten.

Den ökonomischen Potentialen der regionalen Integration stehen mögliche Nachteile gegenüber. Zum ersten sind den wohlfahrtssteigernden Effekten der Handelsschaffung durch den Abbau von Handelshemmnissen die Folgen der wohlfahrtsmindernden Handelsumlenkung, also der Verdrängung von Importen aus Drittländern durch weniger wettbewerbsfähige Importe aus Mitgliedsländern, gegenüberzustellen. Aber auch ökologische Kosten angesichts eines gestiegenen Verkehrsaufkommens, die Einbußen der Zolleinnahmen und nicht zuletzt der erhöhte Koordinationsaufwand sowie die eingeschränkte Handlungsfreiheit der Mitgliedstaaten müssen berücksichtigt werden. Aus unternehmerischer Sicht nochmals wichtiger sind Anpassungskosten im Rahmen des höheren Wettbewerbs (Konkurse, Arbeitsplatzverluste) sowie der Wegfall der Möglichkeit, junge Industrien zu schützen. In national protegierten, stark abgeschotteten Märkten mit engen Zuliefererverflechtungen im eigenen Land stellen sich Unternehmen folglich gegen regionale Integrationsbemühungen.

Regionale Zusammenschlüsse und transnationale Wertschöpfungsnetzwerke stehen damit in einem interdependenten Verhältnis. Können die aufgeführten Größen- und Kostenvorteile erzielt werden, liegt es im Interesse der Unternehmen, Staaten zu stärkerer Zusammenarbeit anzuregen oder in ihren dahingehenden Bemühungen zu unterstützen. In diesem Zusammenhang ist zwischen den unterschiedlichen Formen der regionalen Blockbildung zu unterscheiden. Neben den verschiedenen Stufen der regionalen Integration (Präferenzzone, Freihandelszone, Zollunion usw.) lassen sich zwei Grundformen differenzieren (NEUMAIR 2006: 267; vgl. auch UNCTAD 1992). Die erste Form bildet die De-Jure-Blockbildung bzw. institutionelle Integrationen. Sie liegt dann vor, wenn die Integration politisch gewollt ist und sich einzelne Staaten aufgrund von Verträgen zu regionalen Wirtschaftsräumen zusammenschließen. Institutionelle Integration beinhaltet die Schaffung gemeinsamer Institution, denen wie im Fall der EU nationalstaatliche Kompetenzen übertragen werden.

Demgegenüber spricht man von De-facto-Blockbildung oder funktioneller Integration, wenn die Integration nicht durch dafür geschaffene suprastaatliche Institutionen gesteuert wird, sondern von den Unternehmen selbst ausgeht. De-facto-Blockbildung vollzieht sich damit als Folge marktwirtschaftlicher Prozesse, d.h. auf natürlichem Weg als Ergebnis der Verdichtung des Waren- und Dienstleistungsaustauschs sowie wachsender Kapitalverflechtungen. Als Beispiel hierfür lassen sich, wie auch im folgenden Abschnitt näher ausgeführt, die Integrationsprozesse im asiatischen Wirtschaftsraum anführen. Mittels Direktinvestitionen und durch den Aufbau von eigenständigen regionalen Produktionsnetzwerken und Subsystemen haben ausländische Unternehmen dort die Integration der Märkte stark vorangetrieben (weitere Beispiele finden sich bei ZELLER 2001: 71f.).

Etwas allgemeiner formuliert lässt sich mit COE/HESS (2007: 7) feststellen, dass „[p]ressures exerted by TNCs on states for greater integration of regional economic spaces may, in some cases, help to speed up the process of political integration". Für die Einflussnahme auf politische Prozesse bedarf es allerdings einer entsprechenden Verhandlungsposition der Unternehmen sowie adäquater Möglichkeiten, ihre Anliegen zu artikulieren. Hierzu werden verschiedene Handlungsoptionen verfolgt:

- Ein erstes Handlungsfeld besteht im Bereich Öffentlichkeitsarbeit bzw. *Public Relations*. Mittels eigenständiger Unternehmenskommunikation oder über Agenturen versuchen Unternehmen, eine bewusste Beziehung zwischen sich und der Öffentlichkeit aufzubauen und diese für ihre Interessen zu gewinnen. Die Stakeholder des Unternehmens, also Anteilseigner, Mitarbeiter, Kunden, Lieferanten, daneben auch Bürger und Bürgerinitiativen erfahren dabei besondere Aufmerksamkeit (siehe z.B. DONSBACH 1997).
- Eng mit diesem Themenkreis verwandt, jedoch eher kontrovers wahrgenommen, ist zweitens der Komplex der Lobbyarbeit anzuführen. Lobbyismus be-

schreibt die zielgerichtete Beeinflussung von Entscheidungsträgern in Politik und Verwaltung über Dritte. Hauptinstrument ist die Beschaffung und der gegenseitige Austausch von Informationen (vgl. BOCKSTETTE 2003: 18). Allerdings existieren auch zahlreiche inakzeptable Lobbypraktiken wie Bestechung und Korruption oder Manipulation der Medien (REHNER 2008). Entsprechend ist der Begriff in Deutschland mit einer negativen Konnotation belegt. Gleichwohl ist die Arbeit von Interessensvertretungen, wie Branchenverbänden oder auch Einzelpersonen, ein zentrales Instrument vor allem kleinerer Unternehmen, die eigenen Interessen gegenüber der Politik zu bündeln, zu wahren und durchzusetzen.

- Weitere Möglichkeit der Einflussnahme liegen in der Abstimmung von Konzernen untereinander in bestimmten Themenfeldern und deren gemeinsamer Außenauftritt gegenüber der politischen Ebene. Immer mehr Konzerne versuchen, temporäre thematische Koalitionen und vernetzte Lösungen zu schaffen. In der informellen Allianz 'Brussels Round Table' etwa arbeitet die Deutsche Telekom mit Firmen wie France Telecom, Siemens, Philips und Alcatel gemeinsam an einer europäischen Lösung für eine Breitband-Initiative (DAGGER/LIANOS 2004).

Der Dialog und die Verflechtungen zwischen mächtigen Unternehmen und politischen Entscheidungsträgern unterliegen stets bestimmten Pfadabhängigkeiten, sektoralen Spezifika und nationalen Einflüssen. In ehemals staatlichen Industrien wie dem Telekommunikationssektor oder dem Schienenverkehr existiert in vielen Ländern bis heute ein enger Schulterschluss zwischen den beiden Bereichen. Gerade in diesen skalenintensiven Branchen ist das Interesse besonders hoch, neue regional integrierte Märkte zu erschließen. Im forschungspragmatisch herausfordernden Feld über die Einflussnahme der Wirtschaft auf die politische Ebene bilden sie einen lohnenden Untersuchungsgegenstand.

4 Erträge der Forschungen aus München

Die Internationalisierung der Wirtschaft und deren Auswirkungen auf Gesellschaft, Politik, Kultur und Umwelt war während der letzten drei Jahrzehnte eines der Kernthemen in Forschung und Lehre am Institut bzw. ab 2006 wieder Lehrstuhl für Wirtschaftsgeographie der LMU (vgl. HAAS/NEUMAIR 2006: V, siehe auch Beitrag PAESLER in diesem Band). Im Großteil der in dieser Zeit erarbeiteten Studien bilden Unternehmen und ihre Produktionsbeziehungen vor dem Hintergrund ihres mehrdimensionalen räumlichen Bezugssystems den Ausgangspunkt. Entsprechend hoch ist die Zahl der Publikationen, die sowohl grenzüberschreitende Wertschöpfungsorganisation als auch regionale Integrationsprozesse behandelt. Nur eine Auswahl davon ist hier angeführt.

Die erste explizite Auseinandersetzung mit politischen Integrationsprozessen erfolgte bereits in den frühen 1980er Jahren. Forschungsgegenstand waren die wirtschaftlichen Außenbeziehungen und Integrationsbemühungen der karibischen Klein- und Mikrostaaten, die sich 1973 in der Karibischen Gemeinschaft CARICOM (*Caribbean Community and Common Market*) zusammenschlossen (HAAS 1985; HAAS ET AL. 1985). Unter besonderer Berücksichtigung der Außenhandelsverflechtungen mit wichtigen strategischen Handelspartnern wurden dabei unter anderem die Auswirkungen der verstärkten regionalen Zusammenarbeit für einzelne Wirtschaftsbereiche (z.B. Rohölraffination, Tourismus) diskutiert (HAAS ET AL. 1985: 75ff.). In die gleiche Richtung des Kausalzusammenhangs – wie oben aufgezeigt insgesamt für die Forschungslandschaft prägend – zielte eine Vielzahl weiterer Arbeiten, darunter einige der am Lehrstuhl erstellten Dissertationsschriften. Zunächst standen darin wiederum außenwirtschaftliche Aspekte, also die statischen und dynamischen Effekte regionaler Integrationsprozesse auf Außenhandelsbeziehungen (Handelsumlenkung, Technologietransfer etc.) im Mittelpunkt. Empirisch herausgearbeitet wurden sie zum Beispiel im Rahmen der von H.-D. HAAS gemeinsam mit T. WERNECK erbrachten Direktinvestitionsuntersuchungen im US-amerikanischen Wirtschaftsraum und der NAFTA (siehe WERNECK 1998: 197ff.; vgl. ferner HAAS/HESS/WERNECK 1995, HAAS/WERNECK 1998).

Der europäische Integrationsprozess und die mit ihm verbundenen Veränderungen, wie Liberalisierung, verschärfter Wettbewerb und insbesondere die gemeinsame Verkehrspolitik, bilden in der Arbeit von M. HESS den grundlegenden Rahmen für lokale und überregionale Anpassungsmaßnahmen in der EU-Schienenfahrzeugindustrie (vgl. HESS 1998: 104ff.). Ebenso bieten R. KELP (2000) und M OECHSLE (2005) mit Untersuchungen über die europäische LKW-Industrie bzw. das europäische Flughafennetz Einblicke in die Folgen der fortschreitenden Integration Europas auf unternehmerische Wettbewerbs- und Vernetzungsstrategien. Ferner lassen sich in diesem Zusammenhang die Arbeiten von C. VOGEL (2004) zu den jüngeren Entwicklungen im Telekommunikationsmarkt vor dem Hintergrund von technologischem und intitutionell-organisatorischem Wandel, HAAS/ZADEMACH (2005) zu den Auswirkungen des Welttextilabkommens auf das weltweite Standortgefüge der Textilindustrie sowie ZADEMACH/KNOGLER/HAAS (2006) zu den verschiedenen Steuerungsformen von Wertschöpfungsprozessen der Halbleiterindustrie unter den unterschiedlichen institutionellen Rahmenbedingungen des europäischen und asiatischen Kontexts anführen.

All diesen Arbeiten ist gemein, dass sie Transformation und teilweise nationale Entbettung von vormals vertikalen Wertschöpfungsketten zu mehrdimensionalen Wertschöpfungsnetzen aufzeigen und mit den sektoralen sowie institutionellen Entwicklungen im Rahmen multilateraler Abkommen in Beziehung setzen (siehe z.B. VOGEL 2004: 19f. oder das Fallbeispiel Albstadt: Von lokalen Produktionssystemen zur Wertschöpfung in globalen Netzwerken in HAAS/ZADEMACH 2005: 32). Im Einklang mit den zuvor aufgezeigten Ansätzen rücken sie die Multiskalarität von Netzwerken sowie ihre Beziehungen zu unternehmensexternen Akteuren und Institutionen in den Vordergrund und geben Anknüpfungsmöglichkeiten für weitere Arbeiten (vgl. hierzu auch REIMER 2007).

Bezüglich der weniger stark ausgeleuchteten Richtung der Beziehung zwischen Unternehmensnetzen und regionaler Integration, also des Einflusses von transnationaler Unternehmenstätigkeit auf den Prozess der Blockbildung, wurden am Lehrstuhl ebenfalls Forschungsergebnisse erbracht. Eine Vorreiterfunktion nimmt hierbei M. VON TUCHERs Analyse der internationalen Wertschöpfungsnetzwerke der Automobilindustrie ein. Unter anderem arbeitet er die gestaltende Funktion der intraindustriellen Verflechtungen der Produktionsnetzwerke japanischer Unternehmen im Blockbildungsprozess des südostasiatischen Wirtschaftsraumes heraus (siehe TUCHER 1999: 213): Zwar wurde bereits 1967 zwischen Indonesien, Malaysia, den Philippinen, Singapur und Thailand, später auch Brunei, Vietnam, Laos, Burma und Kambodscha die ASEAN (*Association of South East Asian Nations*) gegründet; größere Integrationsfortschritte konnten jedoch erst in den 1990er Jahre erzielt werden, insbesondere durch die Einführung sektoraler Industrieförderprogramme wie das *Asean Industrial Cooperation Scheme* AICO[9]. Mittels massiver Zollnachlässe markierte das AICO den Beginn eines intensiven intraregionalen Komponententauschs in der Automobilindustrie. Hiervon profitierten vor allem die japanischen Hersteller sowie Konzerne aus Südkorea, Taiwan, Hongkong, Singapur, die ebenfalls arbeitsintensive Fertigungsschritte in die ASEAN-Region auslagerten. Die intensivierte intraregionale Arbeitsteilung stellte eine der wichtigsten Determinanten für das dynamische Wachstum der ASEAN-Länder in den 1990er Jahren dar. Entsprechend erklärt sich die strikte industrie- und handelspolitische Ausrichtung der Region auf Japan und die Tigerstaaten.

---

[9] Das AICO-Programm ging 1996 im Zuge der Anbahnung der AFTA aus den zwei Programmen AIJV (*ASEAN Industrial Joint Venture*) und BBC (*Brand to Brand Completion Scheme*) hervor und war bis zum Inkrafttreten der AFTA (*ASEAN Free Trade Area*) im Jahr 2003 gültig (vgl. TUCHER 1999, 207ff.).

Südostasien ist angesichts der bestehenden Produktionsverflechtungen, der entwickelten Infrastruktur und nicht zuletzt aufgrund seiner räumlichen Nähe zu den aufstrebenden Märkten China und Indien auch zehn Jahre später ein sehr attraktiver Standort. Nach wie vor sind die japanischen Hersteller im Schulterschluss mit der Politik sehr aktiv darin, ihre Produktionsbedingungen in der ASEAN-Gruppe initiativ zu gestalten. So wurden 2006 und 2007 zwischen Japan und Thailand, Indonesien, Malaysia und den Philippinen erneut deutliche Reduzierungen der Zölle nicht nur für Komponenten, sondern auch für bereits vollständig montierte Fahrzeuge bewirkt. Aus Sicht der Hersteller aus anderen Industrienationen hat dieser Einfluss spürbare Auswirkungen auf die eigene Wettbewerbsposition.

Insgesamt erweckt der wirtschaftliche und politische Integrationsprozess in Südostasien damit den Eindruck, weniger von einer gemeinsamen Vision als vielmehr von den Interessen und der Verhandlungsposition einer kleineren Gruppe ausländischer Investoren getragen zu sein. Die europäischen Produzenten und auch die EU haben die Bedeutung der Freihandelsabkommen mit Japan, das seine Vormachtstellung in der Region weiter festigen wird, sehr spät erkannt. Seitens der Hersteller wird hier nun ein entschiedenes Vorgehen gefordert. Jedoch unterscheiden sich die Interessenvertretung und Verhandlungsposition der europäischen Produzenten in Südostasien – u.a. aufgrund geringerer Marktpräsenz, aber auch angesichts der in den Augen der Hersteller weniger engen Beziehung zur Politik – grundlegend von denen ihrer japanischen Wettbewerber. Noch ist daher fraglich, ob das angestrebte Freihandelsabkommen zwischen EU und ASEAN, für das die Verhandlungen im Frühjahr 2007 aufgenommen wurden, zu Stande kommt. Nicht zuletzt rechnen Branchenvertreter mit massiven Eingriffen von Lobbying-Gruppen auf japanischer Seite.

Wie diese beständige Dynamik der wirtschaftpolitischen Rahmenbedingungen die Produktionssysteme innerhalb Asiens und Europas verändern wird, bleibt vorerst abzuwarten. Mit Sicherheit festhalten lässt sich jedoch, dass sowohl der Fortschritt der Integration in der ASEAN-Gruppe als Ganzes als auch die bilateral getroffenen Abkommen neue Möglichkeiten in der Organisation der Wertschöpfung eröffnen. Diese werden zu neuen Interessenslagen führen und von Seiten der Unternehmen mit den zur Verfügung stehenden Mitteln verfolgt und in die politischen Entscheidungsprozesse mit eingebracht werden.

5 Schlussbetrachtung

Die zunehmende wirtschaftliche und politische Integration und die geographische Ausdehnung der Wertschöpfungssysteme von Unternehmen sind zwei für die gegenwärtige Dynamik der Weltwirtschaft besonders bezeichnende Entwicklungen. Beide Prozesse stehen in enger wechselseitiger Beziehung; dieses Zusammenspiel erfuhr im Fachdiskurs jedoch bisher relativ wenig Aufmerksamkeit. Insbesondere die Motive und Möglichkeiten von international tätigen Unternehmen, Einfluss auf politische Integrationsprozesse zu nehmen, wurden selten thematisiert. Der vorliegende Beitrag hat diesen Themenkomplex beleuchtet und mögliche Wege der Forschung aufgezeigt. Dabei konnten bezüglich der Fragen nach dem 'Wann' und 'Warum' des unternehmerischen Interesses an der Initiierung oder Vertiefung supranationaler Integration und dem 'Wie' der ihnen zu diesem Zweck zur Verfügung stehenden Maßnahmen verschiedene Klärungsangebote aus der Literatur zusammengeführt werden.

Andere Fragen bleiben jedoch offen, z.B. ob transnationale Wertschöpfungsbeziehungen bzw. ihre Reorganisation zu einer größeren Verteilungsgerechtigkeit der Effekte der politischen Integration zwischen den Mitgliedsländern führen, sie damit also zwischen den konkurrierenden Interessenslagen unterschiedlicher Gebietskörperschaften vermitteln können. Gleichsam ungeklärt ist ihre Rolle im Konfliktfeld zwischen regionalen Integrationsprozessen und multilateraler Liberalisierung. Es gilt also, das Dickicht unternehmerischer Netzwerke in Verbindung mit wirtschaftlichen und sozialen Entwicklungsprozessen auf den unterschiedlichen Maßstabsebenen weiter zu entwirren. Mit den bislang seitens der Münchener Wirtschaftsgeographie hervorgebrachten Erträgen konnten hierzu Impulse geliefert werden, an die sich lohnend anknüpfen lässt.

Literatur

AMIN, A. (2002): Spatialities of globalization. In: Environment and Planning A 34, S. 385-399.

BARTH, W. (1999): Regionale Blockbildung oder freier Welthandel? – Eine Praxisorientierte Betrachtung. In: Mitteilungen der Geographischen Gesellschaft in München 84, S. 1-12.

BARTLETT, C. und S. GOSHAL (1989): Managing Across Borders. The Transnational Solution. Boston, MA.

BATHELT, H. und J. GLÜCKLER (2002): Wirtschaftsgeographie. Ökonomische Beziehungen in räumlicher Perspektive. Stuttgart.

BERNDT, C. und M. BOECKLER (2009): Geographies of circulation and exchange: Construction of marktes. In: Progress in Human Geography 33, im Erscheinen.

BOCKSTETTE, C. (2003): Konzerninteressen, Netzwerkstrukturen und die Entstehung einer europäischen Verteidigungsindustrie. Hamburg.

BMWI [Bundesministerium für Wirtschaft und Technologie] (Hrsg.) (2008): Industriepolitik. Politik für eine wettbewerbsfähige Industrie, http://www.bmwi.de/BMWi/Navigation/Wirtschaft/Industrie/industriepolitik.html (21.08.2008).

COE, N.M. und M. HESS (2007): Global Production Networks: Debates and Challenges. Paper prepared for the GPERG workshop on Global Production Networks, University of Manchester.

COE, N.M.; DICKEN, P. und M. HESS (2008): Global production networks: realizing the potential. In: Journal of Economic Geography 8, S. 271-295.

COE, N.M.; HESS, M.; YEUNG, H.W.-C.; DICKEN, P. und J. HENDERSON (2004): 'Globalizing' regional development: a global production networks perspective. In: Transactions of the Institute of British Geographers 29, S. 468-484.

DAGGER, S. und M. LIANOS (2004): Public Affairs in Brüssel. Neues Spiel, Altes Glück?. In: Politik und Kommunikation 11, S. 14-18.

DE MELO, J. und A. PANAGARIYA (1993): New Dimensions in Regional Integration. Cambridge.

DICKEN, P. (2005): Tangled Webs: Transnational Production Networks and Regional Integration. Spaces Working Paper 2005-04, Marburg.

DONSBACH, W. (Hrsg.) (1997): Public Relations in Theorie und Praxis. Grundlagen und Arbeitsweisen der Öffentlichkeitsarbeit in verschiedenen Funktionen. München.

DUNNING, J.H. (1988): The Eclectic Paradigm of International Production: A Restatement and Some Possible Extensions. In: Journal of International Business Studies 9, S. 163-190.

ERNST, D. (2002): Global Production Networks and the Changing Geography of Innovation Systems. Implications for Developing Countries. In: Economics of Innovation and New Technology 11(6), S. 497-523.

ERNST, D. und L. KIM (2002): Global production networks, knowledge diffusion and local capability formation. In: Research Policy 31, S. 1417-1429.

ERNST, D. und L. KIM (2003): Pathways to Innovation in the Global Network Economy. Asian Upgrading Strategies in the Electronics Industry. East-West Center Working Papers, Economics Series, No. 58.

GEREFFI, G. und M. KORZENIEWICZ (Hrsg.) (1994): Commodity Chains and Global Capitalism. Westport.

GEREFFI, G.; HUMPHREY, J. und T. STURGEON (2005): The governance of global value chains. In: Review of International Political Economy 12(1), S. 78-104.

GLÜCKLER, J. (2001): Zur Bedeutung von Embeddedness in der Wirtschaftsgeographie. In: Geographische Zeitschrift 89, S. 211-226.

GRANOVETTER, M. (1985): Economic action and social structure: the problem of embeddedness. In: American Journal of Sociology 91, S. 481-510.

HAAS, H.-D. (1985): Die Karibischen Staaten – Wirtschaftsentwicklung zwischen traditioneller Außenorientierung und Integrationsbestrebungen. In: Geographische Rundschau 37(6), S. 276-285.

HAAS, H.-D. (2006): Globalisierung der Märkte und Internationalisierung der Wirtschaft. In: Haas, H.-D. und S.-M. Neumair (Hrsg.): Internationale Wirtschaft: Rahmenbedingungen, Akteure, räumliche Prozesse. München, S. 3-16.

HAAS, H.-D. (2006b): Marktbearbeitungsformen – das Spektrum einer internationalen Unternehmenstätigkeit. In: Haas, H.-D. und S.-M. Neumair (Hrsg.): Internationale Wirtschaft: Rahmenbedingungen, Akteure, räumliche Prozesse. München, S. 605-644.

HAAS, H.-D. und H.-M. ZADEMACH (2005): Internationalisierung im Textil- und Bekleidungsgewerbe. In: Geographische Rundschau 57(2), S. 30-38.

HAAS, H.-D. und S.-M. NEUMAIR (Hrsg.) (2006): Internationale Wirtschaft: Rahmenbedingungen, Akteure, räumliche Prozesse. München.

HAAS, H.-D. und T. WERNECK (1998): Internationalisierung der bayerischen Wirtschaft. In: Geographische Rundschau 50(9), S. 515-521.

HAAS, H.-D.; BADER, U. und J. GRUMPTMANN (1985): Karibische Klein- und Mikrostaaten: Wirtschaftliche Außenabhängigkeit und Integrationsbestrebungen. Tübingen.

HAAS, H.-D.; HESS, M. und T. WERNECK (1995): Die Bedeutung der Direktinvestitionstätigkeit für den Wirtschaftsraum Bayern (= WRU-Berichte, Band 5). München.

HALL, P.A. und D.A. SOSKICE (2001): An introduction to varieties of capitalism. In: Hall, P.A. und D.A. Soskice (Hrsg): Varieties of capitalism: The institutional foundations of comparative advantage. Oxford, S. 1-68.

HENDERSON, J.; DICKEN, P.; HESS, M.; COE, N.M. und H.W.-C. YEUNG (2002): Global production networks and the analysis of economic development. In: Review of International Political Economy 9, S. 436-464.

HESS, M. (1998): Glokalisierung, industrieller Wandel und Standortstruktur. Das Beispiel der EU-Schienenfahrzeugindustrie (= Wirtschaft und Raum, Band 2). München.

HESS, M. (2004): 'Spatial' relationships? Towards a re-conceptualization of embeddedness. In: Progress in Human Geography 28, S. 165-186.

HESS, M. (2006a): Unternehmensnetzwerke und Netzwerktheorie. In: HAAS, H.-D. und S.-M. NEUMAIR (Hrsg.): Internationale Wirtschaft: Rahmenbedingungen, Akteure, räumliche Prozesse. München, S. 557-577.

HESS, M. (2006b): Wettbewerb der Nationen: Wirtschaftsstandorte und Governance-Strukturen im Zeitalter der Globalisierung. In: Haas, H.-D. und S.-M. Neumair (Hrsg.): Internationale Wirtschaft: Rahmenbedingungen, Akteure, räumliche Prozesse. München, S. 377-395.

HESS, M. und H.W.-C. YEUNG (2006): Whither global production networks in economic geography? Past, present, and future. In: Environment and Planning A 38(7), S. 1193-1204.

HIRST, P. und G. THOMPSON (1999): Globalization in Question. Cambridge.

HOLLINGSWORTH, R. und R. BOYER (Hrsg.) (1997): Contemporary Capitalism. The Embeddedness of Institutions. Cambridge.

JOOS, K. (1998): Interessenvertretung deutscher Unternehmen bei den Institutionen der Europäischen Union. Berlin.

KELP, R. (2000): Strategische Entscheidungen der europäischen Lkw-Hersteller im internationalen Wettbewerb (= Wirtschaft und Raum, Band 6). München.

LANE, C. (2007): National capitalisms and global production networks: an analysis of their interaction in two global industries. In: Socio-Economic Review 6(2), S. 227-260.

LEVASIER, I.M. (2006): International tätige Unternehmen: Formen, Strategien und Herausforderungen. In: Haas, H.-D. und S.-M. Neumair (Hrsg.): Internationale Wirtschaft: Rahmenbedingungen, Akteure, räumliche Prozesse. München, S. 645-668.

NEUMAIR, S.-M. (2006): Formen der regionalen Blockbildung. In: Haas, H.-D. und S.-M. Neumair (Hrsg.): Internationale Wirtschaft: Rahmenbedingungen, Akteure, räumliche Prozesse. München, S. 265-319.

O'BRIEN, R. (1992): Global financial integration: the end of geography. London.

OECHSLE, M. (2005): Erweiterung von Geschäftsfeldern im Non-Aviation-Bereich an europäischen Flughäfen unter besonderer Berücksichtigung des Standorts München (= Wirtschaft und Raum, Band 13). München.

OHMAE, K. (1990): The borderless world: power and strategy in the interlinked economy. New York.

PORTER, M.E. (1985): Competitive Advantage: Creating and Sustaining Superior Performance. New York.

REHNER, J. (2004): Netzwerke und Kultur. Unternehmerisches Handeln deutscher Manager in Mexiko (= Wirtschaft und Raum, Bd. 11). München.

REHNER, J. (2008): „Playing the Game" – Corruption as a Risk for Doing Business in Argentina and Mexico. In: Dietsche, C.; Holtbrügge, D.; Kühlmann, T.; Puck, J.; Rehner, J.; Schauwecker, P.; Scheuring, G.; Spieß, E. und C. Stroppa: Transnational Networks – an Effective Tool for Risk Reduction? Small and Medium Sized Companies in the Global Market Place (= Fortrans Arbeitspapier 7/2008). München, S. 51-68.

REIMER, S. (2007): Geographies of Production I. In: Progress in Human Geography 31(2), S. 245-255.

SCHAMP, E.W. (1996): Globalisierung von Produktionsnetzen und Standortsystemen. In: Geographische Zeitschrift 84(3/4), S. 205-219.

SCHAMP, E.W. (2000): Vernetzte Produktion. Industriegeographie aus institutioneller Perspektive. Darmstadt.

STURGEON, T. (2002): Modular production networks: a new American model of industrial organization. In: Industrial and Corporate Change 11(3), S. 451-96.

SYDOW, M. (1992): Strategische Netzwerke. Evolution und Organisation. Wiesbaden.

TUCHER, M.V. (1999): Die Rolle der Auslandsmontage in den internationalen Wertschöpfungsnetzwerken der Automobilhersteller (= Wirtschaft und Raum, Bd. 5). München.

UNCTAD [United Nations Conference on Trade and Development] (1992): World Investment Report: Foreign Direct Investment and the Challenge of Development. New York.

VOGEL, C. (2004): „Connecting People": Die Entwicklung und Neukonfiguration von Wertschöpfungsnetzwerken im deutschen Mobilfunkmarkt. In: Hess, M. und H.-M. Zademach (Hrsg.) (2004): Wertschöpfungsnetzwerke und Value-Added-Services im Mobilfunkmarkt (= WRU-Berichte, Band 25). München.

WERNECK, T. (1998): Deutsche Direktinvestitionen in den USA. Determinanten und Wirkungen am Beispiel der Bundesstaaten Georgia, North Carolina und South Carolina (= Wirtschaft und Raum, Band 1). München.

YOSHIMATSU, H. (2002): Preferences, interests, and regional integration: the development of the ASEAN industrial cooperation arrangement. In: Review of International Political Economy 9, S. 123-149.

ZADEMACH, H.-M. (2006): Fusionen und Übernahmen (M&A) im internationalen Kontext: Grundlagen und Beispiele aus der Finanzdienstleistungsbranche. In: Haas, H.-D. und S.-M. Neumair (Hrsg.): Internationale Wirtschaft: Rahmenbedingungen, Akteure, räumliche Prozesse. München, S. 429-459.

ZADEMACH, H.-M.; KNOGLER, M. und H.-D. HAAS (2006): Zur Inwertsetzung modularer Produktionsnetzwerke: Potentiale, Grenzen und räumliche Implikationen am Beispiel der Halbleiterindustrie. In: Geographische Zeitschrift 94(4), S. 185-208.

ZELLER, C. (2001): Globalisierungsstrategien – Der Weg von Novartis. Berlin.

Geographie und Problemfelder des Welthandels

Simon-Martin Neumair

Rohstoffe, Arbeitskräfte, Wissen und Kapital sind weltweit geographisch sehr ungleich verteilt. Die arbeitsteilige Produktion von Waren und Dienstleistungen kommt in geographischer Betrachtungsweise als international-räumliche Arbeitsteilung zum Ausdruck. Dabei stellen die weltweite Struktur des Einsatzes dieser Produktionsfaktoren, die grenzüberschreitende Aufteilung der Erzeugungsaktivitäten sowie die Wirkung weltwirtschaftlicher Verflechtungen auf das innere Gefüge der daran beteiligten Akteure bedeutende Forschungsgebiete der Wirtschaftsgeographie dar. Im Mittelpunkt dieses Kapitels stehen der weltweite Außenhandel und die durch ihn erzeugten globalen Verflechtungen. Dadurch wachsen einzelne Wirtschaftsräume zu einem übergreifenden Weltwirtschaftsraum zusammen, in dem sich die Gesamtheit der weltweiten ökonomischen Aktivitäten unter Nutzung der internationalen Wirtschaftsbeziehungen raumdifferenziert darstellt.

Die Auseinandersetzung mit den räumlichen und sektoralen Strukturen des Außenhandels – sowohl in regionaler wie in wirtschaftsraumübergreifender Perspektive – stellt einen wichtigen Baustein in der Forschungs- und Lehrtradition des Lehrstuhls für Wirtschaftsgeographie der LMU München dar. Neben den allgemeinen Entwicklungstendenzen im Außenhandel kommt dabei den institutionell-ordnungspolitischen Strukturen des Welthandels in Form der Welthandelsordnung durch GATT/WTO sowie ausgewählten Problemfeldern des Außenhandels (z.B. Handelskonflikte, Produkt- und Markenpiraterie, handelsbezogene Verankerung von Umwelt- und Sozialstandards) eine gesteigerte Bedeutung zu.

1 Außenhandel – eine Abgrenzung

Arbeitsteilung ruft Handelsbeziehungen hervor. Erzeugen Menschen mehr als das, was sie für ihr Dasein benötigen, müssen sie die Früchte ihrer Arbeit gegen andere Leistungen tauschen. Arbeitsteilung verursacht Spezialisierung, erhöht die Produktivität der Arbeitskraft, welche effizienter eingesetzt wird, und erweitert durch den Tausch von Waren und Dienstleistungen die Konsum- und Produktionsmöglichkeiten der Menschen.

Handelsbeziehungen waren zunächst nur auf der lokalen Ebene angesiedelt, weiteten sich mit steigender Mobilität aber schnell auf überregionale, nationale und internationale Ebenen aus (vgl. KOCH 2006: 5). Dabei ist die Frage, warum Handel betrieben wird, eng an die Frage nach seiner Vorteilhaftigkeit geknüpft. Denn freiwilliger Handel zwischen Wirtschaftssubjekten kommt nur dann zustande, wenn dieser für sie Vorteile bringt. Findet der Handel zwischen Anbietern und Nachfragern innerhalb eines Landes statt, spricht man von Binnenhandel. Konstitutiv für den Außenhandel ist dagegen das Überschreiten der Staatsgrenze, so dass man ihn als „den die Grenzen des eigenen Wirtschaftgebietes überschreitenden Warenverkehr, einschließlich der mit seiner Abwicklung verbundenen Maßnahmen bzw. Kosten“ (REINING 2003: 34) bezeichnet.

Außenhandel lässt sich aus zwei Perspektiven deuten: Unter den Außenhandel im funktionellen Sinn fallen alle unternehmerischen Aktivitäten, die mit dem grenzüberschreitenden Waren- und Dienstleistungsverkehr im Zusammenhang stehen. Dabei stellt der Import die grenzüberschreitende Bereitstellung wirtschaftlicher Leistungen vom Ausland an das Inland dar; der Export ist die grenzüberschreitende Belieferung des Auslands mit wirtschaftlichen Leistungen aus dem Inland. Außenhandel im institutionellen Sinn umfasst die Institutionen des Außenhandels, d.h. die Handelsunternehmen, deren Kernaufgabe auf dem Gebiet des funktionellen Außenhandels liegt (vgl. HAAS/NEUMAIR 2006: 187 und 608).

Fasst man als Folge der weltweiten Arbeitsteilung sämtliche Handelsströme zwischen allen Ländern der Erde zusammen, spricht man von Welthandel. Statistisch fallen darunter alle Güter und im weiteren Sinn auch Dienstleistungen, welche im Zuge der Ausfuhr bzw. Einfuhr Staatsgrenzen passieren. Dabei ist jedoch anzumerken, dass sich die Außenhandelsstatistiken von Ländern aufgrund ihrer Größe und der zu überwindenden geographischen Distanzen nur bedingt miteinander vergleichen lassen. So gilt etwa der Handel zwischen Aachen und Luxemburg als Außenhandel, jener zwischen Seattle und Miami aber als Binnenhandel (vgl. JAHRMANN 2007: 28; HAAS/NEUMAIR 2007: 116).

2 Globaler Handel – ein neues Phänomen?

Die Tatsache, dass unter Globalisierung häufig nur die weltwirtschaftliche Entwicklung der letzten 40 bis 50 Jahre verstanden wird, verstellt allzu oft den Blick auf die Ausbreitung von Handel und Investitionen in der Zeit davor. Betrachtet man Weltwirtschaft und Globalisierung weniger als wörtlich genommene Ausdehnung ökonomischer Aktivitäten über den gesamten Globus und statt dessen eher als die Entwicklung geographisch weitreichender, verschiedene Erdräume in Verbindung bringender Wirtschaftsverflechtungen, dann ist Globalisierung im Sinne letzterer Betrachtungsweise sicherlich kein neues Phänomen der zweiten Hälfte des 20. Jahrhunderts. Vielmehr lassen sich internationale Handelssysteme zeitlich wesentlich weiter zurückverfolgen. Sie funktionierten über ein System verschiedenster Träger (u.a. abenteuernde Seefahrer und Kaufleute, Hausierer, Handelskompanien) und Aktivitäten (Kauf, Tausch, Raub, Landnahme, Ansiedlungen, Faktoreien bzw. Handelsniederlassungen, Eroberung, Krieg etc.), die sich regional und lokal in unterschiedlichen Formen der Raumgestaltung (z.B. Städte, Häfen, Bergwerke, Plantagen, Grenzsysteme, Verkehrswege, Straf-, Wirtschafts- und Siedlungskolonien) auswirkten.

Handelsbeziehungen zwischen unterschiedlichen Völkern und Kulturen sind seit der Antike bekannt. Als beispielhaft gelten die im Mittelmeerraum angesiedelten Handelsverflechtungen zwischen Griechen und Phöniziern, zwischen Europa und Ostasien über die Seidenstraße oder zwischen der Mittelmeerregion und Nordeuropa durch das Handelsnetz der Etrusker. Bezüglich der zu handelnden Güter, Handelspartnern sowie Transportmöglichkeiten waren diesen frühen Handelsbeziehungen Grenzen gesetzt. Gleichzeitig zeichneten sie sich durch freiwillige Bereitschaft, am Handel teilzunehmen, aus. Dagegen standen in der Phase des Kolonialismus zwischen Ende des 15. und Mitte des 20. Jh. die Handelsbeziehungen häufig unter Zwang. Von den europäischen Kolonialmächten (v.a. England, Niederlande, Portugal) wurden die Regionen Lateinamerikas, Afrikas und Asiens kolonisiert, ihre Märkte teils gewaltsam geöffnet und die Länder zu Handelsbeziehungen gezwungen. Als beispielhaft gelten der Opiumhandel, der China von England aufgezwungen wurde, und der koloniale Dreieckshandel, durch den zwischen dem 16. und 18. Jh. Sklaven von der afrikanischen Westküste aus in die Überseekolonien Amerikas und der Karibik transportiert wurden. Dort zwang man sie zur Arbeit auf Plantagen, deren Produkte (u. a. Zuckerrohr, Rum, Tabak, Baumwolle) für die europäischen Märkte bestimmt waren. Von Europa aus wurden wiederum manufakturelle Fertigerzeugnisse nach Westafrika exportiert, um damit neue Sklaven einzuhandeln.

Innerhalb der Kolonialimperien entwickelte sich eine spezifische internationale Arbeitsteilung in Form häufig privatwirtschaftlich organisierter überseeischer Netzwerke, innerhalb derer inländische Produktionsüberschüsse in den Kolonien abgesetzt und von dort billige Rohstoffe und Kolonialwaren bezogen wurden – ein System, das in vielen Entwicklungsländern auch nach Erlangung der Unabhängigkeit in den 1960er Jahren immer noch spürbar ist.

Nach dem Zweiten Weltkrieg und der Entkolonialisierung setzte eine grundsätzlich liberale, aber auf weiten Gebieten aufgrund verschiedenster politischer und wirtschaftlicher Interessen protektionistisch beeinträchtigte Phase des Welthandels ein. Zwar kommt Rohstoffen im Außenhandel nach wie vor eine wichtige Bedeutung zu, gleichzeitig nimmt aber der wertmäßige Anteil von Fertigwaren am Welthandelsvolumen kontinuierlich zu, so dass die Industriegesellschaften ihre wirtschaftliche Stellung ständig ausweiten können (vgl. KOCH 2006: 5f.; HAAS/NEUMAIR 2006: 17ff.).

Heute unterliegt die Weltwirtschaft einem dynamischen Veränderungsprozess, der durch die zunehmende Internationalisierung wirtschaftlicher Aktivitäten gekennzeichnet ist, was sich auf tiefgreifende politische, wirtschaftliche und technologische Veränderungen in den vergangenen Jahrzehnten zurückführen lässt (vgl. HAAS/NEUMAIR 2006: 41f.):

- Mit Gründung des GATT bzw. der Welthandelsorganisation (WTO) sind weitreichende Maßnahmen zur Handelsliberalisierung ergriffen worden. Da die Bestimmungen für die internationale Handelspolitik für die Mitgliedsländer auch rechtlich verbindlich sind, sehen sich Unternehmen mit der Erschließung neuer Absatz- und Beschaffungsmärkte im Ausland, aber auch neuen Wettbewerbern in den Heimatmärkten konfrontiert.
- Parallel zur multilateralen Handelsliberalisierung entstehen große regionale Integrationsräume, wie z.B. EU, MERCOSUR, NAFTA oder ASEAN, die nach innen weitreichende Liberalisierungstendenzen aufweisen, nach außen aber nach wie vor häufig an Handelshemmnissen festhalten. Weltweit operierende Unternehmen müssen diese Wirtschaftsräume deshalb in vielen Fällen über investive Auslandsaktivitäten „von innen“ erschließen.
- Im Zuge der wirtschaftlichen Entwicklung der sog. „Emerging Markets“, vor allem in Ost- und Südostasien sowie Lateinamerika, konnten sich neue, erfolgreiche Unternehmen aus diesen Ländern auf dem Weltmarkt etablieren. Diese verfolgen in vielen Fällen eine auslandsorientierte und expansive Unternehmensstrategie.
- Der politische Zusammenbruch des Kommunismus in der Sowjetunion und in Osteuropa sowie die wirtschaftliche Neuorientierung und Dynamik von großen Zukunftsmärkten, wie Indien und der Volksrepublik China, haben den wirtschaftsräumlichen Aktionsradius für Unternehmen zusätzlich erweitert.
- Der technologische Wandel, insbesondere die Entstehung und Diffusion innovativer Informations- und Kommunikationsformen, bietet Unternehmen neue Möglichkeiten zur räumlichen Konfiguration der Unternehmensaktivitäten.

Ausdruck des durch diese Entwicklungen begünstigten globalen Wettbewerbs ist ein überproportionaler Anstieg des Welthandels.

3 Entwicklungstendenzen im Welthandel

3.1 Das Wachstum des Welthandels

Das Wachstum des Welthandels – gemeint ist im Folgenden der internationale Warenhandel – stellt einen Basisindikator für die Globalisierung der Wirtschaft dar. Dabei ist ein kontinuierliches Wachstum des weltweiten Warenverkehrs festzustellen, schon lange bevor das Schlagwort „Globalisierung“ seine Karriere begonnen hat. Bereits zwischen 1870 und dem Ausbruch des Ersten Weltkriegs wuchs der Welthandel um durchschnittlich 3,5% jährlich. Die beiden Weltkriege und die dazwischen liegende Weltwirtschaftskrise ließen das Welthandelsvolumen deutlich schrumpfen. Seit Ende des Zweiten Weltkriegs stieg das Volumen dann stärker als je zuvor (vgl. Abbildung 6).

Abbildung 6: Entwicklung der Weltexporte seit 1950

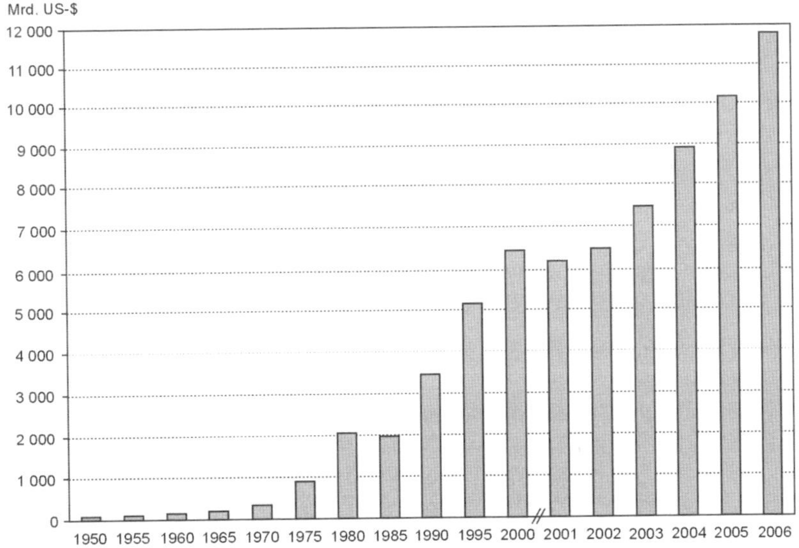

Quelle: WTO 2007a.

Der Trend zur kontinuierlichen Ausweitung des Welthandelsvolumens ist bis heute ungebrochen. Zwischen 1950 und 2006 hat sich dieses vervielfacht. Dabei entwickelte sich der Welthandel keineswegs gleichmäßig, sondern wird von der Entwicklung der Weltwirtschaft bestimmt. Wirtschaftliche Krisen beeinflussen den Welthandel negativ. Ein rückläufiges Wirtschaftswachstum lässt die Importe aus anderen Ländern zurückgehen, womit deren Exporterlöse sinken und aufgrund mangelnder Devisen die Importfähigkeit nachlässt und gegebenenfalls die Auslandsverschuldung zunimmt. Gleichzeitig ergreifen Regierungen zum Erhalt der inländischen Beschäftigung häufig protektionistische Maßnahmen (z.B. Zölle, Importquoten etc.), welche den internationalen Güteraustausch weiter reduzieren. Umgekehrt verstärken konjunkturelle Aufschwünge und ein dynamisch verlaufendes Wirtschaftswachstum die Nachfrage nach Gütern aus dem Ausland (vgl. KOCH 2006: 7).

Für das starke Wachstum des Außenhandels sind neben der im Wesentlichen durch die internationale Verflechtung erst ausgelösten Steigerung des Wohlstandsniveaus vor allem die beachtlichen Erfolge zur Liberalisierung des Welthandels durch den Abbau tarifärer und nichttarifärer Handelshemmnisse im Rahmen des GATT bzw. der Welthandelsorganisation WTO als ursächlich zu sehen. Ferner hatten die Bildung regionaler Integrationsräume sowie die drastische Abnahme der Transport- und Kommunikationskosten deutliche Wirkung auf die beispiellose Ausweitung des Handelsaustausches. Eine immer größere Bedeutung nimmt aufgrund einer globalen Unternehmensorganisation dabei der Intra-Unternehmenshandel ein. Dabei handelt es sich im Wesentlichen um die Handelsströme zwischen den verschiedenen, weltweit verteilten Wertschöpfungseinheiten multinationaler Unternehmen (sog. Global Players) (vgl. HAAS/NEUMAIR 2006: 43ff.; 2007: 114; BÜTER 2007: 11).

Zu beachten ist, dass die internationalen Außenhandelsstatistiken nur die legalen Außenhandelsbeziehungen widerspiegeln. Nicht erfasst wird der Handel mit Hehler- und Schmugglerware sowie Drogen und Waffen, obwohl sein Volumen beträchtlich ist und in Einzelfällen den legalen Welthandelsanteil sogar übertrifft (vgl. KOCH 2006: 6f.).

Der Anstieg des Welthandelsvolumens ist für sich genommen noch kein hinreichender Beleg für die zunehmende internationale Verflechtung der Volkswirtschaften. Erst unter Berücksichtigung des Vergleichs mit der Entwicklung des Weltsozialproduktes ergibt sich ein eindeutigeres Bild. Wie Abbildung 7 zeigt, liegen die Zuwachsraten des Welthandels, aber auch der weltweiten Direktinvestitionen seit mehreren Jahrzehnten konstant über denen der Weltproduktion.

Abbildung 7: Entwicklung von Weltsozialprodukt, Außenhandel und Direktinvestitionen

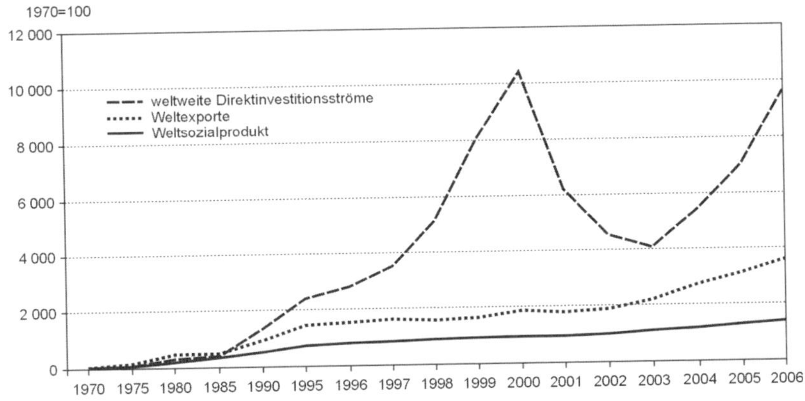

Quelle: WTO 2007b; UNCTAD 2008.

3.2 Sektorale und regionale Struktur des Welthandels

Was die sektorale Struktur des Welthandels angeht, ist ein anhaltender Bedeutungsverlust des Handels mit Primärgütern zu verzeichnen. Während der wertmäßige Anteil der Rohstoffe am Welthandel 1970 noch 36% betrug, lag der Anteil von Agrargütern und Bergbauprodukten im Jahr 2005 nur noch bei ca. 24%. Dagegen gewinnt der Außenhandel mit technologisch höherwertigen Halb- und Fertigerzeugnissen immer mehr an Bedeutung. Insbesondere Güter der Büro-, Telekommunikations- und EDV-Branche sowie jene der Halbleiter- und Unterhaltungselektronik dehnen ihren Welthandelsanteil mehr und mehr aus. Abbildung 8 zeigt die sektorale Zusammensetzung des Welthandels im Jahr 2005.

Was die regionale Struktur des Welthandels betrifft, ist die Beteiligung der Staaten sehr unterschiedlich. In den letzten Jahren entfielen 65 bis 70% der Weltexporte auf die Industrieländer. Der Anteil der Entwicklungsländer schwankte dagegen zwischen 25 und 30%. Insbesondere Afrika und weite Teile Asiens nehmen am weltweiten Handel nur unterproportional teil, auch wenn das Exportwachstum der Entwicklungsländer das weltweite Exportwachstum mittlerweile übersteigt. Der Anteil der ehemaligen sozialistischen Staatshandelsländer bzw. der heutigen Transformationsstaaten ist auf 5 bis 10% zu beziffern.

Abbildung 8: Anteile einzelner Branchen am Weltexport 2005

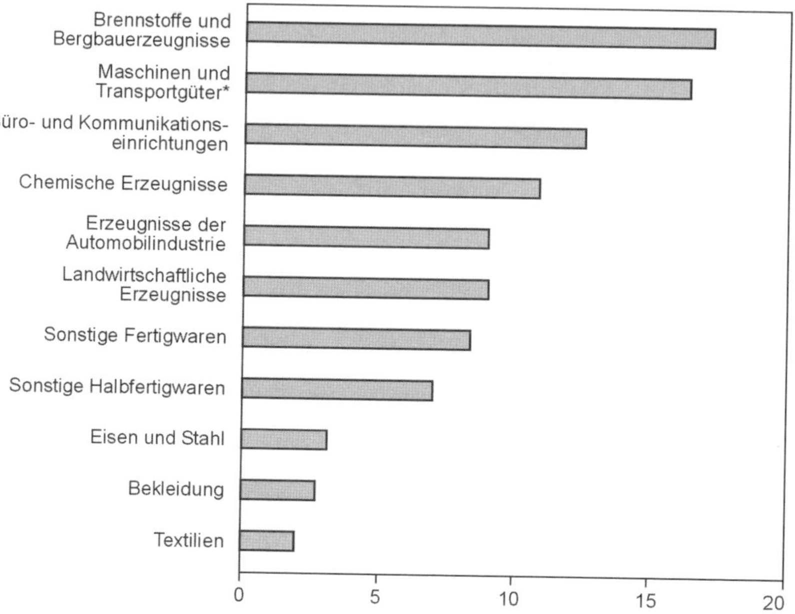

* ohne Erzeugnisse der Automobilindustrie sowie Büro- und Kommunikationseinrichtungen

Quelle: WTO 2006.

Der Anteil des Außenhandels zwischen den Industrieländern (sog. Nord-Nord-Handel) am Welthandel liegt bei ca. 50%, der zwischen Industrie- und Entwicklungsländern (Nord-Süd-Handel) bei ca. 33% und der zwischen den Entwicklungsländern (Süd-Süd-Handel) nur bei rund 12%.

Die dominierende Stellung der Industrieländer im Welthandel beruht auf ihren breit angelegten Produktionsstrukturen, die eine weitreichende und intensive Nutzung der weltwirtschaftlichen Arbeitsteilung erlauben. Sie profitieren von sich verbessernden Terms of Trade, welche das Verhältnis zwischen Import- und Exportpreisentwicklung beschreiben. Den Großteil des Handelsvolumens der Industrieländer stellen Fertig- bzw. Halbfertigprodukte dar, deren Preise schneller als die der Rohstoffe als wichtigste Einfuhrprodukte steigen. Ein weiterer Grund für den hohen Handelsanteil liegt in der Schaffung regionaler Handelsräume, wie z.B. der EU oder der nordamerikanischen Freihandelszone NAFTA, an denen in erster Linie Industrieländer beteiligt sind.

Der Bedeutungsverlust der Entwicklungsländer im Welthandel gründet dementsprechend vor allem auf der Verschlechterung ihrer Terms of Trade. Da die Exportpreise für Rohstoffe, dem wichtigsten Ausfuhrprodukt von Entwicklungsländern, von Ausnahmen abgesehen tendenziell sinken, die Einfuhrpreise für Fertigprodukte aber steigen, verschlechtert sich die Welthandelsposition der Entwicklungsländer relativ zu derjenigen der Industrieländer. In jüngster Zeit differenzieren sich diese Länder allerdings dann, wenn sie am Markt verknappte Rohstoffe besitzen bzw. nicht besitzen und der Import z.B. von Erdöl die Terms of Trade weiter belastet (vgl. HAAS/NEUMAIR 2006: 45f.; KOCH 2006: 8).

Zu beachten ist auch die räumliche Ausrichtung der internationalen Handelsströme. Die Entwicklungsländer betreiben überwiegend einen interindustriellen Handel, d.h. sie exportieren fast ausschließlich Rohstoffe in die Industrieländer, von denen sie Fertigprodukte beziehen. Die Industrieländer betreiben dagegen einen intraindustriellen Handel, d.h. sie handeln vor allem mit Fertigprodukten untereinander. Beispielsweise werden deutsche Autos nach Japan und japanische nach Deutschland exportiert. Dies ist ein Beleg dafür, dass der Außenhandel immer weniger die Funktion ausübt, nicht vorhandene Güter verfügbar zu machen, sondern dem Bedürfnis der Konsumenten nach Produktvielfalt entspringt und Ausdruck des Konkurrenzkampfes international tätiger Unternehmen um Marktanteile ist (vgl. HAAS/NEUMAIR 2006: 46; SÖLLNER 2008: 17).

Aus geographischer Perspektive konzentriert sich der weltweite Handel vor allem auf die Regionen der sog. Triade (vgl. Karte 1).

Im Jahr 2007 entfielen über 42,4% des Welthandels auf Westeuropa, 13,6% auf Nordamerika und rund 27,9% auf Asien (ohne Nahost). Darin enthalten ist der Intrablockhandel, also der Handel, der innerhalb der betreffenden Region stattfindet. Wie bedeutend dieser ist, zeigt der intraeuropäische Handel, auf den allein über 31% des Welthandels entfallen. Beim innerasiatischen Handel sind es fast 14%, im Falle Nordamerikas immerhin noch 7%. Bedeutend ist daneben vor allem der Außenhandel zwischen den Kernen der Triade (Nordamerika, Europa, Ostasien), also der transatlantische und der transpazifische Handel. Demgegenüber spielen die Außenbeziehungen der Triade, wie z.B. der Handel zwischen Nord- und Lateinamerika oder Westeuropa und Afrika, eine untergeordnete Rolle.

Karte 1: Regionale Strukturen des Welthandels 2007

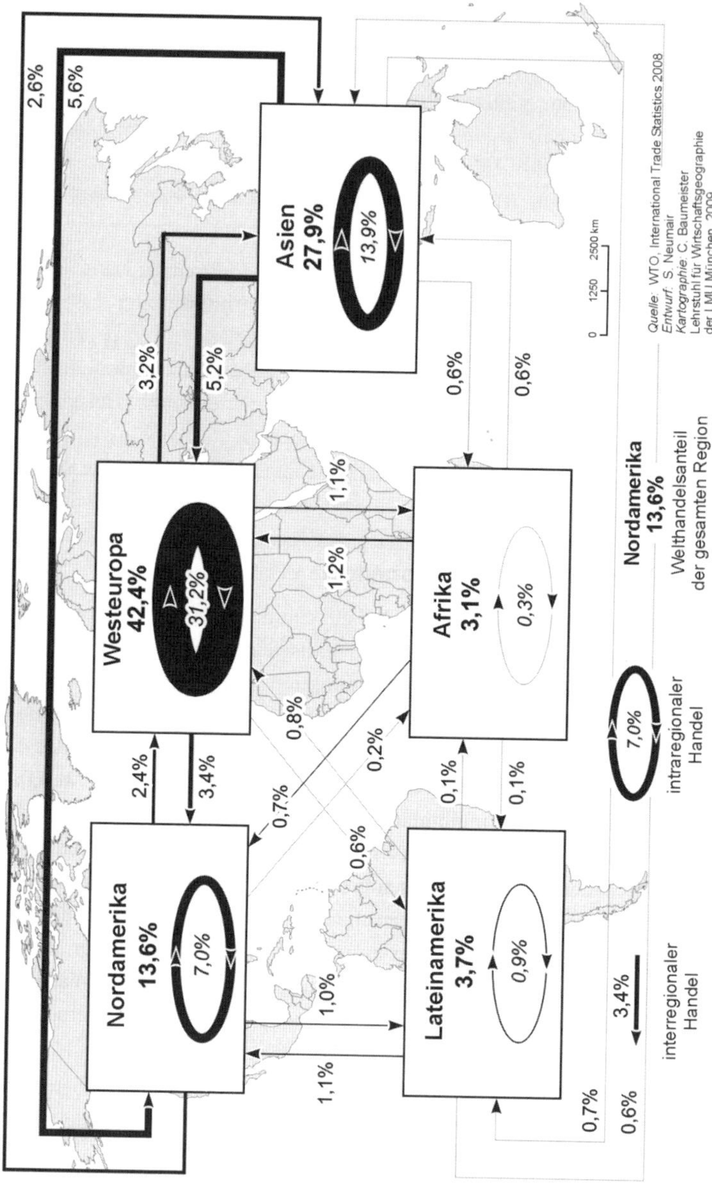

In den Welthandelsanteilen enthalten, in der Karte aber nicht sichtbar sind jeweils die Handelsströme mit Osteuropa bzw. dem Baltikum und dem Mittleren Osten

Betrachtet man die Stellung einzelner Länder im Welthandel – gemeint ist hier der Export – lässt sich feststellen, dass die USA, gefolgt von Deutschland und Japan, lange die ersten Plätze belegten. Mittlerweile hat Deutschland die USA abgelöst, während China auf Platz drei steht und Japan auf den vierten Platz verdrängt hat. Tabelle 5 zeigt die weltweit führenden Exportländer des Jahres 2006.

Tabelle 4: Die führenden Weltexportländer (2006)

Rang	*Land*	*Exportvolumen in Mrd. US-$*	*Anteil am Weltexport in %*
1	Deutschland	1112,0	9,2
2	USA	1038,3	8,6
3	China	968,9	8,0
4	Japan	649,9	5,4
5	Frankreich	490,4	4,1
6	Niederlande	462,4	3,8
7	Großbritannien	448,3	3,7
8	Italien	410,6	3,4
9	Kanada	389,5	3,2
10	Belgien	369,2	3,1

Quelle: WTO 2007a.

3.3 Internationaler Dienstleistungshandel

Als internationale Dienstleistungen werden Leistungen des Tertiären Sektors bezeichnet, die grenzüberschreitend im Kontakt mit ausländischen Geschäftspartnern erbracht werden. Während Dienstleistungen zur Weltproduktion zu über zwei Dritteln beitragen, sind sie am Welthandel bisher nur mit 20 bis 25% beteiligt. In der Produktion ist die Tertiarisierung wesentlich weiter fortgeschritten als im Handel. Der geringe internationale Austausch von Dienstleistungen hängt mit deren konstitutiven Merkmalen zusammen. Zu diesen zählen Intangibilität bzw. Immaterialität, Nichttransport- bzw. Nichtlagerfähigkeit sowie die Notwendigkeit zum Einbezug eines externen Faktors (überwiegend des Kunden). Aufgrund des sog. uno-actu-Prinzips, d.h. der Gleichzeitigkeit von Produktion und Konsumtion, erscheinen Dienstleistungen auf den ersten Blick eher binnenmarktorientiert und daher nur schwer internationalisierbar. In Wahrheit erlauben aber moderne Informationstechnologien auch die vom Ort unabhängige Erstellung bestimmter Dienstleistungen (z.B. Programmierungs-, Reservierungs- und Kommunikationsdienstleistungen).

Während beim Warenhandel ein physisch greifbares Produkt eine geographische Grenze überquert, stellt sich der grenzüberschreitende Dienstleistungshandel als Handel mit „unsichtbaren Produkten" dar. Doch nicht nur deshalb, sondern auch weil im Inland erstellte Dienstleistungen häufig von Ausländern in Anspruch genommen werden und sich die Einbeziehung produktnaher Dienstleistungen – diese werden häufig dem Hauptprodukt zugerechnet – als schwierig gestaltet, erweist sich eine genaue statistische Erfassung als kompliziert.

Für den internationalen Dienstleistungshandel von besonderer Bedeutung sind unternehmensbezogene Dienstleistungen, die im Zusammenhang mit dem Güterhandel, mit Investitionsvorhaben, der internationalen Reisetätigkeit sowie den internationalen Finanzbeziehungen stehen. Die Palette reicht von Informations- und Beratungsdienstleistungen bezüglich der globalen Beschaffungs- und Absatzaktivitäten („global sourcing" und „global selling"), Inanspruchnahme von Transportunternehmen im Ausland über ausländische Finanz- und Telekommunikationsdienstleistungen bis hin zur Nutzung ausländischer Dienstleister für Marketing, Werbung, aber auch Konstruktions- und Montageleistungen (vgl. HAAS/NEUMAIR 2006: 51ff.).

Anders als beim Anteil am Welthandel stellt sich das Verhältnis zwischen Waren- und Dienstleistungshandel beim Handelswachstum dar. So lag zwischen 1985 und 2000 die durchschnittliche jährliche Wachstumsrate der internationalen Dienstleistungsexporte mit 9,4% deutlich über jenen der Warenexporte (7,7%). Für dieses starke Wachstum zeichnen mehrere Ursachen verantwortlich:

- Die fortschreitende Liberalisierung des Dienstleistungshandels durch den Abbau von Handelshemmnissen im Rahmen des internationalen Dienstleistungsabkommens GATS sowie die Deregulierung vormals stark reglementierter Dienstleistungsbranchen (Telekommunikations-, Finanz-, Verkehrs-, Versorgungsdienstleistungen etc.);
- komplexer werdende Produkte, welche zunehmend produktbegleitende Dienstleistungen (z.B. Planung, Beratung, Konstruktion) erfordern;
- „Client-Follower-Motiv": Als Zulieferer der Industrie begeben sich auch Dienstleister immer mehr auf die internationale Ebene. Beispiele sind Marktforschung, Finanzierung, Rechts- und Unternehmensberatung, Fort- und Weiterbildung, Versicherungen;
- die durch die Zunahme der internationalen Handelsbeziehungen anwachsende Reisetätigkeit, welche die grenzüberschreitende Inanspruchnahme von Transport-, Übernachtungs- und Gastronomiedienstleistungen verstärkt;
- die auf den zunehmenden individuellen Reichtum in den Industrieländern zurückgehende Erhöhung der Mobilität, welche die Nutzung von Tourismusleistungen im Ausland intensiviert;

- die Zunahme der internationalen Direktinvestitionsströme, welche ein Mehr an Versicherungs-, Finanz- und Telekommunikationsdienstleistungen erfordern;
- eine moderne Kommunikationstechnik, wie vor allem das Internet, welche einen weltweiten Informationsaustausch ohne Zeitverlust erlaubt und zur Standardisierung der Leistung sowie der an sie gestellten Anforderungen beiträgt.

2004 gingen 80% der weltweiten Dienstleistungsexporte auf Industrieländer zurück. Nach Regionen betrachtet, entfielen 59% der Gesamtdienstleistungsexporte auf Europa, 21% auf Asien und 18% auf Nordamerika. Zu den größten Einzelexporteuren gehören die USA, Großbritannien, Deutschland, Frankreich und Italien, zu den bedeutendsten Einzelimporteuren wiederum die USA, gefolgt von Deutschland, Großbritannien und Italien (vgl. KOCH 2006: 14).

4 Institutionelle Ordnung des Welthandels

Die institutionelle Grundlage zur Ordnung der internationalen Handelsbeziehungen bildet die Welthandelsorganisation (World Trade Organization, WTO) (vgl. SENTI 2000; FRENKEL/RADECK 1996). Sie wurde zum 1. Januar 1995 gegründet und ist die Nachfolgeorganisation des Allgemeinen Zoll- und Handelsabkommens GATT. Aufgabe der WTO ist es, Handelshemmnisse abzubauen und verbindliche Regeln für die Welthandelsbeziehungen zu organisieren. Dabei gelten die folgenden Prinzipien (vgl. HAAS/NEUMAIR 2006: 75f.):

- Das Prinzip der Liberalisierung verpflichtet die GATT-Mitglieder zum Verzicht auf die Erhöhung bereits existierender und die Verhängung neuer Zölle sowie zum Verbot nichttarifärer, insbesondere mengenregulierender Handelshemmnisse. Die Maßnahmen zur Liberalisierung des Handels werden in multilateralen, meist mehrere Jahre dauernden Verhandlungsrunden, den sog. Welthandelsrunden, ausgehandelt.
- Das Prinzip der Reziprozität verlangt, dass alle Handelsvergünstigungen, die ein Land einem anderen zugesteht, auch umgekehrt eingeräumt werden; die gegenseitig gewährten Vergünstigungen sollen gleichwertig, die Verhandlungen ausgewogen sein. Eine Ausnahme besteht für Entwicklungsländer. Handelsvergünstigungen, welche die Industrie- den Entwicklungsländern einräumen, bleiben einseitig, d.h. Entwicklungsländer müssen Industrieländern keine gleichwertigen Handelserleichterungen zugestehen.
- Das Prinzip der Nichtdiskriminierung verlangt, dass einseitig gewährte bzw. bilateral ausgehandelte Handelserleichterungen für alle WTO-Parteien gelten (Meistbegünstigungsprinzip). Für den Fall, dass sich einzelne Mitglieder zu Integrationsräumen, d.h. Freihandelszonen, Zollunionen oder Gemeinsamen

Märkten, zusammenschließen, wird eine Abweichung vom Meistbegünstigungsgrundsatz geduldet, d.h. die Mitglieder der Integrationsräume dürfen sich untereinander Marktzugangserleichterungen gewähren, ohne diese Drittstaaten einräumen zu müssen.

- Das Prinzip der Transparenz schreibt vor, dass sämtliche außenhandelsrelevanten Gesetze, Verordnungen, Vorschriften und Gerichtsurteile publiziert und dem Ausland zugänglich gemacht werden müssen.

Die Befugnisse der WTO beziehen sich auf die Überwachung der Handelspolitik und die Schlichtung von Handelskonflikten im Hinblick auf die Vertragsinhalte folgender Abkommen, die unter dem Dach der WTO angesiedelt sind:

- GATT *(General Agreement on Tariffs and Trade)*: Allgemeines Zoll- und Handelsabkommen,
- GATS *(General Agreement on Trade in Services)*: Allgemeines Abkommen zum Handel mit Dienstleistungen,
- TRIPS *(Agreement on Trade Related Aspects of Intellectual Property Rights)*: Abkommen über handelsbezogene Aspekte geistigen Eigentums.

Der WTO gehören 152 Mitglieder (Stand: Mai 2008) unterschiedlichster Größen und stark divergierender Entwicklungsstände an. Durch den Beitritt der VR China und Taiwans im Dezember 2001 kann die WTO den Anspruch der Universalität erheben. Bedeutendstes (Noch-)Nichtmitglied ist Russland, obwohl sich auch die Beitrittsverhandlungen mit ihm mittlerweile „auf der Zielgeraden“ befinden.

Hauptorgan der WTO ist die mindestens alle zwei Jahre zusammentretende Ministerkonferenz. Auf ihr werden die wichtigsten handelspolitischen Weichen gestellt sowie Ausschüsse eingesetzt, in denen Grundsatzprobleme mit allgemeiner Bedeutung für die einzelnen Teilabkommen behandelt werden. Es gilt das Prinzip „one country – one vote“. Alle Mitglieder haben einen Sitz und eine Stimme. Der Ministerkonferenz sind ein Sekretariat und ein Generaldirektor zugeordnet. Operatives Hauptorgan ist der Allgemeine Rat. Er übt die Geschäftsführung zwischen den Ministerkonferenzen aus und bereitet diese zusammen mit dem Sekretariat vor. Ihm unterstehen die Räte der drei Allgemeinen Hauptabkommen (GATT, GATS, TRIPS) sowie der TPRB (Trade Policy Review Body), dem jedes Mitglied in regelmäßigen zeitlichen Intervallen einen Bericht über seine aktuelle Handels- und Wirtschaftspolitik vorlegen muss. Ziel ist die Offenlegung der Außenwirtschaftspolitiken der Vertragsstaaten, um diese aufeinander abzustimmen und sie in Einklang mit den Entwicklungs- und Währungsmaßnahmen von Internationalem Währungsfonds und Weltbank zu bringen.

Ein weiteres zentrales Organ stellt das Streitbeilegungsgremium für Konflikte dar, die zwischen den einzelnen Mitgliedsstaaten bezüglich der drei Haupt- oder der Nebenabkommen auftreten können. Der Streitschlichtungsmechanismus wird ausgelöst, sobald ein WTO-Mitglied ein anderes des Vertragsbruchs beschuldigt, d.h. dieses die verbindlichen Vertragsbestimmungen nicht einhält oder zu Maßnahmen greift, die einer anderen Vertragspartei schaden. Zur Beilegung der Konflikte dienen der *„Dispute Settlement Body“* als erste Schiedsinstanz und der *„Standing Appellate Body“* als Berufungsinstanz. Zur Prüfung des Falls und zur Erarbeitung einer Konfliktlösung werden Expertenpanels eingesetzt.

Die bei der Streitschlichtung unterliegende Partei muss die Panel-Empfehlungen fristgerecht umsetzen; tut sie das nicht oder nur unvollständig, darf die geschädigte von der schädigenden Partei eine Kompensationsleistung auf freiwilliger Basis verlangen. Kommt hierbei keine Einigung zustande, kann die geschädigte Partei von der WTO offiziell dazu ermächtigt werden, gegen die schädigende Partei Retorsionsmaßnahmen (z.B. Strafzölle) einzuleiten oder gemachte Konzessionen außer Kraft zu setzen. Vor allem die führenden Handelsnationen USA und EU machen vom Streitschlichtungsmechanismus regen Gebrauch. Kapitel 5.1 gibt einen kurzen Einblick in ausgewählte Handelskonflikte.

5 Ausgewählte Problemfelder des Welthandels

Die positiven Effekte der Globalisierung und der damit voranschreitenden Internationalisierung des Handels sowie der Kapital- und Produktmärkte (steigender Wohlstand, Verbesserung und Intensivierung der internationalen Arbeitsteilung, Ausweitung unternehmerischer Absatzmärkte) sind offensichtlich. Allerdings resultieren aus dem Abbau von Handelshemmnissen und dem immer freier werdenden Warenaustausch auch unerwünschte Begleiterscheinungen, welche sich vom Handel mit ethisch bedenklichen Gütern über die Ausbeutung der Natur und Kinderarbeit bis hin zu Handelskonflikten, Korruption, Wirtschaftsspionage, Produkt- und Markenpiraterie sowie anderen Formen der organisierten Kriminalität erstrecken. Im Folgenden sollen mit Handelskonflikten, Umwelt- und Sozialstandards sowie Produkt- und Markenpiraterie drei ausgewählte Problemfelder angesprochen werden.

5.1 Handelskonflikte

Die internationalen Handelsbeziehungen werden immer wieder durch langwierige und komplizierte Handelskonflikte überschattet, bei denen protektionistische Maßnahmen wechselseitige Nachahmungs- und Vergeltungsmaßnahmen (z.B. Straf- und Retorsionszölle) auslösen. Die Gefahr dabei ist, dass sich aus wechselseitigen Handelsbeschränkungen kumulierende Prozesse ergeben, welche den weltweiten Außenhandel schrumpfen lassen und den beteiligten Ländern Wohlstands- und Wachstumseinbußen auferlegen.

Je nach Ursache lassen sich folgende Formen von Handelskonflikten unterscheiden (vgl. Haas/Neumair 2006: 69f.):

- Konflikte, die sich an der Verteilung der Anpassungskosten infolge einer Marktöffnung entzünden (klassischer, d.h. defensiver Protektionismus). Betroffen davon sind die „üblichen Verdächtigen", d.h. Branchen, die vom Strukturwandel betroffen sind und in denen protektionistische Maßnahmen eine lange Tradition genießen (Stahlbranche, Landwirtschaft, Textilwirtschaft u.a.);
- Konflikte, die sich bei der Ausweitung von Marktmacht ergeben (offensiver Protektionismus). Typische Beispiele sind Exportsubventionen, industriepolitisch motivierte, d.h. auf der Förderung von Großindustrien beruhende Konflikte, Auseinandersetzungen um die Erschließung neuer Märkte etc.
- Konflikte, die über eine enge Produktbetrachtung hinausgehende Aspekte bzw. Fragestellungen betreffen. Sie resultieren aus der wachsenden Marktvernetzung und aus neuen Handelsformen, z.B. Regulierung von Online-Handel und audiovisueller Dienstleistungen (angepasster Protektionismus). Gegenstand sind aber auch externe Effekte, die in von Land zu Land unterschiedlichen institutionellen Ordnungen erfasst und geregelt werden. Der Nachweis einer direkten protektionistischen Absicht fällt hier nicht leicht, da vorgeblich andere, hehre Motive (Gesundheit, Verbraucherschutz, Schutz von Moral und Sicherheit u.a.) im Vordergrund stehen (z.B. Importverbote für behandelte Lebensmittel) (versteckter Protektionismus).

Vor allem die führenden Handelsmächten EU und USA sind immer wieder in eine ganze Reihe von Handelskonflikten verstrickt, welche die WTO-Schiedsgerichte zum Teil über Jahre hinweg beschäftigten. Einige Beispiele seien im Folgenden kurz erläutert:

Bananenstreit: Die zum 1.7.1993 in Kraft getretene EU-Bananenmarktordnung diskriminiert mit hohen Einfuhrzöllen die Importe billiger Bananen aus dem Dollarraum (Mittelamerika) zu Gunsten der Bananenimporte aus den mit der EU über das Lomé- bzw. Cotonou-Abkommen assoziierten AKP-Staaten, für die zollfreie Einfuhrkontingente und darüber hinausgehend erniedrigte Einfuhrzölle vorgesehen sind. Zusätzlich schützt sie die europäischen Bananenproduzenten in Portugal, Griechenland und Spanien (z.B. Kreta, Kanarische Inseln, Madeira) inklusive derjenigen in den französischen Überseedépartements, wie Martinique und Guadeloupe.

Benachteiligt wurden durch diese Marktordnung vor allem die Bananenproduzenten in den Entwicklungsländern des lateinamerikanischen Dollarraums, die vom Bananenexportgeschäft in hohem Maße abhängig sind. Sie fühlten sich in ihrer Existenz bedroht, da sie einen Großteil ihrer Absatzmärkte in Europa an solche Hersteller abtreten mussten, die von der Marktordnung bevorzugt wurden. Von Nachteil war diese aber auch für US-amerikanische Bananenkonzerne (Chiquita, Dole, DelMonte), die gezwungen waren, sich anderen Märkten zuzuwenden.

Da die EU-Bananenmarktordnung in den internationalen Bananenhandel stark eingriff, eskalierte sie zu einem Handelskrieg zwischen der EU und den USA sowie einigen mittelamerikanischen Ländern. Ein auf Betreiben der USA, Mexikos sowie kleinerer mittelamerikanischer Staaten einberufenes WTO-Panel erklärte das Bananenimportregime der EU mehrfach für unvereinbar mit den geltenden Welthandelsregularien und genehmigte den USA die Erhebung von Strafzöllen auf ausgewählte europäische Waren. Unter dem Druck dieser Maßnahmen sah sich die EU zu einer handelsfreundlicheren Umgestaltung ihres Einfuhrsystems für Bananen gezwungen, das seit 2006 in Kraft ist.

Hormonstreit: Seit 1985 verbietet die EU zum Schutz der Verbraucher ihren Landwirten die Verabreichung von im Verdacht der Krebserregung und der Erbgutgefährdung stehenden Wachstumshormonen in der Tiermast. 1989 trat zur Flankierung dieser Maßnahmen ein Importverbot für hormonbehandeltes Rindfleisch in Kraft. Von dem Einfuhrverbot betroffen sind vor allem die USA und Kanada, wo der Einsatz derartiger Hormone erlaubt ist und laufend erfolgt. Beide Länder, welche in dem Importverbot eine direkte Bedrohung ihrer Exportinteressen sehen, werfen der EU seitdem vor, das Verbraucherschutzargument zu instrumentalisieren und zu protektionistischen Zwecken zu missbrauchen.

Ein von den USA und Kanada beantragtes WTO-Panel entschied zugunsten der USA. Begründet wurde die Entscheidung damit, dass das Importverbot nicht auf wissenschaftlichen Erkenntnissen über die Risikobewertung für Leben und Gesundheit der Verbraucher oder international anerkannten Normen beruhe und daher willkürlich sei. Ein Berufungspanel bestätigte die Entscheidung und ermahnte die EU, die gesundheitsschädliche Wirkung hormonbehandelten Rindfleischs zu untersuchen. Da dies jedoch nicht geschah und eine eindeutige wissenschaftliche Beweisführung bis heute aussteht, dürfen die USA und Kanada seit 1999 Strafzölle auf europäische Exportprodukte (u.a. Roquefortkäse, Gänseleber und Senf aus Frankreich, Schinken aus Dänemark, Schokolade aus Deutschland und Trüffel aus Italien) erheben, deren Höhe die WTO mittlerweile aber für übertrieben hält.

FSC-Konflikt: Foreign Sales Corporations (FSC) sind Tochterunternehmen US-amerikanischer Großunternehmen, deren Sitz in Steueroasen (z.B. Virgin Islands, Barbados, Guam) liegt. Die USA gewähren diesen Unternehmen Steuervergünstigungen, sofern sie Produkte mit einem bestimmten US-Wertschöpfungsanteil exportieren. Da die Vergünstigung damit an die Ausfuhr geknüpft ist, handelt es sich um eine Exportsubvention. Ein auf Betreiben der EU eingesetztes WTO-Panel stufte das FSC-Verfahren als unrechtmäßige Exportbeihilfe ein. Schließlich genehmigte die WTO der EU die Verhängung von Strafzöllen, die 2005 jedoch aufgehoben wurden.

Stahlkonflikt: 2002 verfügte US-Präsident George W. Bush die Verhängung von Straf- und Antidumping-Zöllen auf den Import von Stahlprodukten. Die Zölle sollten die sich in einer tiefen Strukturkrise befindenden Unternehmen der US-Stahlbranche von einem unerwünschten Importdruck befreien, welcher für den Niedergang der Stahlindustrie in den USA verantwortlich gemacht wurde. Die Maßnahmen erstreckten sich auf rund die Hälfte aller Stahleinfuhren. Betroffen waren vor allem Stahlproduzenten in Brasilien, Südkorea, Japan und Russland.

Die EU reagierte auf die Zölle sehr empfindlich, da sie mit einer Handelsvernichtung auf dem US-Importmarkt konfrontiert war und gleichzeitig eine gravierende preisdämpfende Handelsumlenkung von Drittlandsstahl, der nicht mehr auf die US-Märkte gelangen konnte, auf die Märkte der Gemeinschaft befürchtete. Zusammen mit Japan, Südkorea, China, der Schweiz, Norwegen, Neuseeland und Brasilien legte die EU Klage bei der WTO ein. Diese verurteilte 2003 die US-Stahlzölle als unvereinbar mit dem geltenden Welthandelsrecht. Die USA hätten keinen konkreten Beweis erbracht, dass die tatsächliche Entwicklung der Stahlimporte unvorhersehbar gewesen sei und daher die Einfuhren überraschend gestiegen seien. Auch konnte kein kausaler Zusammenhang zwischen Schaden und Problemen der US-Stahlindustrie nachgewiesen werden. Unter dem Druck angedrohter Vergeltungszölle der EU hob die US-Regierung die umstrittenen Zölle schließlich auf.

Dass derartige Handelskonflikte aber nicht nur zwischen den beiden großen Handelsmächten EU und USA, sondern auch zwischen Industrie- und Entwicklungsländern auftreten, belegen zwei weitere Fälle: So wurde die EU von Brasilien und Thailand wegen ihrer umstrittenen Zuckermarktordnung verklagt. Die EU exportierte sowohl ihren eigens produzierten überschüssigen Zucker als auch aus assoziierten Entwicklungsländern importierten Zucker (Präferenzzucker) mit Quersubventionen oder direkten Ausfuhrbeihilfen auf den Weltmarkt, was für unzulässig erklärt wurde. Die EU sah sich daraufhin gezwungen, ihre Zuckermarktordnung einer grundlegenden Reform zu unterziehen – mit aufgrund von massiven Preis- und Mengenkürzungen weitreichenden Konsequenzen für die europäische Zuckerwirtschaft.

2004 hat die WTO einer Klage Brasiliens, dem fünftgrößten Baumwollproduzenten der Welt, gegen die Baumwollsubventionen der USA stattgegeben, wonach diese das Baumwollangebot auf dem Weltmarkt erhöhen und für gedrückte Weltmarktpreise verantwortlich sind, worunter vor allem Baumwolle produzierende Entwicklungsländer zu leiden haben.

5.2 Produkt- und Markenpiraterie

Als Produkt- und Markenpiraterie bezeichnet man das Nachahmen oder Fälschen von Produkten und Marken, was eine gezielte Verletzung von Marken-, Patent-, Urheber- und sonstigen gewerblichen Schutzrechten sowie deren illegale Nutzung bedeutet. Während früher vor allem Luxusartikel (z.B. teure Uhren, Schmuck und Lederwaren) gefälscht wurden, bleibt heutzutage nahezu keine Branche von Produkt- und Markenpiraterie verschont. Von Bekleidung, CDs und Software über Spielzeug, Elektroartikel und Telefone, Medikamente und Kosmetikprodukte bis hin zu Maschinen, Werkzeugen, Kfz-Teilen und kompletten Autos wird mittlerweile fast alles kopiert. Vom schlichten Ideenklau hat sich die Produktpiraterie heute zum Raub komplexer Technologien entwickelt. Wurden früher noch Kopien von schlechter Qualität und in kleinen Stückzahlen erzeugt, handelt es sich heute um professionelle Fälschungen, welche als Massengüter industriell produziert und vertrieben werden (vgl. FISCHER ET AL. 2002: 81).

Der weltweite Umsatz mit gefälschten Waren beläuft sich Schätzungen zufolge auf 600 Mrd. US-$ jährlich. Wichtigstes Herkunftsland ist China, dessen Anteil an der Produkt- und Markenpiraterie weltweit auf mindestens 40% zu schätzen ist (vgl. HAAS ET AL. 2008: 20f.). Diese Zahlen dürften aber nur die Spitze des Eisbergs darstellen. Es existieren keine genauen und umfassenden offiziellen Statistiken, da Handel und Vertrieb mit gefälschten Waren illegal sind. Ferner hängt die Aufklärung von Pirateriedelikten von mehreren Faktoren, wie z.B. den Anstrengungen der Behörden, die Fälschungen aufzudecken, sowie der Effektivität ihrer Methoden, aber auch der Professionalität der Fälscher ab. Auch die grenzüberschreitende Beschlagnahmung repräsentiert allenfalls einen Ausschnitt des Problems, da nicht alle gefälschten Waren zwangsläufig auch grenzüberschreitend gehandelt werden (vgl. BOSWORTH 2006: 14).

Die durch Produkt- und Markenpiraterie angerichteten Schäden sind gravierend. Im Falle des Auftretens unrechtmäßig kopierter Produkte oder Marken entstehen für die ursprünglichen Markenhersteller direkte Schäden durch Umsatzeinbußen sowie den Verlust von Marktanteilen und Arbeitsplätzen, der aus entgangenen Erlösen resultiert. Ein weiteres Risiko besteht im Bereich der Qualitäts- und Haftungsrisiken, da Marken-Goodwill und Reputation des gesamten Unternehmens beschädigt werden können. Hinzu kommen potenzielle Produkthaftungsklagen und Schadensersatzansprüche, die oft zunächst an den Hersteller der Originalware herangetragen werden, auch wenn die Schäden durch kopierte Produkte verursacht sind. Handelt es sich bei den Produkten um sicherheitsrelevante Technik oder pharmazeutische Produkte, ist der Plagiatehandel besonders risikobehaftet, da hier nicht nur Risiken für die Markenhersteller, sondern auch Gesundheitsgefährdungen für die Verbraucher auftreten können. Auf der makroökonomischen Ebene birgt Produkt- und Markenpiraterie das Risiko, den Technologietransfer in Länder mit schwach ausgeprägten Schutzstandards zu reduzieren, da Unternehmen wegen der Gefahr eines ungewollten Know-how-Abflusses beim Transfer innovativer Technologien sehr zurückhaltend sind (vgl. HAAS ET AL. 2008: 22f.).

Vor dem Hintergrund dieser Risiken und Probleme wurden, vor allem von den Industrieländern ausgehend, eine Vielzahl von Abkommen geschlossen und internationale Institutionen eingerichtet, von denen vor allem zwei von Bedeutung sind: Die WIPO *(World Intellectual Property Organization)* verwaltet grundlegende internationale Vertragswerke zum Schutz geistiger Eigentumsrechte, wie das sich auf Markenrechte beziehende Madrider Abkommen, das Geschmacksmuster regelnde Hague-System oder das Lissabon-Abkommen über geographische Herkunftsbezeichnungen. Allerdings gewährt die WIPO bei der konkreten Ausgestaltung der Schutzmaßnahmen den einzelnen Vertragsstaaten einen erheblichen Gestaltungsspielraum und weist keine wirksamen Schutzmechanismen auf.

Wesentlich effektiver ist dagegen das TRIPS-Abkommen der WTO, das viel direkter in die nationalen Schutzstandards eingreift und dessen Inhalte aufgrund des Sanktionspotenzials der WTO eher durchgesetzt werden können. Es enthält vor allem folgende Bestimmungen:

- Das Prinzip der Inländerbehandlung sieht vor, dass der Schutz geistigen Eigentums für inländische auch den ausländischen Rechtsinhabern zuteil wird; das

Meistbegünstigungsprinzip sorgt indes für die Multilateralisierung bilateral eingeräumter Schutzbedingungen.

- Die unterzeichnenden Staaten werden angehalten, den Inhabern von Produkt-, Handels- und Dienstleistungsmarken das Recht zuzugestehen, Dritte von der Markenverwendung auszuschließen. Ferner sind die WTO-Mitglieder verpflichtet, Sanktionen gegen irreführende geographische Herkunftsangaben bei Produkten zu verhängen.
- Für innovative Produkte und Verfahren besteht ein einheitlicher, zeitlich begrenzter patentrechtlicher Schutz.
- Alle WTO-Mitglieder sind zur Implementation von Sanktionsmechanismen verpflichtet, die ein effektives Vorgehen bei Missachtung geistiger Eigentumsrechte möglich machen und weder unnötig schwierig, langwierig noch kostspielig anwendbar sind.
- Zum Schutz vor Produktpiraterie sind die Zollbehörden ermächtigt, Imitationen und Raubgut zu konfiszieren.

Die Regelungen beziehen sich auf eine breite Palette von Artikeln. Sie reicht von Softwareprogrammen, Filmwerken, Tonaufnahmen, Radio- und Fernsehproduktionen, Warenzeichen über gewerbliche Muster, Patente, Layout-Designs bis zu geographischen Herkunftsbezeichnungen für Weine und Spirituosen sowie integrierten Schaltkreisen (vgl. HAAS/NEUMAIR 2006: 87).

Insbesondere in China wurden unter dem Druck des TRIPS-Abkommens in den letzten Jahren viele Maßnahmen zum gewerblichen Rechtsschutz beschlossen und grundsätzlich formal korrekt umgesetzt. Bis heute erfüllen sie aber nicht immer den Geist des Vertragswerkes, was sich auf das nicht zuletzt in konfuzianischen Denktraditionen begründet liegende weitgehende Fehlen eines Bewusstseins für den Unterschied zwischen Original und Fälschung zurückführen lässt. Auch erschweren komplexe Behördenstrukturen, unklar abgegrenzte Kompetenzen sowie ausgeprägter Lokalprotektionismus immer wieder die praktische Durchsetzung der Vertragsinhalte (vgl. HAAS ET AL. 2008: 22 und 25).

5.3 Die Rolle von Umwelt- und Sozialstandards

Aufgrund der zunehmenden weltwirtschaftlichen Verflechtungen versuchen Länder aufgrund des stetig wachsenden Konkurrenzdrucks, ihre Wettbewerbsfähigkeit auf den internationalen Märkten durch die strategische Nutzung niedriger Schutzniveaus im Umwelt- und Sozialbereich zu erhöhen. Vor allem Entwicklungs- und Schwellenländer sind oft nur durch die systematische Nutzung niedriger Umweltschutz- und arbeitsrechtlicher Vorschriften in der Lage, Wettbewerbsvorteile zu erlangen.

Doch auch Länder mit relativ hohen Umweltschutz- und Sozialauflagen könnten sich veranlasst sehen, eine anspruchsvolle Umwelt- und Sozialpolitik aufzugeben, um so eine Abwanderung von Unternehmen zu verhindern, insbesondere wenn andere Länder signifikant niedrigere Standards aufweisen. Dadurch kann es zu Deregulierungs- und Unterbietungswettläufen kommen, die zu einer Verringerung oder Abschaffung umwelt- und/oder sozialpolitischer Errungenschaften führen können.

Dreh- und Angelpunkt in der Diskussion um ökologisch oder sozial fragwürdige Wettbewerbsvorteile ist die Ausbeutung bzw. die über ein nachhaltig vertretbares Maß hinausgehende Nutzung von Ressourcen. Die Ursachen dafür liegen in den jeweils geltenden nationalen Rahmenbedingungen. Diese beeinflussen die Art des Umgangs mit den zur Produktion benötigten Inputs. Zur Ausbeutung kommt es in einem marktwirtschaftlich orientierten System durch falsche Preise der eingesetzten Ressourcen. Zu diesen zählen nicht nur natürliche Ressourcen, an denen Raubbau betrieben wird, sondern auch Arbeitskräfte, die unter menschenunwürdigen Bedingungen arbeiten müssen.

Sind die Kosten für die Inanspruchnahme eines Produktionsfaktors, wie z.B. der Umwelt, nicht in angemessenem Umfang in den Produktions- und damit den Güterpreisen enthalten, spricht man von Dumping. Dabei ist von Umwelt- oder Ökodumping die Rede, wenn die Kosten für die Inanspruchnahme des Produktionsfaktors Umwelt nicht in angemessenem Umfang in den Produktionskosten und damit den Güterpreisen enthalten sind. Dies gilt sowohl für den Umweltverbrauch bzw. die Umwelt-Reproduktionskosten als auch die Belastung der Umwelt durch die Produktion selbst (Folgekosten). Eine Fehl- oder Übernutzung der Umwelt ist meist auf ihren ineffizienten Gebrauch, z.B. einen verschwenderischen Einsatz als Produktionsfaktor, zurückzuführen. In diesem Zusammenhang wird von globalen Umweltproblemen gesprochen, wenn ihre Entstehung zwar lokal verortet, ihre Auswirkungen jedoch globaler Natur sind. Sie betreffen alle Länder und umfassen die Schädigung der „Global Commons", wie Erdatmosphäre, Ozeane oder Antarktis.

Im Gegensatz zum Umweltdumping mit seinen verschiedenen räumlichen Auswirkungen liegen beim Sozialdumping nur regionale Auswirkungen vor, so dass diese auch nicht ganz so stark ins öffentliche Bewusstsein rücken. Sozialdumping liegt vor, wenn die sozialen Reproduktionskosten der Arbeitskraft, also beispielsweise Grundbedürfnisse deckende Löhne, eine angemessene soziale Absicherung oder die Menschenwürde beachtende Arbeitsbedingungen, die bei dem Produktionsfaktor Kapital analog in Form von Abschreibungen berücksichtigt werden, nicht in den Güterpreisen enthalten sind. So wie beim Umweltdumping der Umweltverbrauch gilt im Falle von Sozialdumping die fehlende Internalisierung von Arbeitskosten bei der Bemessung der Produktionskosten als Grundlage komparativer Kostenvorteile.

Die durch Umwelt- und Sozialdumping herbeigeführten „falschen" und damit meistens auch niedrigeren Preise führen zu komparativen Wettbewerbsvorteilen, die von Mit-Wettbewerbern als unfair empfunden werden, zugleich – z.B. durch die fehlende Reproduktion und Rücksichtnahme auf die Umwelt – aber auch dem Dumpingland selbst schaden. Vor allem die Industrieländer fordern seit einiger Zeit Vereinbarungen über weltweit gültige Umwelt- und Sozialstandards, um dem Dumping erfolgreich begegnen zu können. Damit wollen sie dem Abwandern von Arbeitsplätzen in Entwicklungsländer mit ihren niedrigen Sozial- und Umweltstandards vorbeugen. Letztere sehen darin aber oft essentielle Wettbewerbsvorteile (vgl. HAAS/NEUMAIR 2006: 149ff.).

Als Umweltstandards gelten „quantitative Festlegungen zur Begrenzung verschiedener Arten von anthropogenen Einwirkungen auf den Menschen und/oder die Umwelt", die „aus Umweltqualitätszielen abgeleitet [werden, Anm. d. Vf.]" (RAT VON SACHVERSTÄNDIGEN FÜR UMWELTFRAGEN 1996: Textziffer 727). Als Sozialstandards sind dagegen Mindeststandards für Arbeiterrechte zu verstehen, wobei letzterer Begriff ein Sammelbegriff ist, der das Recht auf Koalitionsfreiheit und Kollektivverhandlungen sowie das Verbot von Zwangsarbeit, Kinderarbeit sowie Diskriminierung in Beschäftigung und Beruf enthält (vgl. SCHERER ET AL. 2002: 13; GREVEN/SCHERRER 1998: 12).

Mit der Formulierung von Umwelt- und Sozialstandards befasst sich eine Vielzahl internationaler Abkommen und Organisationen. Im Umweltbereich sind z.B. das Washingtoner Artenschutzabkommen, das Biodiversitätsübereinkommen zur Erhaltung der biologischen Vielfalt, das Montrealer bzw. Kyoto-Abkommen zur Reduktion von Treibhausgasen sowie das Basler Übereinkommen über die Kontrolle der grenzüberschreitenden Verbringung gefährlicher Abfälle und ihrer Entsorgung zu nennen. Im Sozialbereich ist die Internationale Arbeitsorganisation (ILO = *International Labour Organization*), eine Sonderorganisation der Vereinten Nationen, welche durch Formulierung internationaler Arbeits- und Sozialnormen um die Schaffung menschenwürdiger Arbeitsverhältnisse bedacht ist, federführend.

Das Problem dieser Institutionen und Abkommen ist, dass ihre Umsetzung häufig von der Ratifizierung durch die Mitgliedsstaaten abhängig ist und meist keine entsprechenden Sanktions- und Durchsetzungsmöglichkeiten bestehen. Seit geraumer Zeit wird daher die Aufnahme konkreter Umwelt- und Sozialstandards in das Regelwerk der WTO diskutiert. Im ursprünglichen Vertragstext des GATT von 1947 waren weder ökologische noch soziale Belange enthalten, und diese galten bis in die 1990er Jahre auch als eher nebensächlich. Erst mit der Zunahme des ökologischen Bewusstseins in den Industrieländern erfolgte eine stärkere Hinwendung zu ökologischen Themen, nicht zuletzt auf Druck unterschiedlichster Organisationen. Im Rahmen der Ministerkonferenz der WTO in Seattle (1999) forderten Umweltschutzorganisationen, dass alle zukünftigen Handelsvereinbarungen einen ökologischen und sozialen „Check" zu durchlaufen haben. Weiterhin müsse die WTO mit den für Umwelt- und Sozialfragen zuständigen internationalen Institutionen vernetzt werden, um die Akzeptanz von Umwelt- und Sozialstandards als Grundlage für den Welthandel sicherzustellen. Mittlerweile wurde das Thema Umweltschutz in die Präambel des Vertragstextes aufgenommen. Die Ziele des freien Welthandels müssen nun mit den Zielen einer umweltverträglichen Entwicklung in Einklang stehen. Auch andere Bestimmungen, wie z.B. das Agrarübereinkommen, nehmen nun ausdrücklich Bezug auf die Umwelt. Eine explizite Einführung des Begriffs „Umwelt" erfolgte mit dem Übereinkommen über technische Handelshemmnisse und dem „Übereinkommen über gesundheits- und pflanzenschutzrechtliche Maßnahmen". Damit ist im heutigen GATT eine Reihe von Umweltaspekten enthalten, wobei aber immer der Grundsatz der Gleichbehandlung und der Verhältnismäßigkeit von Maßnahmen gewährleistet sein muss.

Im Vergleich zu den umweltbezogenen Standards sieht es mit der Integration von Sozialstandards in die WTO deutlich schlechter aus. Hier hat sich die WTO bisher nur verpflichtet, die Kernarbeitsnormen der internationalen Arbeitsorganisation, insbesondere das Verbot von Zwangsarbeit, zu beachten (vgl. HAAS/NEUMAIR 2006: 154ff.).

Obwohl sich die WTO mittlerweile auch ökologischer und sozialer Belange annimmt, ist die Verhängung von Handelssanktionen zur Durchsetzung von Umwelt- und Sozialstandards höchst umstritten. Denn häufig besteht der Verdacht, dass derartige Standards handels- und wettbewerbsbezogene Interessen der Industrieländer verhüllen und protektionistische Absichten verfolgen. Gerade Entwicklungsländer wehren sich daher vehement gegen eine verbindliche Verankerung von Umwelt- und Sozialnormen, weil sie um ihre Wettbewerbsfähigkeit fürchten und durch den Verzicht auf Handelsgewinne Wohlfahrtseinbußen hinzunehmen hätten.

Allgemein stellt sich auch die Frage, inwieweit es die Aufgabe der WTO ist, den weltweiten Handel, den auszubauen und zu liberalisieren ihre ursprüngliche Aufgabe ist, in ein Korsett aus Standards zu pressen und somit ihr Zielsystem zu überfrachten. Vielmehr würde es sich anbieten, eine Kontrollinstitution in Form einer globalen Regierungsbehörde zu schaffen, welche zwischen der Liberalisierung des Handels und der Beachtung sowie Einhaltung sozialer und ökologischer Mindestnormen eine Brücke schlägt (vgl. BIERMANN/SIMONS 1998).

Literatur

BIERMANN, F.; SIMONIS, U. (1998): Eine Weltorganisation für Umwelt und Entwicklung. In: Universitas, 53. Jg., Nr. 9, S. 822-832.

BOSWORTH, D. (2006): Counterfeiting and piracy: The State of the Art. Oxford.

BÜTER, C. (2007): Außenhandel – Grundlagen globaler und innergemeinschaftlicher Handelsbeziehungen. Heidelberg.

FISCHER, S.; ECK, R.; RICHTER, H.-J. (2002): Was sich gegen Produkt- und Markenpiraterie tun lässt. In: Harvard Business Manager, 24. Jg., Nr. 1, S. 80-90.

FRENKEL, M.; BENDER, D. (Hrsg.) (1996): GATT und neue Welthandelsordnung. Wiesbaden.

GREVEN, T.; SCHERRER C. (1998): Die soziale Flankierung des Weltmarktes – Eine Einführung. In: C. SCHERRER; GREVEN, T.;FRANK, V. (Hrsg.): Sozialklauseln: Arbeiterrechte im Welthandel. Münster, S. 12-33.

HAAS, H.-D.; NEUMAIR, S.-M. (2006): Internationale Wirtschaft: Rahmenbedingungen, Akteure, räumliche Prozesse. München.

HAAS, H.-D.; NEUMAIR, S.-M. (2007): Wirtschaftsgeographie.Darmstadt.

HAAS, H.-D.; REHNER, J.; ZADEMACH, H.-M. (2008): Produktpiraterie, Plagiate und geistiges Eigentum in China. In: Geographische Rundschau, 60. Jg., Nr. 5, S. 20-26.

JAHRMANN, F.-U. (2007): Außenhandel. 12. Aufl. Ludwigshafen.

KOCH, E. (2006): Internationale Wirtschaftsbeziehungen. 3. Aufl. München.

RAT VON SACHVERSTÄNDIGEN FÜR UMWELTFRAGEN (Hrsg.) (1996): Umweltgutachten 1996. Zur Umsetzung einer dauerhaft umweltgerechten Entwicklung. Stuttgart.

SCHERER, A. G.; BLICKLE, K.-H.; DIETZFELBINGER, D.; HÜTTER, G. (2002): Globalisierung und Sozialstandards. In: Dies. (Hrsg.): Globalisierung und Sozialstandards. München/Mering, S. 11-23.

SENTI, R. (2000): WTO – System und Funktionsweise der Welthandelsordnung. Zürich.

SÖLLNER, A. (2008): Einführung in das internationale Management. Eine institutionenökonomische Analyse. Wiesbaden.

UNCTAD [United Nations Conference on Trade and Development] (Hrsg.) (2008): FDI Statistics (URL: http://stats.unctad.org/). Abrufdatum:12.6. 2008.

WTO [World Trade Organization] (Hrsg.) (2006): International Trade Statistics 2005. Genf.

WTO [World Trade Organization] (Hrsg.) (2007a): International Trade Statistics 2007. Genf.

WTO [World Trade Organization] (Hrsg.) (2007b): World Trade Report 2007. Genf.

Zur kulturellen Produktion von Wirtschaft und Raum

Johannes Rehner

1 Einleitung

Der vorliegende Beitrag stellt sich der Frage, inwiefern und in welcher Form Wirtschaft und Raum kulturell hergestellt werden, und thematisiert folglich zumindest implizit das Verhältnis von Kulturgeographie und Wirtschaftsgeographie. Die hierbei gewählte Perspektive ist eine wirtschaftsgeographische, welche kurze Positionierungen der am Münchener Institut für Wirtschaftsgeographie geleisteten Arbeiten einschließt – Verkürzungen lassen sich nicht vermeiden. Es ist Ziel des Kapitels, zumindest einige der vielfältigen kulturgeographischen Einflüsse auf wirtschaftsgeographisches Arbeiten aufzuzeigen. Dabei kommt dem *cultural turn* und der neuen Kulturgeographie angesichts der zahlreichen jungen Debatten eine zentrale Rolle zu. Da sich diese Strömungen nicht auf ein bestimmtes *agenda setting* und schon gar nicht auf die Thematisierung kultureller Aspekte in der Wirtschaftsgeographie reduzieren lassen, sondern meist mit einer bestimmten epistemologischen und teilweise spezifischen ontologischen Grundhaltung verbunden sind, wird zunächst deren (disziplin-)historische Kontextualisierung dargelegt.

Das darauf folgende Kapitel stellt sich dem Problem der Definition und Messbarkeit von Kultur, greift die Frage auf, inwiefern eine solche Definition überhaupt nötig und möglich ist. Letztlich führt dies zu der paradox anmutenden Frage, ob Kultur existiert. Die anschließende Diskussion der Formen der kulturellen Produktion von Raum und Wirtschaft verdeutlicht die Unterschiedlichkeit der Kulturkonzepte, welche sich in der (Wirtschafts-)Geographie erkennen lassen.

2 Ein wirtschaftsgeographischer Blick auf kulturgeographische Grundlagen

Eine wesentliche Grundlage geographischer Auseinandersetzung mit dem Phänomen „Kultur" stellt die im angloamerikanischen Raum verwurzelte Berkeley-Schule der Cultural Geography dar. Die Arbeiten der tragenden Figur dieser Schule, CARL O.

SAUER (1967), thematisieren Entwicklungsprozess und -stufen der Gesellschaften, wobei SAUER Kultur als einheitliches Ganzes versteht, welches unverwechselbar, historisch gewachsen und homogen ist (BERNDT/PÜTZ 2007: 13). Dieses Konzept von Kultur als gemeinsames und einzigartiges Normen- und Wertesystem stellt ein definitorisches Element dar, welches im Kern in zahlreichen Zugängen und Kulturdefinitionen enthalten ist. Der ausschlaggebende Prozess hierbei ist die Enkulturation, d.h. das Erlernen von Lebensgewohnheiten, Werten, Verhaltensnormen und Handlungsregeln.

Einen weiteren Meilenstein kulturgeographischer Forschung, insbesondere aus wirtschaftsgeographischer Sicht, stellt die schwedische Schule der Kulturgeographie dar. Insbesondere TORSTEN HÄGERSTRANDs Arbeiten zur Zeitgeographie sowie Innovations-/Diffusionsforschung haben nicht nur eine stärkere quantitative Modellorientierung in der Kulturgeographie etabliert, sondern gleichzeitig auch eine Hinwendung zur Betrachtung der Handlungen des einzelnen Akteurs eingeführt. Räumliche Strukturen werden hierbei als Ergebnis der Entscheidungen und Handlungen des Einzelnen unter gegebener Limitation angesehen. Insbesondere im Rahmen der Zeitgeographie bedeutet dies die innovative Abwendung von einem Raumverständnis, welches den Aspekt der reinen Distanz überbewertete.

> “It is a challenge to cease taking distance itself so seriously. It is a challenge to accept that space and time are universally and inseparably wed to one another; to realize that questions pertaining to human organization of earth´s surface, human ecology, and landscape evolution cannot divorce the finitudes of space and time” (PRED 1977: 218).

2.1 Konstruktivismus und Formen „radikaler“ Geographie

Die in den 1970er Jahren vor allem in den USA aufkommende „Humanistische Geographie“ leitete insbesondere durch die Arbeiten von ANN BUTTIMER, YI FU TUAN (1974) aber auch DEREK GREGORY (1978) einen Paradigmenwechsel in der Geographie ein, welche auch zu einem neuen Raumverständnis führte. Deren Abwendung von quantitativen Zugängen und die Wende zu einem hermeneutischen, konstruktivistisch geprägten Wissenschaftsverständnis bezeichnet BARNES (2001: 555) als “early signpost to hermeneutic theorizing“. Diese Ansätze beinhalten zwangsläufig neue Raumkonzepte, welche sich dem sozial konstruierten Raum, dem erlebten Raum (*espace vécu* bei BAILLY 1989), sowie der Beziehung zwischen Raum, Ort und Identität widmen (vgl. TUAN 1974; LINDÓN 2007). Damit wenden sie sich Inhalten zu, die zwar bereits einige Jahrzehnte früher aufkamen, aber im Kontext oben genannter, positivistischer Entwicklungen wenig Beachtung fanden (vgl. WRIGHT 1947).

Verschiedene theoretische Strömungen mit klaren politischen Inhalten, darunter auch einige neo-marxistischer Prägung, wie die französische regulationstheoretische Schule und das Konzept der „flexiblen Produktion" sind im Kontext dieses Paradigmenwechsels zu verstehen (vgl. BARNES 2001: 555). Die Regulationstheorie entfaltete auch für die deutsche Wirtschaftsgeographie große Bedeutung, meist jedoch ohne ihre politische Konnotation und teilweise als heuristischer Suchrahmen (vgl. BATHELT 1994; HAAS/REHNER 2002). Die ebenfalls in den 1970er und 80er Jahren aufkommende Strukturationstheorie (GIDDENS 1984) wurde in die Geographie vor allem durch angloamerikanische Autoren rezipiert.

Eine eindeutig politische Zielsetzung verfolgt die vor allem im englischsprachigen Raum verbreitete radikale Geographie mit Wurzeln in anarchistischen Theorien und im Marxismus. Innerhalb des Faches wird diese Richtung beispielsweise durch DEREK GREGORY (1978) und LINDA MCDOWELL (1997) vertreten. Die Autoren der radikalen Geographie berufen sich vielfach auf den französischen Philosophen HENRI LEFEBVRE (1901-1991) und den im strukturalistischen Marxismus verwurzelten LOUIS ALTHUSSER (1918-1990). Hinsichtlich der wissenschaftlichen Produktion manifestiert sich diese Strömung unter anderem in der Reihe „Critical Human Geography" und in der Fachzeitschrift „Antipode". In der jüngeren Zeit kamen kritische Selbstreflexionen über diese Rolle als bedeutendes Forum der radikalen Geographie zur Sprache (vgl. WATERSTONE 2002; WILLS/PECK 2002; zu grundsätzlichen politischen Debatten im selben Medium vgl. AMIN/THRIFT 2005).

MICHAEL STORPER (2001) interpretiert diese Entwicklung als Wandel theoretischer Perspektiven weg vom aus der Mode gekommenen Marxismus hin zu Postmodernismus und Postkolonialismus. Als besonders kritischer Aspekt ist hierbei feszuhalten, dass durch diese Strömungen zwar bestimmte Themen eine Konjunktur erleben, es sich hierbei aber eher um ein *agenda setting* sowie um die Besetzung definierter politischer Position handelt und weniger um die Generierung einer theoretischen Erkenntnis. Er stellt dies insbesondere mit Blick auf den Einfluss auf die Wirtschaftsgeographie heraus:

> „Radical political economy in economic geography, for example, centers on such issues as power (between firms), exploitation (of workers) and unevenness in location. But it has made no significant recent progress in the development of basic theory which can be called distinctly radical" (STORPER 2001: 159).

Insbesondere im spanischsprachigen Raum ist eine Variante dieser Strömungen in Form der so genannten „Kritischen Geographie", nicht zuletzt getragen durch

HORACIO CAPEL (2002) und die Humangeographie in Barcelona sowie deren Publikationsorgane (Geografia Critica/Scripta Nova), zu beobachten. Als herausragende Schule dieser Prägung ist der insbesondere in Lateinamerika einflussreiche brasilianische Geograph MILTON SANTOS (2000) herauszustellen, der sein konstruktivistisches Raumverständnis mit einer umfassenden „Neoliberalismus-Kritik" verbindet. In der deutschsprachigen Geographie lassen sich unter anderem Arbeiten von GEORG GLASZE (vgl. das Plädoyer für eine kritische Kriminalgeographie in GLASZE ET AL. 2005) und MICHAEL JANOSCHKA (2002) zu der kritischen Geographie zählen.

Sowohl die radikale als auch die kritische Geographie machen die häufige Entkoppelung und explizite Trennung zwischen geographischer Forschung und politischem Handeln zum zentralen Kritikpunkt an der von ihnen als mainstream-Forschung angesehenen Geographie. Politischer Aktivismus, in der Diktion kritischer Geographen teilweise als „Kampf" bezeichnet, wird zum integralen Bestandteil akademischer Arbeit. DON MITCHELL (2000) diskutiert dieses Verhältnis, indem er die Notwendigkeit einer Zusammenführung der beiden herausstellt und keinen Zweifel an seiner eigenen politisch-philosophischen Anschauung lässt. An anderer Stelle sucht er nach der politischen Relevanz und kritischen Haltung der Kulturgeographie, wobei er deren Rückkehr in die „gemütliche Nische" der Katalogisierung von Differenzen angreift (vgl. MITCHELL 2008). Auch DOREEN MASSEYs (2008) Essay über die politische Inwertsetzung und teilweise Verkürzung akademischer Theoriebildung thematisiert diese nicht unproblematische aber aus ihrer Sicht unverzichtbare Verbindung. Ihre Darstellung des sich direkt auf Masseys Geometrie der Macht beziehenden vierten Motors der „bolivarianischen Revolution", welche Hugo Chavez im heutigen Venezuela proklamiert („La nueva geometría del poder") verdeutlicht dies. Auch die Diskussion um den Stand einer „linken" Geographie in der angloamerikanischen Human Geography (vgl. WILLS 2006) ist in diesem Kontext der Auseinandersetzung um politischen Auftrag und moralische Verpflichtung zu sehen.

Die Münchener Wirtschaftsgeographie hat sich einerseits immer um die politische Relevanz ihrer Arbeit bemüht, andererseits aber die Unabhängigkeit der Forschung als Trennung von akademischer Arbeit und politischem Engagement verstanden. Obiges Verständnis von akademischer Arbeit als Verpflichtung zu politischem Aktivismus ist ihr fremd. Ihre permanente und kreative Sorge um die Rolle und Bedeutung des Faches (Wirtschafts-)Geographie äußert sich zum einen darin, dass die Auswahl der Forschungsthemen sich immer an deren gesellschaftlicher Relevanz orientiert hat, zum anderen, dass die praktische Anwendbarkeit der Forschungserkenntnisse als integraler Bestandteil der Konzipierung von Forschungsprojekten betrachtet wurde.

2.2 Neue Kulturgeographie und der „cultural turn"

Als Basis der Diskussion um eine „neue" Kulturgeographie gilt ein Beitrag von COSGROVE und JACKSON (1987), welcher die Wurzeln der neuen Kulturgeographie in der oben beschriebenen „Erneuerung" der Geographie in den 1970er Jahren durch das Aufkommen der „radikalen" (Kultur-)Geographie sieht. Die Autoren beschreiben die neue Kulturgeographie als gleichzeitig zeitgenössisch und historisch, sozial und räumlich. Zudem schenkt dieser Ansatz ihrer Ansicht nach der Kontingenz von Kultur die notwendige Aufmerksamkeit und betrachtet sie nicht als eine Residualkategorie zur Zuordnung anderweitig nicht erklärbarer Phänomene (vgl. COSGROVE/JACKSON 1987: 95). Als Konsequenz aus dieser Positionierung und den sich aus diesem Ansatz in den 1990er Jahren entwickelnden Strömungen kann die neue Kulturgeographie eher als eine spezifische Perspektive denn als Auseinandersetzung mit einem bestimmten Untersuchungsobjekt betrachtet werden. Innerhalb dieser Perspektive nimmt auch die Konfrontation mit dominanten Ideologien und verschiedene Formen des Widerstandes eine zentrale Rolle ein.

Auch wenn die inhaltliche und politische Nähe zu den Formen radikaler Geographie unverkennbar ist, so ist der *cultural turn* in der Geographie von diesen doch klar zu unterscheiden (vgl. BARNETT 1998: 381). Der *cultural turn* bezieht seine „Energie in wesentlichem Ausmaß aus einer Reibung an der Lesart des Marxismus wie ihn die radikalen Geographinnen und Geographen der 1970er Jahre pflegten" (BERNDT/PÜTZ 2007: 11).

Der Ende der 1990er Jahre und zum Anfang des neuen Jahrtausends in den Sozialwissenschaften und in der angloamerikanischen Human Geography intensiv diskutierte *cultural turn*[10] wird vielfach implizit mit poststrukturalistischen, konstruktivistischen, praxistheoretischen und diskurstheoretischen Ansätzen verbunden (BERNDT/PÜTZ 2007: 9). Auch Kritiker dieses Zuganges wie STORPER (2001) formulieren ähnliche Argumente und stellen dabei die ontologische Dimension des Einflusses von Postmodernität auf die Wissenschaft heraus:

---

10 Wichtige Vertreter sind beispielsweise PETER JACKSON, DENIS COSGROVE, TREVOR BARNES, JAMES DUNCAN, und JACQUELINE BURGESS (vgl. BARNETT 1998). Kritische Beiträge von Seiten der Wirtschaftsgeographie lieferten im anglo-amerikanischen Kontext beispielsweise STORPER (2001) und RODRIGUEZ-POSE (2001).

> „The keystone to the cultural turn is that knowledge and practice are relativistic, because culturally determined. The cultural turn variously blends postmodernist philosophy, cultural theories of society, and poststructuralist philosophy. These literatures explicitly disavow what they term „metanarratives“.“ (STORPER 2001: 161).

Dieser sogenannte *cultural turn* ist daher im Kontext der Hinwendung zur Postmodernität Ende der 1980er Jahre zu interpretieren. Die aufkommende Diskussion um die Postmoderne und deren Einfluss auf geographisches Denken sowie deren Interpretation durch die Geographie manifestiert sich beispielsweise in den Werken von DAVID HARVEY (1989) und EDWARD SOJA (1989). Harvey interpretiert Postmodernität dabei nicht als Übergangsphase sondern als neues Paradigma, welches die Moderne abgelöst hat, allerdings ohne deren Grundprinzipien vollständig zu negieren. In marxistischer Tradition stehend kritisiert er die spät-kapitalistische Grundordnung, welche die Ästhetik über die Ethik stellt. Andererseits unterstreicht er die hohe Bedeutung, welche der (kulturellen) Komplexität, Differenz und Pluralität in der Postmoderne zukommt.

Bereits die Vielzahl der genannten Strömungen und deren mögliche Nuancen lässt vermuten, dass es nicht einen/den *cultural turn* gibt. Vielmehr umfasst der Begriff unterschiedliche aufeinander bezogene konzeptionelle Entwicklungen, deren Gemeinsamkeiten sich vereinfachen wie folgt darstellen lassen (vgl. BERNDT/PÜTZ 2007: 10):

- Epistemologische Grundhaltung.
- Methodischer Zugang (qualitativ-interpretative Methoden).
- Einfluss von Sozial- und Kulturwissenschaften in der Human- bzw. Wirtschaftsgeographie.
- Ablehnung strukturalistischer Erklärungen.

Angesichts der Vielzahl unterschiedlicher Ansätze und Forschungsarbeiten, die unter diesem Namen subsumiert werden, kann die geteilte epistemologische Grundhaltung wohl am ehesten als die allen gemeinsame Linie identifiziert werden.

> „Perhaps one common thread connecting these and other myriad projects is a commitment to epistemologies, often loosely labelled "poststructural," that emphasise the contingency of knowledge claims and recognise the close relationship among language, power, and knowledge. Both epistemologically and in the construction of new empirical research objects, the cultural turn is probably best characterised by a heightened reflexivity toward the role of language, meaning, and representations in the constitution of "reality" and knowledge of reality“ (BARNETT 1998: 380).

Insbesondere im Zusammenhang mit der Beziehung zwischen Sprache, Macht und Wissen hat die sich vielfach auf die Arbeiten MICHEL FOUCAULTS (1990) berufende

Diskursanalyse in den Sozialwissenschaften eine Renaissance erlebt. Diskursanalyse bezeichnet dabei kein klar definiertes Instrumentarium, sondern vielmehr einen Komplex aus verwandten, kommunikationsorientierten Ansätzen, wobei teilweise weit voneinander entfernte Verwendungstraditionen zu unterscheiden sind (vgl. KELLER ET AL. 2001: 10ff.)[11]. Die französische Tradition beinhaltet sehr verschiedene Konzepte, deren Gemeinsamkeit im wesentlichen die Anlehnung an den Foucaultschen Diskursbegriff und damit die Fokussierung übersubjektiver Wissensordnungen und diskursiver Praktiken darstellt (vgl. FOUCAULT 1990; CHAREAUDEAU/MAINGUENEAU 2002).

Die kulturalistische Diskursanalyse folgt im wesentlichen CLIFFORD GEERTZ (1973), wobei andere Teile dieses Theoriestranges BOURDIEU als Hauptreferenz angeben. Ein wichtiger Unterschied zum Foucaultschen Diskursbegriff ist die stärkere handlungstheoretische und hermeneutische Orientierung. Ebenfalls an das Foucaultsche Verständnis angelehnt, wenngleich mit linguistischen Wurzeln, ist die Kritische Diskursanalyse, welche die Frage nach der Legitimation und Gültigkeit von Deutungen in den Mittelpunkt stellt und sich der ideologischen Funktion von Sprache widmet (vgl. FAIRCLOUGH 1995, VAN DIJK 2001 und JÄGER 2001). In dieser Tradition stehen auch die Beiträge zum Verhältnis von Macht und Diskurs, wenngleich sich diese meist auf die direkte Beziehung zwischen Akteuren orientieren (vgl. beispielsweise HASTINGS 1999).

Innerhalb der Geographie wird eine Hinwendung zu der Analyse von Texten als logische Konsequenz aus der dargestellten epistemologischen Grundhaltung gerechtfertigt. Raum wird demnach weniger durch seine materiellen Aspekte konstituiert als durch die Vorstellung von Raum. Diese Vorstellung von Raum wird mit Hilfe der Sprache als diskursive Formation konstruiert, weswegen einige Autoren auch von einem *linguistic turn* oder *semiotic turn* sprechen. Die Auseinandersetzung mit Diskursen tritt somit an die Stelle der Suche nach einer absoluten oder intersubjektiven Wahrheit (vgl. GEBHARD ET AL. 2003: 15).

> „Wenn eine konstruktivistische Ontologie die Basis des cultural turn bildet, dann ist für eine entsprechende Auffassung von Kultur, Raum und Geographie die Sprache das entscheidende, für viele sogar das einzige Medium, weil auch die materiellen Elemente unserer Lebenswelten dann nur als

[11] Neben den beiden hier diskutierten Diskursbegriffen sind zu erwähnen: die angelsächsische Tradition, welche sich überwiegend auf face-to-face Kommunikation bezieht, sowie die deutsche diskurstheoretische Tradition nach JÜRGEN HABERMAS (1981), welche eine Diskursethik und damit eine auf maximale Verfahrensgerechtigkeit abzielende Norm postuliert.

Symbole und Zeichen gesellschaftlicher Kommunikation relevant sein können" (GEBHARD ET AL. 2003: 11).

Im Rahmen der Münchener Wirtschaftsgeographie fanden diskursanalytische Ansätze zuletzt Eingang in verschiedene Forschungsprojekte, beispielsweise im Rahmen von Arbeiten zum Thema Macht im Kontext von konfliktreichen Projekten der Stadtentwicklung (vgl. REHNER/PÜTZ 2008). Im Zusammenhang von Planungsfragen ist ein solcher diskursanalytischer Zugang zuletzt vermehrt eingesetzt worden, auch in weiteren Forschungsprojekten am Institut für Wirtschaftsgeographie.[12]

Ein weiterer in jüngerer Zeit aus dieser Perspektive analysierter Themenbereich sind die Diskurse um (Un-)Sicherheit, Kriminalität und Raum. Sowohl die Unsicherheit selbst als auch die bestimmten Orten und Räumen zugeschriebene Eigenschaft stellen soziale Konstrukte dar. Daher wird die Analyse der Diskurse, welche diese Zuschreibungen produzieren zum zentralen Zugang aus der Sicht einer kritischen Geographie (vgl. GLASZE ET AL. 2005). Die Frage nach der Form sozialer Konstruktion von (Un-)Sicherheit untersucht auch (neben anderen Fragen) ein Forschungsprojekt zu Kriminalität und Korruption in Lateinamerika als Risiko aus der Sicht deutscher Unternehmen (vgl. REHNER 2008).

2.3 Kritik am cultural turn und der „neuen" Kulturgeographie

Der *cultural turn* wurde insbesondere Anfang der 2000er Jahre sowohl im angloamerikanischen Raum als auch in Deutschland zur Zielscheibe intensiver Kritik, wobei er oft pauschal „stellvertretend für die Übel der Postmoderne" (vgl. BERNDT/GLÜCKLER 2006: 18) steht. Typische Kritikpunkte richten sich sowohl gegen die Form der Präsentation (beispielsweise: textlastig) als auch gegen die epistemologische Haltung bzw. die daraus resultierende vermeintliche Reduzierung der Reichweite von Aussagen und Ergebnissen (beispielsweise: beliebig und relativistisch; vgl. die Sammlung von Kritikpunkten bei BERNDT/PÜTZ 2007).

Im anglo-amerikanischen Raum identifiziert NIGEL THRIFT folgende oft geäußerte, teilweise widersprüchliche Kritikpunkte am *cultural turn*. Dieser sei einerseits zu theorielastig und andererseits zu empirisch, er sei zu kulturalistisch und verfüge über keine konsistenten Kriterien zur Beurteilung ihrer Qualität und ihres Wertes. Des Weiteren haben Arbeiten dieser Perspektive keine politische Relevanz und sei letztlich zu pretentiös (zitiert nach NASH 2002).

---

[12] DFG-Forschungsprojekt zu Unternehmensnetzwerken im Immobilienmarkt Santiago de Chile.

Auch PETER WEICHHART äußert (in REDEPENNING/WARDENGA 2004) – trotz expliziter Sympathie für die neue Kulturgeographie – Zweifel an der Brauchbarkeit poststrukturalistischer Grundlagen und kritisiert den Erkenntnisrelativismus als Beliebigkeit. Zudem bemängelt er an der neuen Kulturgeographie deren Verzicht auf eine explizite Thematisierung von Gesellschaft und sozialen Systemen. Die Konzentration auf die Diskurse selbst verstellt möglicherweise den Blick auf deren Wirkungsstätten und deren Produktion. Eine Gefahr für (wirtschafts-)geographische Arbeiten stellt dies insofern dar, als ein „unendlicher Regress möglicher Sinnzuschreibungen" zum methodologischen Prinzip wird und zur bewussten Vermeidung eindeutiger Zuschreibungen in wissenschaftlichen Texten führt. Er stellt aber die Bedeutung der kritischen Dekonstruktion der grossen Metaerzählungen heraus.

Die Kritik zahlreicher Wirtschaftsgeographen (vgl. z.B. RODRIGUEZ-POSE 2001; STERNBERG 2000) richtet sich zudem ausgehend vom Kritikpunkt der Beliebigkeit auf die mangelnde Praxisrelevenz und reduzierte Möglichkeit der Inwertsetzung, woraus letztlich eine geringe gesellschaftliche Relevanz resultiere.

2.4 Neue Themen und Perspektiven für die Wirtschaftsgeographie?

Aus der Sicht der Wirtschaftsgeographie ist obigen Kritikpunkten entgegenzuhalten und besonders herauszustellen, dass der *cultural turn* die Möglichkeit birgt, den „Kultur/Ökonomie-Dualismus konzeptionell und sprachlich zu überwinden" (BERNDT/GLÜCKLER 2006: 19). Ein anderer Aspekt des *cultural turn* aus wirtschaftsgeographischer Perspektive ist die herausragende thematische Erweiterung der Arbeitsfelder wirtschaftsgeographischer Forschung. Vielfach zu beobachten ist aber eine implizite Festlegung vermeintlich typischer Themen wie Dissidenz, Gender, Sexualität und Raum u.v.m. (vgl. z.B. BLUNT/WILLS 2000). Die Schaffung verschiedener Arbeitsgruppen sowie beispielsweise eine Special Issue der „Antipode" (vgl. NAST 2002) verdeutlichen dies. RICHARD FLORIDAs (2002) These der *creative class* und ihrer Bedeutung für die Erklärung von aufstrebenden Ökonomien liefern jedoch ein Beispiel dafür, wie vermeintlich weit von wirtschaftsgeographischen Fragestellungen entfernte Themen für die Erklärung ökonomischer Raumstrukturen relevant werden (zur Untersuchung dieser Beziehung im europäischen „Tiger"-Staat Irland vgl. BOYLE 2006).

Gerade die gewaltige Themenvielfalt, welche sich für Wirtschaftsgeographen im Kontext des *cultural turn* auftut, bietet jedoch auch eine Gefahr, welche nicht nur aus der Sicht der Münchener Wirtschaftsgeographie äußerst relevant ist, nämlich, dass sich diese Vielfalt zu einem willkürlich anmutenden Themenset ausweitet, der Profil und Orientierung vermissen lässt.

Es ist aber nicht zu verkennen, dass die in den 1990er Jahren zu beobachtende Annäherung an andere Richtungen der Sozialwissenschaften eine Bereicherung wirtschaftsgeographischer Perspektiven brachte. Von Barnes als "New Economic Geography" bezeichnet, charakterisiert eine ausgeprägte Theorienvielfalt und unterschiedliche epistemologische Grundhaltungen diese Tendenz. Die konkurrierenden und teilweise koexistierenden Theorien sind zwar nicht als unmittelbares Produkt des cultural turn oder der neuen Kulturgeographie anzusehen, sind aber konzeptionell vielfach sozial- und kulturwissenschaftlichen Ursprungs sowie häufig mit Poststrukturalismus und Cultural Studies verbunden (BARNES 2001: 558). Als Beispiele hierfür gelten:

- Social embeddedness (GRANOVETTER 1985; MITCHELL 1995)
- Relationale Wirtschaftsgeographie (BATHELT/GLÜCKLER 2002)
- Global Production Networks GPN (COE ET AL. 2008 im Dialog mit den Konzepten Global Value Chain und Global Commodity Chain)
- Actor-network theory (THRIFT 2000)
- Performativität (MCDOWELL 1997)
- Overdetermination (GIBSON-GRAHAM 1996)

Insbesondere die drei erstgenannten Ansätze sind von herausragender Relevanz für die Wirtschaftsgeographie in Deutschland, und ihre Präsenz in der Münchener Forschung wird an anderer Stelle in diesem Band diskutiert (vgl. Kapitel 3.1).

3 Zugänge zu „Kultur“: Existiert ein nicht definierbares Phänomen?

Zahlreiche Definitionsversuche und die umfangreiche Diskussion um deren Gültigkeit und Reichweite greifen meist zumindest implizit auf das bereits erwähnte Verständnis von „Kultur“ als gemeinsames und einzigartiges Normen- und Wertesystem zurück. Kultur ist daher ein die alltäglichen Handlungen beeinflussendes von den Mitgliedern einer Gesellschaft oder eines sozialen Kollektivs geteiltes ethisches System. Somit wird Kultur an soziale Kollektive (auf welcher Maßstabsebene auch immer) gebunden (vgl. PÜTZ 2003: 77) und ist in ontologischer Konsequenz erkennbar, abgrenzbar und „messbar“.

3.1 Vom Messen und von Grenzziehungen

Der Ethnologe EDWARD T. HALL (1959) markiert mit seinen Arbeiten zum Zeitverständnis und zu der Kontextualität von Kommunikation den Beginn zahlreicher Versuche, Kultur „messbar" zu machen, wobei meist die nationalstaatliche Ebene als Aggregationsniveau diente. Das vielbeachtete und auch umstrittene Werk von GEERT HOFSTEDE aus den 1970er Jahren (vgl. HOFSTEDE 2004) führt diese Tradition fort, indem vier Kulturdimensionen ermittelt werden: Kollektivismus, Maskulinität, Unsicherheitsvermeidung und Machtdistanz. Verschiedene Fortschreibungen und Erweiterungen folgen, beispielsweise durch die Hinzufügung der konfuzianischen Dynamik als fünfte Dimension (vgl. HOFSTEDE/BOND 1988). Diese Arbeiten fanden insbesondere ab 1990 im Kontext beschleunigter Globalisierung sowie der Auflösung des klassischen Ost-West-Gegensatzes in der Managementliteratur vielfach Beachtung (vgl. KUTSCHKER/SCHMID 2005; APFELTHALER 1999; FRANKE ET AL. 1991 und zahlreiche Arbeiten beispielsweise im Journal of International Business Studies). Explizit für die Anwendung im Managementbereich entworfene Gegenmodelle (vgl. TROMPENAARS 1993) beruhen auf derselben ontologischen Basis. Genau wie obige Ansätze gehen sie vom Postulat der relativen Messbarkeit kultureller Dimensionen und Abgrenzbarkeit kulturell homogener Einheiten aus, während die massive akademische Auseinandersetzung dieser Autoren mit Hofstedes Ansatz in methodologischen Differenzen und Ergebnisinterpretationen begründet ist. Auch die jüngst ins Blickfeld gerückte GLOBE-Studie, welche insbesondere Aspekte der Personalführung und Motivation in einer ebenfalls großzahligen und international vergleichenden Studie untersucht (vgl. HOUSE ET AL. 2004), folgt derselben Logik. Wie die Arbeiten von HOFSTEDE und TROMPENAARS definiert auch sie Kulturdimensionen die quantitativ aus individuell gemessenen Indikatoren generiert werden, wobei sie zahlreiche methodische und konzeptionelle Korrekturen vornimmt. In der Globe-Studie sind die resultierenden Dimensionen die folgenden: Unsicherheitsvermeidung, Machtdistanz, institutioneller Kollektivismus, Intra-Gruppen-Kollektivismus, Geschlechtergleichheit, Bestimmtheit, Zukunftsorientierung, Leistungsorientierung und soziale Orientierung (vgl. HOUSE ET AL. 2004; BUCHEGGER 2006).

Zahlreiche Arbeiten am Institut für Wirtschaftsgeographie verwenden diese Zugänge zur Operationalisierung von kultureller Differenz, insbesondere im Zusammenhang mit dem Forschungs- und Studienschwerpunkt Internationale Wirtschaftsräume (vgl. HAAS 2004, REHNER 2006a und 2006b). Hierbei wird aber vielfach auf die Unzulänglichkeiten der Operationalisierung von Kultur auf nationalstaatlicher Ebene hingewiesen und deren problematische konzeptionelle Konsequenzen diskutiert.

Des Weiteren sind verschiedene Ansätze zu beachten, welche spezifische Aspekte des Werte- und Normensystems herausgreifen und diese in komparativer Weise auf nationalstaatlicher oder einer anderen räumlichen Aggregationsebene messen. Solche Ansätze verabschieden sich meist von der Ambition, Kultur als Ganzes zu erkennen. Sie fokussieren spezifische Aspekte in deren Wirkungszusammenhang mit verschiedenen Handlungsbereichen. Hierzu zählt beispielsweise auch der an RICHARD FLORIDAS (2002) Konzept der *creative class* orientierte European Tolerance Index.

3.2 Vom Verlassen essentialistischer Definitionsversuche

Problematisch an genannten Arbeiten ist deren implizit essentialistischer Zugang. Kultur wird hierbei konzeptionell an soziale Kollektive gebunden – und in der Konsequenz verortet (vgl. PÜTZ 2003: 77). Eine solche Kopplung von Kulturen an definierte Räume ist insbesondere, aber nicht nur im Zeitalter der Globalisierung, beschleunigter Migration und neuer Kommunikationstechnologien kritisch zu hinterfragen. Aus Sicht der Handlungsorientierten Sozialgeographie wurde hierzu postuliert, dass es grundsätzlich keine rein lokal oder regional verankerten Wissensbestände mehr gäbe (vgl. WERLEN 1997: 379). Ohne eine klare Verortbarkeit sozialer Kollektive und von Wissensbeständen ist die grundsätzlich Raumbindung von Kulturen in Frage zu stellen. Zudem sind kulturelle Grenzen nicht von Natur her gegeben, sondern sie sind das Ergebnis von Diskursen und alltäglichen Praktiken. Folglich sind sie prinzipiell auch veränderbar und vom einzelnen Akteur bereinflussbar (vgl. PÜTZ 2003: 80). Damit sind sowohl die Verortbarkeit und relative zeitliche Stabilität von Kultur in Frage gestellt, als auch deren Unbeeinflussbarkeit durch das Individuum, wie sie HOFSTEDEs Metapher von der „mentalen Programmierung" suggeriert. Von dieser konzeptionellen Positionierung ist es nur noch ein Schritt zu der kritischen Frage, ob Kultur überhaupt existiert.

Dem kann entgegen gehalten werden, dass die angenommene Nichtexistenz von homogenen und verortbaren Kulturen ein theoretisches Konstrukt ist, welches in Widerspruch zur alltäglichen sozialen Praxis steht. Selbst Kritiker essentialistischer Haltungen argumentieren, dass in der sozialen Praxis genau solche Essentialisierungen permanent (re-)produziert werden (vgl. PÜTZ 2003: 77). Die Deutungsmuster beinhalten immer normativ geprägte Klassifikationsschemata, welche dem Individuum die

Einordnung jeglicher Information erleichtern und damit die Komplexität der Umwelt reduzieren (vgl. PÜTZ 2003; REHNER 2004).

> „Vermeintliche Merkmale einer Kultur sind demnach diskursiv vermittelte Konstruktionen, die aber auf das Handeln und in den Handlungsfolgen konkrete Wirkung entfalten" (PÜTZ 2003: 77).

Eine grundsätzliche Abwendung von dem essentialistischen Kulturverständnis stellt die bereits in den 1970er Jahren von CLIFFORD GEERTZ eingebrachte Definition von Kultur dar. Er versteht Kultur als historisch vermittelte Struktur aus in Symbolen verkörperten Bedeutungen (vgl. GEERTZ 1973: 89). GEERTZ (1973: 5) selbst bezeichnet dieses Kulturkonzept als ein im Wesentlichen semiotisches. Obwohl auch zahlreiche essentialistisch geprägte Arbeiten dies Verständnis referenzieren, ist festzuhalten, dass sie die letztlich besonders bedeutsame ontologische Konsequenz meist nicht ziehen. Diese beinhaltet nämlich eine Aufgabe der Suche nach Gesetzmäßigkeiten und deren Ersatz durch ein interpretatives Wissenschaftsverständnis sowie die „Suche nach Bedeutungen".

> „Believing, with Max Weber, that man is an animal suspended in webs of significance he himself has spun, I take culture to be those webs, and the analysis of it to be therefore not an experimental science in search of law but an interpretive one in search of meaning " (GEERTZ 1973: 5).

Insbesondere die Arbeiten aus dem Kontext des *cultural turn* greifen oft auf dieses Kulturverständnis zurück. Sie hinterfragen das essentialistisch geprägte Kulturkonzept kritisch, kommen aber selbst meist ohne klar festgelegten Kulturbegriff aus (vgl. BERNDT/GLÜCKLER 2006). In diesem Zusammenhang wird Kultur auch als „diakritische Praxis" (vgl. BOECKLER 1999) bezeichnet, wobei das „Eigene" (die eigene Kultur) erst in der Auseinandersetzung bzw. im Dialog mit dem „Fremden" entsteht, d.h. sozial konstruiert wird. In der umfangreichen Literatur zum interkulturellen Dialog und interkulturellem Management finden sich zahlreiche Hinweise darauf, dass das Eigene erst in der Begegnung mit dem Fremden bewusst wird. Entsteht aber, im Sinne der diakritischen Praxis, das Eigene erst in Auseinandersetzung mit dem Fremden, stellt sich erneut die grundsätzliche und paradox anmutende Frage nach der Existenz von Kultur (vgl. MITCHELL 1995).

MITCHELL (2000: 13) wirft die Frage auf, wie etwas, was nicht existiert, gleichzeitig eine der wichtigsten treibenden Kräfte in unserem Leben sein kann. „However, culture has more than an imagined existence. It is a social imaginary" (PEET 2002). In deutlicher Nähe zu CLIFFORD GEERTZ wird Kultur hier als jene symbolische Ordnung verstanden, welche eine Gesellschaft zur Repräsentation ihrer Existenz schafft.

3.3 Multikulturalismus, Transkulturalität und Hybridität

Als Vorschlag zur Lösung des genannten Paradoxons um die Inexistenz räumlich gebundener Kulturen und deren gleichzeitige Wirksamkeit bringt ROBERT PÜTZ (2003) unter Berufung auf WELSCH das Konzept der Transkulturalität ein. Hierbei wird die Kongruenz von Territorium und Kultur aufgehoben und die Grenze zwischen „Innen" und „Außen" auf die individuelle Ebene verschoben. Dementsprechend ist das Subjekt an sich „durch Transkulturalität gekennzeichnet und verfügt über unterschiedliche kulturelle Bezugssysteme. Damit wird auch die Vorstellung von Kultur als einem geschlossenen Verweisungszusammenhang von Symbolen obsolet" (vgl. PÜTZ 2003: 78).

Auch UITERMARK ET AL. (2005) verweisen auf alternative politische Philosophien, welche ethnische Identität als hybrid, fließend, multidimensional und dynamisch betrachten. Dieser Zugang ist von dem traditionellen Multikulturalismus zu unterscheiden, da letzterer ethnische Identitäten festschreibt und trotz des Bemühens um Dialog zu der Reproduktion nationaler Zugehörigkeiten neigt (UITERMARK ET AL. 2005: 625). UITERMARK bezeichnet das Umfeld seiner Arbeiten als eine post-multikulturalistische Ära. Einem klassischen Multikulturalitätsbegriff entgegen steht das dynamische Aushandeln ethnischer Diversität und in der Konsequenz das Streben nach dem Ideal postnationaler citizenship in einer kosmopoliten Gesellschaft. Ein solches Aushandeln ethnischer Identität und Differenz sowie die Dekonstruktion nationaler Identitätszuschreibungen spielt in ASH AMINS (2002) Plädoyer für Multikulturalität eine bedeutende Rolle und findet sich auch bei einigen radikalen Geographen aus dem Kontext des *cultural turn* (z.B. MCDOWELL 1997). Bei STORPER (2001: 156) ist der Multikulturalismus die Widerspiegelung und Konkretisierung des Gedankenguts aus dem Bereich von Postmodernismus und Postkolonialismus in der politischen Praxis.

Besondere Bedeutung in der Diskussion um Multikulturalität haben die *postcolonial studies* und das in deren Kontext an Bedeutung gewinnende Konzept der Hybridisierung. Als führende Theoretiker dieser Forschungsrichtung gelten EDWARD SAID (1978 und 1994), HOMI K. BHABHA (1994) und GAYATARI SPIVAK (vgl. KENNEDY 2000; MARCUSE 2004). Postkoloniale Studien beinhalten eine Vielzahl unterschiedlicher theoretischer Strömungen, vielfach mit einer deutlichen Nahe zur durch MICHEL FOUCAULT (1990) angeregten Diskurstheorie, bezugnehmend beispielsweise auf JAQUES DERRIDAS „Dekonstruktion" und teilweise auch zu feministischen Theorien. Insbesondere BHABHA (1994) fokussiert die Identitätskontruktion und kulturelle Grenzziehungen durch koloniale Diskurse sowie durch Minderheitsdiskurse und den

Prozess des Othering. Hybridisierung meint bei EDWARD SAID (2001) die kulturellen Überlagerungen zwischen kolonisierender und kolonialisierter Gesellschaft. BHABHA stellt die Aspekte der Auseinandersetzung mit der Kolonialmacht und deren Untergrabung durch die kolonisierte Gesellschaft in den Vordergrund (vgl. KENNEDY 2000: 122). In diesem Sinne sind Diskurse dann hybrid, wenn den selben Artefakten und Ereignissen unterschiedliche, teils widersprüchliche Bedeutungen zugeschrieben werden.

Einige Autoren aus dem Umfeld der Forschungen zu Interkulturalität und Interkulturellem Management thematisieren Aspekte kultureller Hybridität im Zusammenhang mit der modernen Diaspora (vgl. MOOSMÜLLER 2002). In den Arbeiten Münchener Wirtschaftsgeographen findet sich dies – wenn auch nicht im Kontext der *postcolonial studies* angesiedelt – beispielsweise in der Arbeit zu dem Handeln deutscher Manager in Mexiko und deren unterschiedlicher kultureller Integrationsstrategien bzw. in Ihrem Umgang mit der Konstruktion von kulturellen Rollen und kultureller Differenz (vgl. REHNER 2004).

4 Kulturelle Produktion von Raum

4.1 Inwiefern wird Raum kulturell hergestellt?

In den Sozialwissenschaften ist nicht nur von einem *cultural turn* die Rede, sondern weitestgehend zeitgleich sprechen einige Autoren von einem *spatial turn* (SOJA 1999: 261). Soja spricht in diesem Zusammenhang von der *trialectis of being*, welche drei Dimensionen des menschlichen Daseins beinhaltet: die räumliche, die historische und soziale Dimension (SOJA 1999: 263). Bezüglich des Raumverständnisses wendet er sich gegen die binäre Logik der konzeptionellen Konfrontation eines manifesten beobachtbaren Raumes einerseits und eines imaginären Raumes andererseits (objektiv-subjektiv). Der Bruch mit dieser Logik verdeutlicht sich insbesondere in der Diskussion der Frage, wie Raum „produziert" wird.

Die konzeptionelle Grundlage der „Produktion" von Raum ist das 1973 veröffentlichte Werk des französischen marxistischen Philosophen HENRI LEFEBVRE. Es ist vor dem Hintergrund der philosophischen Schule HEIDEGGERS einerseits sowie der Einflüsse von MARX und HEGEL andererseits zu sehen (ELDEN 2004). Wie HEIDEGGER wendet sich LEFEBVRE gegen ein geometrisches Raumverständnis und sieht Raum als ein soziales und politisches Produkt (LEFEBVRE 1974: 26). Seine Analyse stützt sich auf die Triade aus drei Raumkonzepten (LEFEBVRE 1974: 33):

- Raum 1: Räumliche Praxis. Dieses Konzept bezieht sich auf Produktion und Reproduktion sowie räumliche Verortung von sozialen Formationen. Dieses Raumkonzept beinhaltet die Möglichkeit der Messung und kartographischen Darstellung.
- Raum 2: Repräsentation des Raumes. Dies Konzept ist im Imaginären angesiedelt und bezieht sich auf die Vorstellungen von Raum (einschließlich der Zielvorstellungen, Leitbilder etc.) und seine symbolischen Repräsentationen.
- Raum 3: Repräsentationsraum. Dieser auch als gelebter Raum bezeichnete Aspekt bezieht sich auf jenen Raum, der durch Bilder und Symbole vermittelt wird.

Bei dem, was LEFEBVRE als die Herstellung oder Produktion von Raum bezeichnet, wirken diese drei Aspekte zusammen. Er stellt aber hierbei heraus, dass für die Art und Weise von deren Zusammenwirken der spezifische gesellschaftliche und historische Kontext eine zentrale und kausale Rolle spielt.

> „It is reasonable to assume that spatial practice, representation of space and representational spaces contribute in different ways to the production of space according to their qualities and attributes, according to the society or mode of production in question, and according to the historical period“ (LEFEBVRE 1974: 46).

Damit kann der Prozess der Produktion von Raum nicht von Kultur getrennt werden. Gleichzeitig entfalten konkrete Orte sowie die Interaktionen welche die Orte konstituieren (vgl. MASSEY 1994), unmittelbare Bedeutung für individuelle Identitätskonstruktionen. Dies gilt insbesondere in einem Zeitalter der Postmodernität und der time-space compression (vgl. HARVEY 1989) aufgrund geringen Aufwandes und niedriger Kosten der Raumüberwindung.

Das die Münchener Wirtschaftsgeographie prägende Raumverständnis des verhaltensorientierten Ansatzes (HAAS/FLEISCHMANN 1986) beinhaltet, ohne in LEFEBVRES Tradition zu stehen, die ersten beiden Raumkonzeptionen. Im verhaltensorientierten Ansatz werden diese allerdings ausgehend von der individuellen Ebene konstituiert: der Wahrnehmungsraum beinhaltet Vorstellungen von Räumen, damit verbundene Risiken und Herausforderungen. Dem Ansatz liegt im Unterschied zu obiger Vorstellung der Produktion von Raum ein grundsätzlich positivistisches Wissenschaftsverständnis zugrunde. Die Produkte des Handelns werden demnach im Sinne des ersten Raumverständnis als Objekte und Strukturen (objektiv) beobachtbar. Die Wahrnehmung und Bewertung dieser Strukturen liegt aber im individuell-imaginären, welches unter dem Einfluss der sozialen und institutionellen Konstitution gebildet wird.

4.2 Kultur, Raum und Fundamentalismus

Im Zusammenhang mit geopolitischen Auseinandersetzungen nach der von FRANCIS FUKUYAMA (1992) als „end of the history“ bezeichneten weltweiten Durchsetzung der „Vernunft“ (implizit ist damit bei Fukuyama die demokratisch-kapitalistische Gesellschafts- und Wirtschaftsordnung gemeint), erlebten Kultur und Religion als politische Themen eine zum Teil unheilvolle Renaissance. Vor allem mit Beginn des neuen Jahrtausends, nach den Anschlägen vom 11.9.2001, dienten kulturelle Differenz sowie die verstärkte Wahrnehmung des islamistischen Fundamentalismus durch den „Westen“ als Rechtfertigungsstrategie für geopolitische Konfrontationen. Die Auseinandersetzung zwischen den USA und teilweise Westeuropa mit der arabischen oder islamischen Welt wurde teilweise als neuer „Weltkrieg“ (THORNTON 2003) bezeichnet.

Die breite Öffentlichkeit interpretierte die Anschläge von New York vielfach als Bestätigung der Thesen eines „Kampf der Kulturen“, wie sie Mitte der 1990er Jahre HUNTINGTON (1996) einerseits und mit zutiefst unterschiedlicher Argumentation BARBER (1995) andererseits prognostiziert hatten. Unter dem Eindruck der rasch zunehmenden, ethnisch bzw. religiös legitimierten Autonomiebestrebungen, der Kriege, Menschenrechtsverletzungen und „ethnischen Säuberungen“, wurde eine Renaissance ethnisch motivierter Konflikte vielfach in den ehemals sozialistischen Ländern und an den „Außengrenzen des Islam“ konstatiert (vgl. auch HOROWITZ 1985) und territoriale Ansprüche verstärkt ethnisch legitimiert. Dies geht aber über die Konfrontation zwischen „Westen“ und der „arabischen Welt“ oder „islamischen Welt“ hinaus. Als prominente Beispiele für ähnliche Entwicklungen ausserhalb der Konfrontation „Westen – Islam“ , kann die Doktrin historischer, kultureller, religiöser und territorialer Einheit Indiens (Hindutva) ebenso angeführt werden wie kulturnationalistische Tendenzen beispielsweise in Russland oder China.

HUNTINGTONS These zufolge sind die Hauptbruchlinien heute scheinbar nicht mehr ideologisch, sondern kulturell, religiös oder ethnisch begründet. Von Seiten der radikalen Geographie wird gerade diese Aussage in Frage gestellt und von „Kultur als Ideologie“ (vgl. BELINA 2003) gesprochen. Solche Kritik zielt teilweise darauf ab, dass die ihr zugrunde liegende Unterscheidung Westliche Welt – Orient letztlich auf der Maxime der Dominanz des demokratisch-wirtschaftsliberalen Ordnung beruht und sich daher auf die „Ideologie des Globalismus“ stützt. „Globalism, like Orientalism, is effective precisely because it pretends not to be an ideology, but just scholarship or description of the world as it is” (MARCUSE 2002). Mit Blick auf die deutsche Geographie kritisieren diese Autoren beispielsweise eine fehlende Auseinandersetzung mit solchen Ideologien, wobei diese Seite beispielsweise eine geographische Sicht auf Xenophobie, Militarismus und die Maxime von „Law and Order“ propagiert (vgl. BELINA ET AL. 2002).

In diesem Zusammenhang wird Kritik auch an der klassischen Religionsgeographie geübt und die Forderung nach mehr Kohärenz und theoretischer Fundierung laut. Im Bereich der Neuen Kulturgeographie vermuten einige Autoren die Möglichkeit hierzu – insbesondere durch deren Analyse der Rolle von Religion in der Identitätskonstruktion, räumlichen Praxis und Repräsentation (vgl. HOLLOWAY/VALINS 2002). Aus der Sicht der Münchener Wirtschaftsgeographie steht aber weniger eine solche an LEFEBVRE orientierte Thematisierung des Verhältnisses Religion – Raum im Zentrum des Interesses als deren Bedeutung für die Konstituierung ethischer Ordnungssysteme, welche das wirtschaftliche Handeln strukturieren.

4.3 Macht und Raum

Der Aspekt Macht wird in der Geographie aus verschiedener Perspektive beleuchtet: Eine erste beinhaltet die diskursive Verkoppelung von Macht und Territorium (GEBHARD ET AL. 2003) und kann in den Kontext der oben erwähnten Konflikte gestellt werden. In der räumlichen Verortung des Eigenen und des Fremden liegt der Kern der Ausgrenzung, und sie dient der Legitimation territorialer Machtausübung auf unterschiedlichen Maßstabsebenen. Diese beginnt bei lokaler Segregation und räumlicher Ausgrenzung und reicht bis hin zu den gewalttätigen ethnisch-religiösen Konfrontationen und geopolitischen Konflikten (GEBHARD ET AL. 2003: 3).

In der Tradition der Radikalen Geographie stehend formuliert DOREEN MASSEY (2003) „Geometrien der Macht“. Für sie ist die Gestaltung von Räumen gleichbedeutend mit der Gestaltung von Machtstrukturen. Räumliche Repräsentationen sozialer und wirtschaftlicher Macht beziehungsweise die Machtgefüge innerhalb der Konstruktion von Raum sind aus der Sicht dieser Forscher in geographische Analysen zu integrieren. Gerade im Kontext stark segregierter urbaner Räume gelten eben diese sozioökonomischen räumlichen Disparitäten als Ausdruck existenter Machtstrukturen.

In der durch globale ökonomische Zusammenhänge geprägten Perspektive von JOHN AGNEW (1999) produziert der „transnational liberalism“ ein Netzwerk aus direkt in den Weltmarkt eingebundenen Lokalitäten in welchen sich die erfolgreichen durch die Attraktivität für internationale Finanz- und Wissensströme auszeichnen. Als Konsequenz konstatiert er eine Entterritorialisierung von Finanzkapital und Veränderung der politischen Macht. Dies äußert sich vor allem in entterritorialisierten Währungssystemen, aber auch in Phänomenen wie Steueroasen, vor allem aber in einer Veränderung in der bedeutenden zu kontrollierenden Ressourcen.

> „In this context understanding power as if it is attached singularly and permanently to state territories makes little or no sense. (...) Political power itself is now more about control over information, finance and cultural production than about military coercion, control over raw materials or even trading capacity“ (AGNEW 1999: 190).

Auch PEET (2007) setzt Macht mit Kontrolle weitgehend gleich und unterscheidet wirtschaftliche, ideologische und politische Macht. Insbesondere in der politisch-weltanschaulich motivierten Argumentation findet sich teilweise eine implizite Gleichsetzung von Politik mit Macht beziehungsweise Ökonomie mit Profit (vgl. BELINA 2003: 84). In beiden Fällen wird Macht weitestgehend an die Kontrolle über Ressourcen gebunden.

Die Ausstattung mit Ressourcen stellt aber nur einen Indikator für das Machtpotenzial dar, sie sagt nichts darüber aus, ob das Machtpotenzial auch tatsächlich mobilisiert wird. Außerdem kann Macht nicht losgelöst von Interaktionen gedacht werden. Ausgeübt wird Macht immer in Bezug auf andere, d. h. Macht ist grundsätzlich an Interaktionsprozesse gebunden und somit eine relationale Kategorie (vgl. BERNDT 1999: 306). Zudem muss selbst jener Akteur, der über die höchsten Machtressourcen verfügt, Koalitionen eingehen, da es bei der Ausübung von Macht in der Regel Widerstand gibt und der Wettbewerb einer rein auf Macht beruhenden Steuerung entgegenwirkt. Hier manifestiert sich ein kollektives, netzwerkbasiertes Verständnis von Macht, welches davon ausgeht, dass Macht aus Netzwerken rekurriert wird (vgl. ALLEN 1997: 63), bzw. dass innerhalb von kooperativen Beziehungen einzelne Akteure ihre gemeinsame Macht über Dritte ausweiten können (vgl. MANN 1990: 22). Aber auch innerhalb von Netzwerken und anderen kooperativen Interaktionsformen sind Machtasymmetrien nicht nur denkbar, sondern stellen ein konstitutives Merkmal der Beziehungen dar (vgl. GRABHER 1993).

Die im Rahmen der Münchener Wirtschaftsgeographie angesiedelten machttheoretisch begründeten Arbeiten folgen der Konzeption geographischer Konfliktforschung nach REUBER (1999), welche die autoritativen und allokativen Ressourcen als institutionelle Aspekte der Macht mit den individuellen Eigenschaften der Akteure verbindet. Vor allem liegt ihnen ein funktional-strategisches Machtverständnis zugrunde, welches Macht als relational und nicht hierarchisch betrachtet. Hierbei wird der Machtausübung besondere Beachtung geschenkt und Macht und Diskurs werden als komplementäre Elemente begriffen (vgl. PÜTZ/REHNER 2007).[13]

5 Kulturelle Produktion von Wirtschaft – zwischen Ressource und Risikofaktor

Das Verhältnis von Wirtschaft, Kultur und Raum bildete den zentralen Berührungspunkt umfangreicher Forschungsarbeiten mit intensiver Beteiligung deutscher Geographen im Rahmen des bayerischen Forschungsverbundes Area Studies (forarea), welche sich im Laufe von rund zehn Jahren einem breiten Themenspektrum widmeten (dokumentiert in: KOPP 2002).

5.1 Wirtschaftskulturen und Ethnisches Unternehmertum

Der wirtschaftliche Entwicklungsprozess von Räumen lässt sich in den Zusammenhang vorherrschender Normen- und Wertesystem stellen. In historischer Perspektive wurden beispielsweise Phasen beschleunigten Wirtschaftswachstums, technologischer und organisatorischer Entwicklung sowie bedeutender Wohlstandsgewinne teilweise durch eine spezifische, kulturell begründete Wirtschaftsethik erklärt (vgl. PEYREFITTE 1995). Inspiriert durch die klassische Arbeit MAX WEBERS (1984) führen verschiedene Autoren beispielsweise das englische und holländische „Wirtschaftswunder“ auf die protestantische Ethik und deren spezifischen Arbeitsethos zurück. Aber auch die dynamische Entwicklungsphase Japans im 20. Jahrhundert kann durch das vorherrschende Normen- und Wertesystem erklärt werden. Selbst Autoren aus dem Kontext der radikalen Geographie greifen Webers Argumentation auf (vgl. PEET 2000).

Die wirtschaftswissenschaftliche Auseinandersetzung mit Religion bzw. mit den großen Weltreligionen als kulturelle Systeme ist in diesem Lichte zu sehen. Für die Wirtschaftsgeographie werden Aspekte der Religionsgeographie daher nicht durch eine historische Erfassung von Verbreitungsmustern, Expansionsrichtungen etc. relevant, sondern durch deren Beitrag zur Erklärung von Identität sowie existenten Normen und Wertesystemen. Am Münchener Institut für Wirtschaftsgeographie wurde hierzu beispielsweise die Integrationsfähigkeit der großen Weltreligionen in die domi-

[13] REUTER (2000) unterscheidet zwischen diskursiven Akten, welche sich an dem Habermasschen Ideal orientieren und Akten der Macht. Letztere schließen zwar Argumentation ein, diese dient aber hier nicht der Wahrheit, sondern der strategischen Durchsetzung der eigenen Position.

nanten Wirtschaftstheorien des westlichen Kapitalismus auf den analytischen Ebenen Ideologie, Gesellschaft und Individuen untersucht (vgl. SCHWALD 1998).

Jüngere Arbeiten in der deutschen Geographie zum ethnischen Unternehmertum (vgl. BOECKLER 2005, PÜTZ 2003) distanzieren sich explizit von dem essentialistischen Kulturverständnis sowie den damit verbundenen Zuschreibungsmechanismen und suchen nach einer Entterritorialisierung von Kultur. Das als Gegenkonzept vorgeschlagenen Verständnis von Kultur als diakritische Praxis (vgl. BOECKLER 1999) beinhaltet die alltägliche Grenzziehung und Distanzierung sowie Reproduktion von Unterschieden. Dieses Konzept hat beispielsweise zur Folge, dass der „orientalische Unternehmer" als der vom modernen Unternehmer ausgeschlossene „andere" verstanden wird.

Dennoch ist nicht von der Hand zu weisen, dass institutionelle Kontexte wirtschaftliches Handeln prägen. Hierzu ist beispielsweise KATHARYNE MITCHELLS Arbeit zu ethnischen Netzwerken chinesischer Eliten in Hongkong anzuführen (MITCHELL 1995). Auch bezüglich der Zusammenarbeit zwischen deutschen Unternehmen und ihren chinesischen Zulieferern kommt beispielsweise HEINER DEPNER (2006) zum Schluss, dass Unternehmen als kollektive Akteure aufgrund ihrer institutionellen Prägung Arbeitsabläufe und Beziehungen unterschiedlich organisieren, was letztlich die Kooperation und Koordination erheblich erschwert. Er führt dies darauf zurück, „dass der Nationalstaat nach wie vor einen Referenzrahmen für die Entwicklung kultureller Eigenarten bildet" (DEPNER 2006: 19). Vielfach thematisiert sind in diesem Zusammenhang Aspekte der Verhandlungsführung und Partnerwahl, welche unter anderem in den forarea-Projekten untersucht wurden (vgl. BÖHN/REICHENBACH 2003).

5.2 Kultur und Netzwerke

Auf lokaler und regionaler Ebene wurden in den letzten 20 Jahren zahlreiche Ansätze formuliert, welche auf das Konzept sozialer *embeddedness* ökonomischen Handelns (vgl. GRANOVETTER 1985) zurückgreifen[14]. Konzepte wie Industrial Districts, kreative Milieus, lernende Region etc. beinhalten letztlich alle in mehr oder weniger zentraler Position das Argument, dass sozial und kulturell begründete Beziehungen zwischen ökonomischen Akteuren Unsicherheit reduzieren, tazites und kollektives Wissen gene-

[14] Aus der Vielzahl der hierzu veröffentlichten Arbeiten, die im Rahmen einer massiven Forschungswelle im Laufe der 1990er Jahre produziert wurden, sei hier nur eine unzulässig verkürzte Auswahl geographischer Autoren erwähnt: ASHEIM 1996; FROMHOLD-EISEBITH 1995; STERNBERG 1995; MARKUSEN 1996; STORPER und WALKER 1991.

rieren und Risiken auf verschiedene Akteure verteilen. Solche relationale Ressourcen sind nicht handelbar, schwer substituierbar und stützen sich auf die Netzwerkbeziehungen (vgl. HADJIMICHALIS 2006). Insbesondere in der relationalen Wirtschaftsgeographie (vgl. BATHELT/GLÜCKLER 2002) wird dem Konzept Sozialkapital (vgl. COLEMAN 1988, LIN 2001, PUTNAM 1993, PORTES 1998) zunehmend Beachtung geschenkt und es entwickelt Bedeutung für die Netzwerktheorie (vgl. GLÜCKLER 2004). Hierbei ist aber die implizite direkte Zuordnung von Sozialkapital zu einem bestimmten Raum ebenso zu hinterfragen wie die Überbetonung des „Lokalen“ bzw. der räumlichen Dimension in der geographischen Adoption des „embeddedness“-Konzepts (vgl. HESS 2004). Eine solche Verkürzung wird insbesondere im Rahmen Maßstabsübergreifender Ansätze, insbesondere im Global Production Network (vgl. COE/DICKEN/HESS 2008) überwunden, da dieser globale Akteure und territorial gebundene Aspekte gleichermaßen fokussiert.

Die Beziehungs- und Interaktionsstrukturen der ethnischen Netzwerke (z.B. "Chinese Business Networks") tragen nicht nur in historischer Perspektive zur Erklärung weltwirtschaftlicher Strukturen und Zusammenhänge bei. Neben den bekannten vor- und frühkapitalistischen netzwerkbasierten Handelsstrukturen (vgl. COHEN 1997; Kotkin 1996) thematisiert die moderne Diaspora-Forschung (vgl. MOOSMÜLLER 2002) die Bedeutung der gemeinsamen kulturellen Basis als Grundlage erfolgreichen Wirtschaftens in fremdkulturellen Gastländern. Insgesamt ist festzuhalten, dass ethnische Netzwerke auch in modernen, global orientierten Industriegesellschaften relevant sind und zudem unterschiedlich konstituiert sind (vgl. MITCHELL 2000; YEUNG 1998).

> “Cultural diversity and embeddedness are very much part of transnational economic activity. Power asymmetries, network configuration and governance modes vary on cultural background” (YEUNG 1998).

Teilweise steht die Diskussion um die Wirkung von ethnischen Netzwerken im Zusammenhang mit dem Konzept des Kulturellen Kapitals, welche sich auf BOURDIEU (1983) beruft und dessen Verständnis von Kultur als soziale Praxis und soziale Reproduktion von Symbolen und Bedeutungen (vgl. LIN 2001: 14). Selbst aus dem Umfeld raumwirtschaftlicher Forschung betonen jüngere Arbeiten die Bedeutung beispielsweise von Migrantennetzwerken für regionale Innovationssysteme (STERNBERG 2007) und sprechen in diesem Zusammenhang von kognitiver und institutioneller Nähe.

Im Rahmen der forarea-Forschungen untersuchten Münchener Wirtschaftsgeographen die Risiken und Konsequenzen des Agierens in fremd-kultureller Umgebung. Im Fokus steht dabei die Netzwerkbildung unter Deutschen, deren Konsequenzen für den unternehmerischen Erfolg, ihr Beitrag zur Vermeidung oder Lösung kulturell bedingter Probleme und andererseits deren potentiell einschränkende Wirkung auf eine Integration in die lokale Gesellschaft (vgl. HAAS/REHNER 2003; REHNER 2004).

5.3 Kultur und globale Wirtschaftsbeziehungen

Wie oben besprochen, finden ökonomische Transaktionen nicht in einem Vakuum statt, sondern das Handeln der Geschäftspartnerist in den jeweiligen sozialen und kulturellen Kontext eingebettet (vgl. GRANOVETTER 1985; BATHELT/GLÜCKLER 2002). Im Zuge der Globalisierung werden kulturelle Bezüge zwar entterritorialisiert, es kommt aber gleichzeitig im Wirtschaftsleben zwangsläufig zu häufigeren und intensiveren Kontakten zwischen Akteuren unterschiedlicher kultureller Prägung. Somit entstehen kulturelle Überschneidungssituationen, in denen unterschiedliche Formen des Wahrnehmens und Handelns aufeinander treffen.

Kulturelle Differenz kann hierbei als Risikofaktor angesehen werden, da in interkulturelle Interaktionssituationen gestellte Entscheidungsträger vielfach nicht mit den sozial konstituierten Interaktionsregeln vertraut sind (vgl. HAAS 2004). Noch weniger ist Kenntnis und Verinnerlichung der diese steuernden Werte- und Normensysteme durch den in fremd-kultureller Umgebung befindlichen Handelnden anzunehmen. Aus interkultureller Differenz können Missverständnisse und Konflikte entstehen, welche ökonomische Risiken darstellen. Da diese aber mit den gängigen Messverfahren für Länderrisiken nicht angemessen zu beurteilen sind, entstand insbesondere in den 1990er Jahren ein Forschungszweig, der sich mit diesen in Geschäftsbeziehungen auftretenden Risiken auseinandersetzt. Die Literatur zum Umgang mit kulturbedingten Risiken ist umfangreich und hat gerade im Kontext beschleunigter Globalisierungsprozesse bei gleichzeitiger Veränderung tradierter geopolitischer Strukturen Eingang in die managementorientierte wissenschaftlichte Literatur gefunden (vgl. APFELTHALER 1999; HOFSTEDE 2004; KUTSCHKER/SCHMID 2005; PERLITZ 2000; TROMPENAARS 1993).

Zahlreiche Arbeiten im Rahmen des genannten Forschungsverbundes forarea widmen sich verwandten Fragen: BÖHN/REICHENBACH 2003 zeigen die Bedeutung von Kultur, kultureller Differenz und der Achtung gegenüber fremden Kulturen im Prozess der Kooperationsbildung mit ausländischen Partnern am Beispiel deutscher Unternehmen in China auf. Kultur und kulturelle Differenz kann aber auch als entscheidende Ressource für ein kulturelle Grenzen überschreitendes Management begriffen werden. Gemäß diesem Verständnis liefert interkulturelle Kompetenz die Grundlage für qualitatives Wachstum von Unternehmen (vgl. SCHERLE 2006).

Weitergefasste Perspektiven auf die Beziehung zwischen Kultur und Globalisierung thematisieren die Rolle gemeinsamer kultureller Basis bei der Bildung regionaler Blöcke und ökonomischer und/oder politischer Kooperationen, sowie deren teilweise steigende Beachtung bei zeitgleichem Bedeutungsverlust der nationalstaatlichen Ebene durch Globalisierungsprozesse (vgl. OHMAE 1995). Die Globalisierung ist zudem vom Aufkommen einer Nezwerkgesellschaft (vgl. CASTELLS 1998) geprägt, bringt teilweise eine Entterritorialisierung von Identitäten mit sich und trägt zum Wandel von einem „space of places" zu einem „space of flows" bei (vgl. GEBHARD ET AL.2003).

Literatur

AGNEW, J. (1999): The New Geopolitics of Power. In: Massey, D.; Allen, J.; Sarre, P. (Hrsg.): Human Geography today, S. 173-193.

ALLEN, J. (1997): Economies of Power and Space. In: Lee, R.; Wills, J. (Hrsg.): Geographies of Economies. London, S. 59-70.

AMIN, A. (2002): Ethnicity and the multicultural city: living with diversity. In: Environment and Planning A 34(6), S. 959-980.

AMIN, A.; THRIFT, N. (2005): What´s left? Just the future. In: Antipode 37, S. 220-238.

APFELTHALER, G. (1999). Interkulturelles Management. Die Bewältigung kultureller Differenzen in der internationalen Unternehmenstätigkeit. Wien.

BAILLY, A. (1989): Lo imaginario espacial y la geografía: en defensa de la geografía de las representaciones. In: Anales de Geografía de la Universidad Complutense 9, S. 11-19.

BARBER, B. (1995): Jihad vs. McWorld. New York.

BARNES, T. (2001): Re-theorizing Economic Geography: From the Quantitative Revolution to the "Cultural Turn". In: Annals of the Association of American Geographers 91 (3), S. 546-565.

BARNETT, C. (1998): The cultural turn: fashion or progress in human geography? Antipode 30 (4), S. 379-394.

BATHELT, H. (1994): Die Bedeutung der Regulationstheorie in der wirtschaftsgeographischen Forschung. In: Geographische Zeitschrift 82 (2), S. 63-90.

BATHELT, H.; GLÜCKLER, J. (2002): Wirtschaftsgeographie: ökonomische Beziehungen in räumlicher Perspektive. Stuttgart.

BELINA, B. (2003): Kultur? Macht und Profit! – Zu Kultur, Ökonomie und Politik im öffentlichen Raum und in der Radical Geography. In: H. Gebhardt, P. Reuber und G. Wolkersdorfer (Hrsg.): Kulturgeographie. Heidelberg, S. 83-97.

BELINA, B.; BEST, U.; STRÜVER, A. (2002): Change and Continuity in German Landscapes of Fear and Imperialism after September 11th: "Nothing Remains" = "More of the Same"? In: Antipode 35, S. 829-834.

BERNDT, C. (1999): Institutionen, Regulation und Geographie. In: Erdkunde 53, S. 302-315.

BERNDT, C.; GLÜCKLER, J. (2006): Einleitung. In: C. Berndt und J. Glückler (Hrsg.): Denkanstöße zu einer anderen Geographie der Ökonomie. Bielefeld, S. 9-24.

BERNDT, C.; PÜTZ, R. (2007): Kulturelle Geographien nach dem Cultural turn. In: Christian Berndt und Robert Pütz (Hrsg.): Kulturelle Geographien. Zur Beschäftigung mit Raum und Ort nach dem Cultural turn. Bielefeld, S. 7-27.

BHABHA, H. (1994): The location of culture. London.

BLUNT, A.; WILLS, J. (2000): Dissident Geographies. An introduction to radical ideas and practice. Harlow.

BOECKLER, M. (1999): Entterritorialisierung, „orientalische" Unternehmer und die diakritische Praxis der Kultur. In: Geographische Zeitschrift, 87 (3), S. 178-193.

BOECKLER, M. (2005): Geographien kultureller Praxis. Syrische Unternehmer und die globale Moderne. Bielefeld.

BÖHN, D.; REICHENBACH, T. (2003): Der geeignete Kooperationspartner: Auswahlkriterien und kulturelles bargaining. In: Böhn, D. ET AL. (Hrsg.): Deutsche Unternehmen in China. Märkte, Partner, Strategien. Wiesbaden, S. 144-165.

BOURDIEU, P. (1983): Ökonomisches Kapital, kulturelles Kapital, soziales Kapital. In: R. Kreckel (Hrsg.): Soziale Ungleichheiten. Göttingen, S. 183-198.

BOYLE, M. (2006): Culture in the Rise of Tiger Economies: Scottish Expatriates in Dublin and the „Creative Class" Thesis. In: International Journal of Urban and Regional Research 30(2), S. 403-426.

BUCHEGGER, V. A. (2006): Darstellung der Studie und deren Ergebnisse sowie eine kritische Würdigung. http://www.buchegger-partner.com. Abrufdatum: 25.08.2008.

CAPEL, H. (2002): Continuar y superar a Milton Santos. In: El ciudadano, la globalización y la geografía. Homenaje a Milton Santos. Scripta Nova. Revista electrónica de geografía y ciencias sociales 6 (124). http://www.ub.es/geocrit/sn/sn-124.htm

CASTELLS, M. (1998): End of Millennium. Oxford.

CHAREAUDEAU, P.; MAINGUENEAU, D. (2002): Diccionario de análisis del discurso. Buenos Aires, Madrid.

COE, N.; DICKEN, P.; HESS, M. (2008): Global Production Networks: Realizing the Potential. In: Journal of Economic Geography 8(3), S. 271-295.

COHEN, R. (1997): Global Diasporas. An introduction. London.

COLEMAN, J. (1988): Social Capital in the Creation of Human Capital. In: American Journal of Sociology 94, S. 95-120.

COSGROVE, D.; JACKSON, P. (1987): New Directions in Cultural Geography. In: Area 19 (2), S. 95-101.

CRANG, M. (1998): Cultural geography. London.

DEPNER, H. (2006): Transnationale Direktinvestitionen und kulturelle Unterschiede. Lieferanten und Joint Ventures deutscher Automobilzulieferer in China. Bielefeld.

DIJK, T. van (2001): El análisis crítico del discurso. In: Anthropos (Barcelona), 186, septiembre-octubre 1999, S. 23-36.

EHRMANN, U. (2007): Magische Marken – Eine Fusion von Ökonomie und Kultur im globalen Konsumkapitalismus? In: Christian Berndt und Robert Pütz (Hrsg.): Kulturelle Geographien. Zur Beschäftigung mit Raum und Ort nach dem Cultural turn. Bielefeld, S. 317-348.

ELDEN, S. (2004): Between Marx and Heidegger: Politics, Philosophy and Lefebvre´s The Production of Space. In: Antipode 36 (1), S. 86-105.

FAIRCLOUGH, N. (1995). Critical Discourse Analysis. London.

FLORIDA, R. (2002): The rise of the creative class: and how it´s transforming work, leisure, community and everyday life. New York.

FOUCAULT, M. (1990): Archäologie des Wissens. 4. Auflage. Frankfurt am Main.

FRANKE, R.; HOFSTEDE, G.; BOND, M. (1991): Cultural Roots of Economic Performance: A Research Note. In: Strategic Management Journal, Vol. 12, Special Issue: Global Strategy, S. 165-173.

FROMHOLD-EISEBITH, M. (1995): Das "kreative Milieu" als Motor regionalwirtschaftlicher Entwicklung. Forschungstrends und Erfassungsmöglichkeiten. In: Geographische Zeitschrift 83 (1), S. 30-47.

FUKUYAMA, F. (1992): The End of History and the Last Man. New York.

GEBHARDT, H.; REUBER, P.; WOLKERSDORFER, G. (2003): Kulturgeographie – Leitlinien und Perspektiven. In: GEBHARDT, H. ET AL. (Hrsg.): Kulturgeographie. Aktuelle Ansätze und Entwicklungen. Heidelberg/Berlin, S. 1 - 30.

GEERTZ, C. (1973): The interpretation of cultures. Second Edition (2000). New York.

GIBSON-GRAHAM, J. (1996): The end of Capitalism (as we knew it). A feminist critique of political economy. Oxford.

GIDDENS, A. (1984). The Constitution of Society. Cambridge.

GLASZE, G.; PÜTZ, R.; ROLFES, M. (Hrsg.)(2005): Diskurs – Stadt – Kriminalität. Städtische (Un-)Sicherheiten aus der Perspektive von Stadtforschung und Kritischer Kriminalgeographie.

GLÜCKLER, J. (2004): Reputationsnetzwerke. Zur Internationalisierung von Unternehmensberatern. Eine relationale Theorie. Bielefeld.

GRABHER, G. (Hrsg.) (1993): The embedded firm. London.

GRANOVETTER, M. (1985): Economic Action and Economic Structure: the Problem of Embeddedness. In: American Journal of Sociology 91, S. 481-510.

GREGORY, D. (1978): Ideology, science, and human geography. London.

HAAS, H.-D. (2004): Kultur als unternehmerisches Länderrisiko. Eine Analyse verhaltensbedingter Markteintrittsbarrieren am Beispiel der VR China. In: Albrecht, P.; Lorenz, E.; Rudolph, B. (Hrsg.): Risikoforschung und Versicherung. Karlsruhe, S. 153 - 177.

HAAS, H.-D.; REHNER, J. (2002): Die Automobilindustrie in der VR China vor dem Hintergrund wirtschaftlich-gesellschaftlichen Wandels. In: Zeitschrift für Wirtschaftsgeographie 46 (3/4), S. 163-180.

HAAS, H.-D.; REHNER, J. (2003): The Role of Inter-Firm Networks in Penetrating Foreign Markets. In: Horst Kopp (Ed.): Area Studies, Business and Culture. Results of the Bavarian Research Network forarea. Münster, S. 347-355.

HAAS, H.-D.; FLEISCHMANN, R. (1986): Probleme industrieller Standortentwicklung aus der Sicht einer verhaltensorientierten Industriegeographie. In: F. Schaffer und W. Poschwatta (Hrsg.): Angewandte Sozialgeographie. Augsburg, S. 303-328.

HABERMAS, J. (1981): Theorie des kommunikativen Handelns. Frankfurt a. Main.

HADJIMICHALIS, C. (2006): Non-Economic Factors in Economic Geography and in „New Regionalism“ A Sympathetic Critique: In: International Journal of Urban and Regional Research 30(3), S. 690-704.

HÄGERSTRAND, T. (1967): Innovation Diffusion as a Spatial Process. Chicago.

HALL, E. (1959). The Silent Language. New York.

HARVEY, D. (1989): The Condition of Postmodernity. An enquiry into the origins of cultural change. Oxford.

HASTINGS, A. (1999): Analysing Power Relations in Partnerships: Is There a Role for Discourse Analysis? In: Urban Studies, 36 (1), S. 91-106.

HESS, M. (2004): „Spatial“ relationships? Towards a reconceptualization of embeddedness. In: Progress in Human Geography, 28 (2), S. 165-186.

HESS, M.; YEUNG, H. (2006): Guest Editorial. In: Environment and Planning, A 38, S. 1193-1204.

HOFSTEDE, G.; BOND, M. (1988): The Confucius connection: From cultural roots to economic growth. In: Organizational Dynamic 16, S. 4-21.

HOFSTEDE, G. (2004): Lokales Denken, globales Handeln : interkulturelle Zusammenarbeit und globales Management. 2. Auflage. München.

HOLLOWAY, J.; VALINS, O. (2002): Editorial: Placing religion and spirituality in geography. In: Social & Cultural Geography 3 (1), S. 5-9.

HOROWITZ, D. (1985): Ethnic Groups in Conflict. 2. Auflage 2000. Berkeley.

HOUSE, R.; JAVIDAN, M. (2004): Overview of GLOBE. In: HOUSE, R. ET AL. (Hrsg.): Leadership Culture and Organizations: The GLOBE study of 62 societies. Thousand Oaks, S. 9-28.

HUNTINGTON, S. (1996): The Clash of Civilizations and the Remaking of World Order. New York.

JÄGER, S. (2001): Diskurs und Wissen. Theoretische und methodische Aspekte einer kritischen Diskurs- und Dispositivanalyse. In: Reiner Keller ET AL. (2001): Handbuch sozialwissenschaftlicher Diskursanalyse. Band 1: Theorien und Methoden. Opladen. 81-112.

KELLER, R.; HIRSELAND, A.; SCHNEIDER, W.; VIEHÖVER, W. (2001): Zur Aktualität sozialwissenschaftlicher Diskursanalyse – eine Einführung. In: Reiner Keller ET AL. (2001): Handbuch sozialwissenschaftlicher Diskursanalyse. Band 1: Theorien und Methoden. Opladen, S. 7-27.

KENNEDY, V. (2000): Edward Said. A Critical Introduction. Cambridge: Polity Press.

KOPP, H. (Hrsg.) (2002): Area Studies, Business and Culture - Results of the Bavarian Research Network forarea. München.

KOTKIN, J. (1996). Stämme der Macht. Der Erfolg weltweiter Clans in Wirtschaft und Politik. Hamburg.

KUTSCHKER, M.; SCHMIDT, S. (2005): Internationales Management. 4. Auflage. München..

LEFEBVRE, H. (1974): The production of space. Oxford: Blackwell. (Englische Übersetzung 1991).

LIN, N. (2001): Social Capital. A Theory of Social Structure and Action. (= Structural Analysis in the Social Sciences 19). Cambridge.

LINDÓN, A. (2007): Los imaginarios urbanos y el constructivismo geográfico: los hologramas espaciales. In: eure 33 (99), S. 31-46.

MARCUSE, P. (2002): Really Existing Globalization after September 11. In: Antipode 34 (4), S. 633-641.

MARCUSE, P. (2004): Said´s Orientalism: A Vital Contribution Today. In: Antipode 36 (5), S. 809-817.

MARKUSEN, A. (1996): Sticky Places in a Slippery Space. A Typology of Industrial Districts. In: Economic Geography 27 (3), S. 293-313.

MASSEY, D. (1994): Space, Place and Gender. Minneapolis.

MASSEY, D. (2003): Spaces of Politics – Raum und Politik. In: Gebhardt, H.; Reuber, P.; Wolkersdorfer, G. (Hrsg.): Kulturgeographie. Aktuelle Ansätze und Entwicklungen. Heidelberg, Berlin, S. 31-46.

MASSEY, D. (2008): When Theory Meets Politics. In: Antipode 40 (3), S. 492-497.

MCDOWELL, L. (1997): Capital culture: Gender at work in the city. Oxford.

MITCHELL D. (1995): There´s no such thing as culture: Towards a reconceptualization of the idea of culture in geography. In: Transactions of the Institute of British Geographers, New Series 20, S. 102-116.

MITCHELL, D. (2000): Cultural geography: A Critical Introduction. Oxford.

MITCHELL, D. (2008): Confessions of a Desk-Bound Radical. In: Antipode 40 (3), S. 448-454.

MITCHELL, K. (1995): Flexible circulation in the Pacific Rim: capitalisms in cultural context. In: Economic Geography 71, S. 364-382.

MITCHELL, K. (2000): Networks of Ethnicity. In: E. Sheppard & T. Barnes (Eds.): A companion to economic geography. Oxford, S. 377-391.

MOOSMÜLLER, A. (Hrsg.) (2002): Interkulturelle Kommunikation in der Diaspora. Die kulturelle Gestaltung von Lebens- und Arbeitswelten in der Fremde (= Münchener Beiträge zur Interkulturellen Kommunikation, Band 13). Münster.

NASH, C. (2002): Cultural Geography in Crisis. In: Antipode 34 (2), S. 321-325.

NAST, H. (2002): Special Issue: Queer Patriarchies, Queer Racisms, International: Guest Editor's Prologue: Crosscurrents. In: Antipode 34 (5), S. 835-844.

OHMAE, K. (1995): The End of the Nation State. The Rise of Regional Economies. London.

PEET, R. (2000): Culture, imaginary, and rationality in regional economic development. In: Environment and Planning A 32 (7), S. 1215-1234.

PEET, R. (2002): There Is Such a Thing as Culture. In: Antipode 34 (2), S. 330-333.

PEET, R. (2007): Geography of Power: Making Global Economic Policy. London.

PERLITZ, M. (2000): Internationales Management, 4. Auflage, Stuttgart/Jena.

PEYREFITTE, A. (1995): Du “Miracle” en economie. Paris.

PORTES, A. (1998): Social Capital: its origins and Application in Modern Society. In: Annual Review of Sociology 22, S. 1-24.

PRED, A. (1977): The choreography of existence: Comments on Hägerstrand's time-geography and its usefulness. In: Economic Geography 53, S. 207-221.

PUTNAM, R. (1993): The Prosperous Community. Social Capital and Public Life. In: The American Prospect 13, S. 35-42.

PÜTZ, M.; REHNER, J. (2007): Macht in konfliktreichen Grossprojekten der Stadtentwicklung. Revitalisierung des Hafens Puerto Madero in Buenos Aires. In: DisP – Swiss Planning Review 171 (4), S. 36-49.

PÜTZ, R. (2003): Kultur und unternehmerisches Handeln - Perspektiven der Transkulturalität als Praxis. In: Petermanns Geographische Mitteilungen 147, S. 76-83.

REDEPENNING, M.; WARDENGA, U. (2004): Neue Kulturgeographie. Ein Forschungsfeld wird exploriert. Zusammenfassung der Tagung "Neue Kulturgeographie in Deutschland. Themen, Methoden, Perspektiven". http://www.uni-jena.de/unijenamedia/redepenning_wardenga.pdf

REHNER, J. (2004): Netzwerke und Kultur. Unternehmerisches Handeln deutscher Manager in Mexiko (=Wirtschaft & Raum 11). München.

REHNER, J. (2006a): Interkulturelles Marketing – Das Beispiel der Nahrungsmittelindustrie. In: Hans-Dieter Haas und Simon-Martin Neumair (Hrsg). Internationale Wirtschaft. München, S. 461-490.

REHNER, J. (2006b): Nation und Kultur. In: Hans-Dieter Haas und Simon-Martin Neumair (Hrsg.): Internationale Wirtschaft. München, S. 349-375.

REHNER, J. (2008): Unternehmensnetzwerke im Umgang mit Kriminalität und Korruption. Berichte aus Argentinien und Mexiko. In: T. Kühlmann und H.-D. Haas (Hrsg.): Internationales Risikomanagement. Auslandserfolg durch grenzüberschreitende Netzwerke. München, S. 277-301.

REHNER, J.; PÜTZ, M. (2008): Gobernanza urbana, ordenamiento territorial y actos de poder en proyectos urbanos conflictivos en Munich/Alemania. In: G. Yañez, A. Orellana, O. Figueroa, F. Arenas (Hrsg.): Ciudad, Poder, Gobernanza (=Serie GeoLibros No. 9/Eure Libros). Santiago de Chile, S. 291-317.

REUBER, P. (1999): Raumbezogene politische Konflikte. Geographische Konfliktforschung am Beispiel von Gemeindegebietsreformen (= Erdkundliches Wissen 131). Stuttgart.

REUTER, W. (2000): Zur Komplementarität von Diskurs und Macht in der Planung. disP, 141. 4-16.

RODRÍGUEZ-POSE, A. (2001): Killing economic geography by a „cultural turn" overdose. A reply to Amin and Thrift. Antipode 33 (2), S. 176-182.

SAID, E. (1978): Orientalism. London.

SAID, E. (1994): Culture and Imperialism. London.

SANTOS, Milton (2000): La naturaleza del espacio. Técnica y tiempo. Razón y emoción. Barcelona.

SAUER, C. O. (1967): Agency of Man on Earth. In: Fred E. Dohrs und Lawrence M. Summer (Hrsg.): Cultural Geography. Selected Reading. New York.

SCHERLE, N. (2006): Bilaterale Unternehmenskooperationen im Tourismussektor. Ausgewählte Erfolgsfaktoren. Wiesbaden.

SCHWALD, C. M. (1999): Religionsgeprägte Weltkulturen in ökonomischen Theorien. (= Wirtschaft & Raum 3). München.

SOJA, E. (1989): Postmodern Geographies. The reassertion of space incritical social theory. London.

SOJA, E. (1999): Thirdspace: Expanding the Scope of the Geographical Imagination. In: D. Massey; J. Allen; Sarre, P. (Hrsg.): Human Geography Today. Cambridge.

STERNBERG, R. (1995): Technologiepolitik und High-Tech-Regionen – ein internationaler Vergleich (= Wirtschaftsgeographie 7). Münster.

STERNBERG, R. (2000): Stand, Selbstverständnis und Perspektiven der deutschen Wirtschaftsgeographie. In: M. Niedermeyer, R. Glaser, B. Sponholz (Hrsg.): Geographie in Perspektive. Beiträge zum Fachkolloquium "100 Jahre Geographie in Würzburg" (=Würzburger Geographische Arbeiten, 94), S. 33-58.

STERNBERG, R. (2007): Entrepreneurship, proximity and regional innovation systems. In: Tijdschrift voor Economische en Sociale Geografie 98 (5), S. 652-666.

STORPER, M. (2001): The poverty of the radical theory today: From the false promises of Marxism to the mirage of the cultural turn. In: International Journal of Urban and Regional Research 25 (1), S. 155-179.

STORPER, M.; WALKER, R. (1991): The Capitalist Imperative: Territory, Technology and Industrial Growth. Blackwell.

THORNTON, W. (2003): Cold War II: Islamic Terrorism as Power Politics. In: Antipode 35, S. 205-211.

TROMPENAARS, F. (1993): Riding the Waves of Culture: Understanding Cultural Diversity in Business.Random House.

TUAN, Yi-Fu (1974): Topophilia. A study of environmental perception, attitudes and values. New Jersey.

UITERMARK, J.; ROSSI, U.; VAN HOUTUM, H. (2005): Reinventing Multiculturalism: Urban Citizenship and the Negotiation of Ethnic Diversity in Amsterdam. In: International Journal of Urban and Regional Research 29(3), S. 622-640.

WATERSTONE, M. (2002): A Radical Journal of Geography or A Journal of Radical Geography? In: Antipode 34 (4), S. 662-666.

WEBER, M. (1984): Die protestantische Ethik und der Geist des Kapitalismus. In: Johannes Winckelmann (Hrsg.): Die protestantische Ethik I. Eine Aufsatzsammlung. Gütersloh, 7. Aufl. Erstmals veröffentlicht 1904/05.

WERLEN, B. (1997): Sozialgeographie alltäglicher Regionalisierungen. Band 2: Globalisierung, Region und Regionalisierung (= Erdkundliches Wissen 119). Stuttgart.

WILLS J.; PECK, J. (2002): Progress or Retreat? Antipode and the Radical Geographical Project. In: Antipode 34 (4), S. 667-671.

WILLS, J. (2006): What's Left? The Left, its Crisis and Rehabilitation. In: Antipode 38 (5), S. 907-915.

WRIGHT, J. K. (1947). Terrae incognitae: the place of imagination in geography. In: Annals of the Association of American Geographers 37, S. 1-15.

YEUNG, H. W.-C. (1998): Transnational economic synergy and business networks: The case of two-way investment between Malaysia and Singapore. In: Regional Studies 8, S. 687-706.

Räumliche Dimension der Umweltökonomie und des Ressourcenmanagements

Dieter Matthew Schlesinger

> „Jedes Unternehmen muss heute wirtschaftliche, ökologische und soziale Ziele miteinander verbinden, um die Bedürfnisse der heutigen Gesellschaft zu befriedigen, ohne die zukünftigen unternehmerischen und gesellschaftlichen Chancen zu beeinträchtigen. Aus diesem Grund setzen Umweltschutzbestrebungen und -maßnahmen bereits bei den Entstehungsorten (Produkt, Transport und Produktion) und nicht erst am Ende der Produktionskette oder des Produktlebenszyklus an" (HAAS 1998: 146).

1 Einführung

Einen zentralen Baustein bei der Analyse wirtschaftsgeographischer Prozesse und Strukturen nimmt, neben der bereits dargestellten Betrachtung des ökonomischen Handelns vor dem Hintergrund verschiedener Maßstabsebenen sowie der Einbettung der Akteure in ihr soziokulturelles Umfeld und in Netzwerke, die Umwelt ein. Diese dient dabei nicht nur als Lieferant für Rohstoffe und damit als Ausgangsbasis der Produktion sowie als Aufnahmemedium für unerwünschte Stoffe (Abfälle), sondern stellt auch im Sinne einer intakten Umwelt einen bedeutenden Standortfaktor dar. Ziel einer umweltorientierten Wirtschaftsgeographie ist es dazu beizutragen, Umweltschutzmaßnahmen sowie die Nutzung von Ressourcen durch Integration räumlicher Aspekte zu verbessern. Nach einer grundlegenden Abgrenzung zentraler Begriffe sowie der Erläuterung der Kernelemente der Umweltökonomie und des Ressourcenmanagements in kurzen Zügen wird in den folgenden Kapiteln der Beitrag der Wirtschaftsgeographie zu diesen Fragestellungen dargelegt.

1.1 Begriffe

Allgemein steht der Begriff „Umwelt" für die Lebensumwelt, in der sich das Dasein eines Lebewesens abspielt. Oft wird für ein besseres Verständnis zwischen dem Umfeld und der Umwelt unterschieden. Unter Umwelt sind dann die „natürlich-ökologischen" Aspekte, unter Umfeld alle weiteren Aspekte zu verstehen (vgl. SCHLESINGER 2006c: 10f.):

- Die natürlich-ökologische Umwelt umfasst die Gesamtheit der biotischen Faktoren (= belebte Natur, also Artenvielfalt, Umweltbeziehungen und Wechselbeziehungen von Lebewesen) und abiotischen Faktoren (= unbelebte Natur, also Luft, Wasser und Boden).
- Die soziokulturelle Umwelt beinhaltet die gesellschaftlichen und kulturellen Rahmenbedingungen menschlichen Lebens und betrachtet das gesellschaftliche Umfeld sowie die grundlegenden Wertestrukturen der Akteure. Beispielsweise können die räumlichen Nachbarn von Unternehmen ihren Wünschen und Vorstellungen betreffs der natürlich-ökologischen Umwelt z.B. durch Bürgerinitiativen Ausdruck verleihen und sich so gegen unerwünschte Emissionen wehren.
- Bei der politisch-rechtlichen Umwelt handelt es sich um alle Gesetze und Verordnungen auf internationaler, nationaler und regionaler Ebene. Durch rechtlich verankerte Sanktionsmöglichkeiten werden Akteure zur Einhaltung z.B. von Umweltschutzgesetzen angehalten.
- Die technische Umwelt steht für Innovationen und Weiterentwicklungen. So können z.B. durch neue Verfahren für Umweltschutztechnologien Möglichkeiten erschlossen werden, die zum einen die Entscheidungen im Unternehmen beeinflussen, zum anderen aber auch auf Gesetze Einfluss nehmen. Von den technischen Rahmenbedingungen gehen direkte und/oder indirekte Auswirkungen auf die natürliche Umwelt, ihre Ökosysteme und somit auf Gesundheit und Lebensqualität von Menschen aus.
- Die wirtschaftliche Umwelt umfasst die zentralen Entscheidungsprobleme von Unternehmen, wie z.B. Kosten und Leistungen. Darunter fallen im Bereich der natürlich-ökologischen Umwelt beispielsweise Entsorgungskosten, aber auch Erlöse für Sekundärrohstoffe und ökologische Nachfrageentwicklungen sowie Investitionen.

Die Nutzung der Umwelt durch den Menschen führt zu anthropogenen Einwirkungen, den Umweltbelastungen. Bei natürlichen Umweltbeeinflussungen hingegen handelt es sich um Stoffwechselprodukte von Lebewesen und deren Wirkung auf die Umwelt (vgl. Abbildung 9). Durch die Umweltwahrnehmung und die daraus folgende kritische Betrachtung der Umwelt kommt es zur Identifizierung der aus den Umweltbeeinflussungen resultierenden Umweltbelastungen bzw. -schäden. Interne Faktoren, welche die Umweltwahrnehmung beeinflussen, liegen in Reizen und Empfindungen. Zu den externen Faktoren gehört z.B. die Umweltstatistik, die Umweltverschmutzungen und -schäden ermittelt und aufbereitet. Darauf aufbauend können dann Maßnahmen zum Umweltschutz (Bekämpfung von Umweltbelastungen) ergriffen werden. Diese beinhalten die Umweltgestaltung und Umweltpflege, wodurch die Umweltqualität erhöht wird. Notwendig hierfür sind eine Umweltpolitik samt Umweltplanung, der gezielte Einsatz umweltpolitischer Instrumente und eine entsprechende Umweltkontrolle (vgl. LESER 2005: 995ff.; HELLBRÜCK/FISCHER 1999: 118).

Abbildung 9: Begriffsebenen der Umwelt

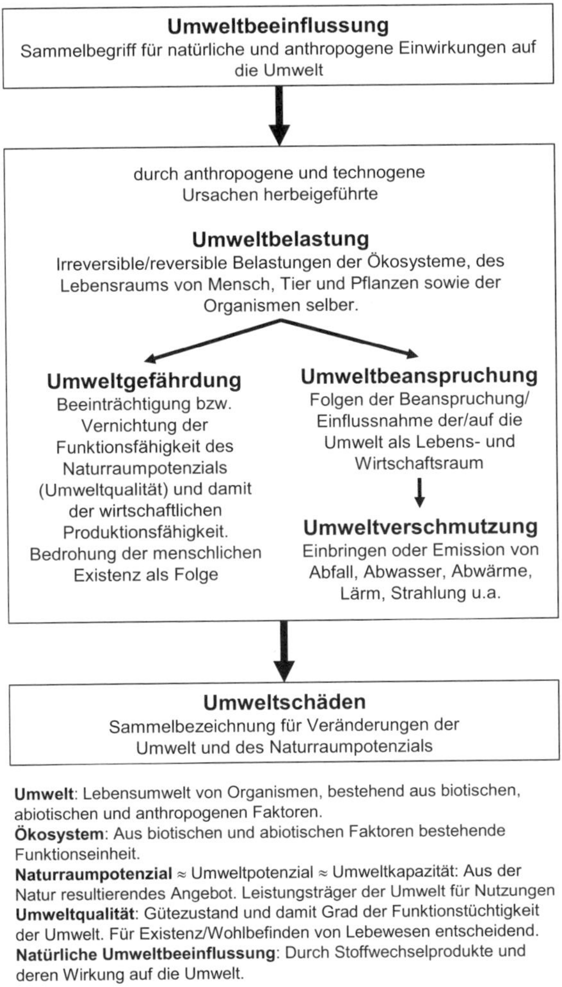

Quelle: SCHLESINGER 2006c: 46.

Parameter zur Erfassung möglicher Umweltbelastungen sind Energie-, Material- und Flächenverbrauch sowie die Wirkung auf die belebte und unbelebte Natur. Darunter fallen Luft-, Wasser- und Bodenemissionen (Ablagerungen) sowie Lärm, Strahlung und Abwärme. Vor allem die Wirkung auf die belebte Natur (z.B. Biotopzerstörung) ist allerdings schwer zu quantifizieren. Ein entscheidendes Kriterium bei der Bewertung der Umweltbeeinflussung ist, ob Ressourcen nachhaltig gewonnen und genutzt werden. Zu berücksichtigen sind die Bedingungen des An- bzw. Abbaus sowie Lebensweg-Kriterien wie Nutzungsdauer, Einsatzhäufigkeit, Ausfall- und Unfallhäufigkeit, Recyclingquote, Umlaufzahl, Aufwand für Reparatur oder Wiederverwertung, Störfallrisiken sowie Verkehrsströme (Stoffkreisläufe). Dies lässt sich z.B. anhand eines Input-Output-Konzeptes vornehmen (vgl. KISTNER/STEVEN 1993: 107ff.).

In der Input-Output-Konzeption ist Umwelt als Produktionsinput (Nutzung von erschöpfbaren und nicht erschöpfbaren Ressourcen), als Aufnahmemedium für Reststoffe (Abluft, Abfälle, Abwasser, Radioaktivität usw.) oder Konsumgut (Landschafts-, Natur- und Artenschutz) zu sehen (vgl. FREY 1993: 10). Es sollen aber nicht nur Mehr- und Minderbelastungen der Biota oder Abiota betrachtet werden, sondern auch die Wirkung auf das System als Ganzes und dessen Wechselbeziehungen. Entlang des Lebensweges sind die Phasen vor und zwischen der Produktion (Ressourcenverbrauch) und der Entsorgung (Emission) zu analysieren. Weiterhin ist eine Bewertung der Produkte und deren Produktion notwendig, da sowohl von einem Produkt als auch von den Prozess- und Produktionsverfahren Gefahren für Mensch und Umwelt in Form eines überhöhten Anteils an Gefahrstoffen, schwerwiegender Schadstoffemissionen sowie eines unverantwortlichen Ressourcenverbrauchs ausgehen können (vgl. MAYER 2003: 38).

Bei der Input-Output-Betrachtung nehmen Ressourcen den zentralen Stellenwert ein, weshalb es diese zu konkretisieren gilt. In den Wirtschaftswissenschaften findet der Ressourcenbegriff für Arbeitskräfte (Human Resources) oder Betriebsmittel (wie z.B. Rohstoffe), aber auch für finanzwirtschaftliche, Know-how- oder technische Ressourcen Verwendung. Im Folgenden werden allerdings nur natürliche Ressourcen (Naturressourcen) weiter betrachtet. Darunter sind vom Menschen genutzte oder nutzbare natürliche Stoffe und Energiearten zu verstehen. Sie umfassen als Existenzmittel menschlichen Lebens alle Bestände an Rohstoffen. Dazu gehören die stofflichen Substanzen und Energievorräte der Natur, die man auf dem jeweiligen Niveau der wissenschaftlich-technischen Entwicklung für die Bedürfnisbefriedigung der Menschheit nutzt oder nutzen kann (vgl. BARSCH/BÜRGER 1996: 11).

Natürliche Ressourcen können nach ihrer Herkunft (Bio-, Hydro-, Litho- oder Atmosphäre) in agrarische (pflanzliche und tierische), forstwirtschaftliche, fischereiwirtschaftliche und bergbauliche (mineralische) Rohstoffe unterschieden werden. Die Gruppe der Energierohstoffe fasst man wegen ihrer großen wirtschaftlichen Bedeutung häufig gesondert zusammen.

Im engeren geowissenschaftlichen Sinne sind Ressourcen Anreicherungen von Wertelementen in der Erdkruste und gehören zu den unvermehrbaren Naturgütern. Ihre Verbreitung wird in besonderem Maße durch die geologische Struktur eines Gebietes bestimmt, ist von Natur aus an einem bestimmten Ort vorgegeben und damit streng ortsgebunden. Die verfügbare Menge mineralischer Ressourcen lässt sich aus der Verbreitung, Mächtigkeit und dem Aufbau des Gesteinskörpers, in dem der betreffende Rohstoff liegt, errechnen. Hierzu zählen auch solche Ressourcen, die wegen zu ungenauer Untersuchungen noch nicht abzuschätzen und nur aufgrund geologischer Interpretationen des Baus des Gesteinskörpers als zugehörig zu vermuten sind. Neben dieser geologischen Ermittlung der verfügbaren Menge an Ressourcen gilt es auch, die wirtschaftlich-technischen Gewinnungsmöglichkeiten zu betrachten. Wie Abbildung 10 zu entnehmen ist, spricht man dann von Reserven.

Abbildung 10: Abgrenzung von Ressourcen und Reserven

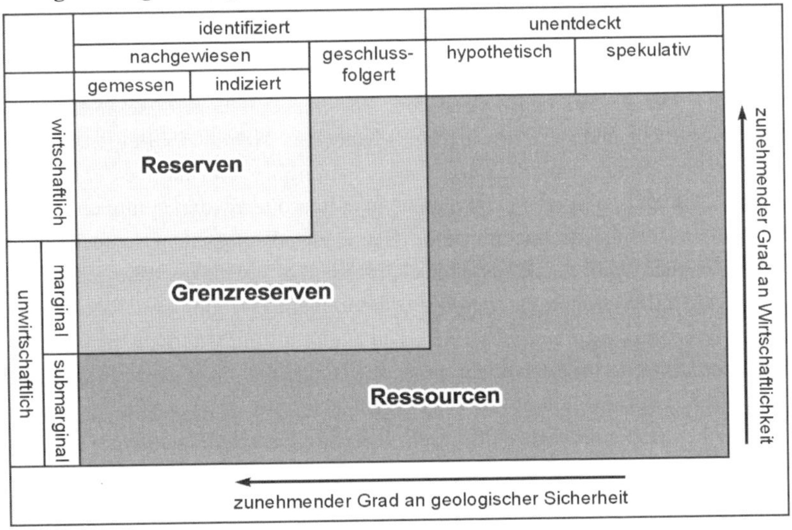

Quelle: HAAS/FLEISCHMANN *1991: 35.*

Reserven umfassen denjenigen Teil der Ressourcen, für die nachgewiesen ist, dass sich daraus von der Industrie benötigte Rohstoffe mit vertretbarem technischen Einsatz wirtschaftlich gewinnen lassen. Mit abnehmender Wirtschaftlichkeit der Förderung und sinkender Wahrscheinlichkeit des Vorhandenseins geht auch die Genauigkeit der Kenntnisse über Reserven zurück. Dies hat zur Folge, dass Mengenangaben pro Ressource laufend abhängig von diesen beiden Größen variieren und die umfassende Schätzung weltweiter oder regionaler Rohstoffvorkommen erschweren (vgl. HAAS/SCHLESINGER 2007: 80).

Werden die Reserven gefördert und als Grundsubstanzen, die bis dahin weder aufbereitet noch verarbeitet wurden, dem Produktionsprozess bereitgestellt, spricht man von Rohstoffen. Dabei handelt es sich um in der Natur vorgefundene, stoffliche Substanzen, die aus ihrer natürlichen Verortung extrahiert wurden, aber noch keine weitere Verarbeitung erfahren haben.

Weiterhin ist zwischen Primär- und Sekundärrohstoffen zu unterscheiden. Bei Primärrohstoffen handelt es sich um neue, im Wesentlichen aus der Natur gewonnene Rohstoffe, die dem Produktionsprozess zugeführt werden. Sekundärrohstoffe hingegen sind Rohstoffe, die durch die Verwendung in Produkten und dem sich daraus ergebenden Verschleiß ihren ursprünglichen Gebrauchswert als Produktionsmittel bzw. Konsumgut verloren haben, über das Recycling aber wieder in den Produktionsprozess eingebracht werden können.

Dies deutet bereits auf einen zentralen Punkt bei Rohstoffen, die Differenzierung nach dem Grad der Erschöpfbarkeit, hin. Bei erschöpfbaren Ressourcen (d.h. nicht erneuerbaren oder nicht nachwachsenden) handelt es sich in der Regel um Elemente der unbelebten Natur, wie z.B. Lagerstätten. Durch ihre Nutzung werden die entsprechenden Elemente entnommen, die dann in dieser Form erschöpft sind. Klassische Beispiele sind fossile Brennstoffe und Mineralien oder fossiles Grundwasser. Allerdings kann auch die belebte Natur erschöpfbar sein, vor allem wenn einzelne Tier- oder Pflanzenarten ausgerottet werden. Bei den nicht erschöpfbaren Ressourcen handelt es sich in der Regel um die belebte Natur. Diese sind weiterhin nach der Art der Regenerierbarkeit zu unterscheiden:

- Regenerierbare Ressourcen sind Ressourcen, welche die Natur selber erneuern kann, z.B. Naturwald, Wild, Fisch, Grundwasser oder Geothermie und Wasserkraft.
- Reproduzierbare Ressourcen sind hingegen durch menschliche Aktivitäten erneuerte Ressourcen, wie z.B. Agrarprodukte aus Plantagenbewirtschaftung oder Aquakulturen.

Ein anderer wesentlicher Abgrenzungsbereich ist die Reichweite von Ressourcen. Neben der geologischen bzw. wirtschaftlich-technischen Verfügbarkeit (Reserven) und der Erschöpfbarkeit sind bei der Bewertung und Inwertsetzung von Ressourcen weitere Rahmenbedingungen zu thematisieren. So können gesellschaftliche, landesplanerische, juristische oder politische Rahmenbedingungen sowie die ökologische Tragfähigkeit der Nutzung einer Ressource enge Grenzen setzen. Auch Embargomaßnahmen, politische Krisen oder kriegerische Auseinandersetzungen beeinflussen die Nutzungsmöglichkeiten erheblich, da sie letztendlich zu einer Ressourcenverknappung führen können (vgl. HAAS/SCHLESINGER 2007: 79).

1.2 Umweltökonomie

Aus ökonomischer Sicht entstehen anthropogene Umweltbeeinflussungen durch das Fehlen von Preisen bzw. fehlerhafte Preise für freie (Umwelt-)Güter, wodurch diese nicht richtig bewertet und somit übernutzt werden. Zum Beispiel bedeutet die kostenlose Nutzung der Luft, dass Art und Höhe von Emissionen keinerlei Einfluss auf das Produktionsprogramm haben. Um diese „falsche" Nutzung der Umwelt zu ändern, sind Umweltschutzmaßnahmen nötig.

Einen bedeutenden Anteil hat dabei die Umweltpolitik (vgl. hierzu ausführlich z.B. HAAS/SCHLESINGER 2007: 24ff.). Darunter fallen Steuerungsmöglichkeiten des Staates in Form von Ge- und Verboten (z.B. Normen und Auflagen) und marktorientierten Instrumenten (z.B. Pfandsysteme) sowie einer staatlichen Nachfrage oder Informationspolitik. Allerdings können diese Instrumente von den einzelnen Nationalstaaten mit ihren internationalen Verflechtungen nicht völlig frei oder beliebig eingesetzt werden, sondern sind in der Regel in einem übergeordneten Zusammenhang zu betrachten.

Diese regulatorischen Maßnahmen stellen sozusagen die Rahmenbedingungen für das akteursspezifische Handeln – vom dem die Umweltbelastungen letztendlich auch ausgehen – dar. Zur konzeptionellen Erfassung der Umweltbelastungen ist das Input-Output-Modell (vgl. Kapitel 4.1.1) heranzuziehen. Dabei werden Rohstoffe und Energie aus der belebten und unbelebten Natur entnommen und durch einen Produktionsprozess in Produkte und unerwünschte „Abprodukte" transformiert. Nach der Nutzungsphase werden aus den Produkten schließlich auch Abprodukte. Die Möglichkeiten des Umweltschutzes liegen beim integrierten Umweltschutz in der Produkt- und Prozessgestaltung, beim additiven Umweltschutz in der Behandlung des Outputs (vgl. Abbildung 11).

Abbildung 11: Ansatzpunkte für Umweltschutzmaßnahmen

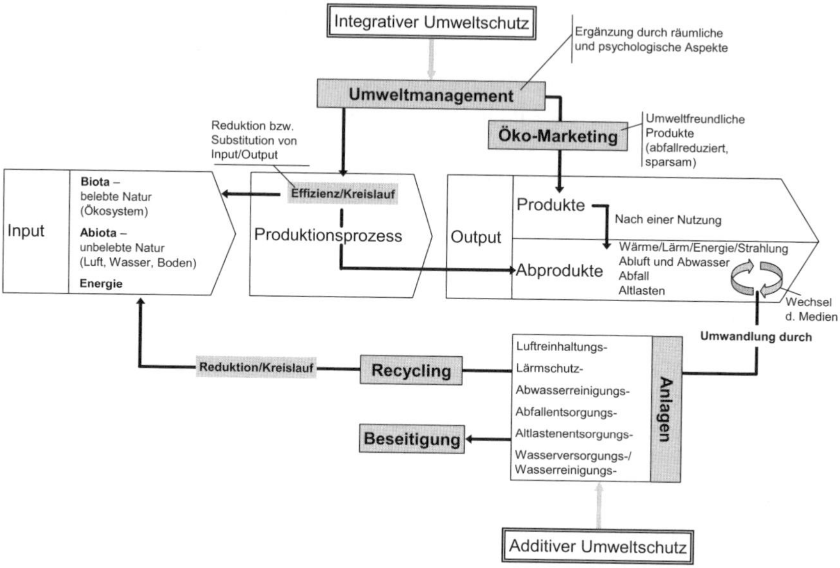

Quelle: SCHLESINGER *2006c: 107.*

Das Umweltmanagement legt die Grundstrategie des Unternehmens fest. Können durch ein umweltgerechtes Verhalten Wettbewerbsvorteile generiert werden, ist das Leistungsprogramm entsprechend auszurichten. Dies betrifft nicht nur das Produkt (siehe ökologisches Marketing), sondern alle betrieblichen Prozesse und Strukturen, wie z.B. Standortplanungen, Outsourcing-Entscheidungen, Bürobetrieb, Mobilitätsmanagement oder Gebäude- und Flächenmanagement, aber auch die eingesetzten Stoffe (Toxizität). Ausdruck einer aktiven Umweltschutzstrategie ist die Einrichtung eines Umweltmanagementsystems, durch das Unternehmenspolitik, Organisation, Personalpolitik sowie Forschung und Entwicklung (Innovationen) entsprechend umweltgerecht zu gestalten sind. Notwendig hierfür sind Informationen über die Umweltwirkung des Unternehmens und seiner Produkte, die durch ein Umweltcontrolling und entsprechende Umweltinformationsinstrumente erfasst werden können. Auch bei Investitionsentscheidungen sind Umweltaspekte zu berücksichtigen. Codes of Conduct oder Unternehmensleitlinien kommunizieren das Verhalten nach außen.

Ökologisches Marketing umfasst die Auswahl eines umweltgerechten Leistungs- und Produktprogramms samt der entsprechenden Verpackung, Zusatzleistung und Markenpolitik entlang des gesamten Lebensweges. Zudem müssen Produktion sowie Beschaffung und Entsorgung umweltfreundlich gestaltet werden. Weiterhin ist auf eine umweltgerechte Kommunikation, z.B. durch den Einsatz von Umweltsiegeln oder Public Relations, zu achten. In der Preispolitik kann durch Finanzierungsformen (Leasing), Rabatte oder Quersubventionen sowie im Bereich der Distribution über die Transportverpackung und Logistikkonzepte ein umweltgerechtes Verhalten gefördert werden.

Auf Seiten der Technik lassen sich durch die Einrichtung von „end-of-pipe"- und „front-of-pipe"-Maßnahmen die Prozesse im Unternehmen umweltfreundlicher gestalten. Dabei ist auch der Einsatz von Dienstleistungen zu integrieren, da diese einen wesentlichen Anteil an Umweltschutzmaßnahmen ausmachen.

1.3 Ressourcenmanagement

Ausgangspunkt des Ressourcenmanagements sind regionale Unterschiede im Ressourcenverbrauch sowie enorme Unterschiede in der weltweiten Ressourcenverteilung, woraus sich die Handlungsfelder ergeben. Zu betreiben ist Ressourcenmanagement sowohl in unternehmensorientierter, d.h. betriebswirtschaftlicher, als auch in volkswirtschaftlicher Hinsicht unter Beachtung empirisch fundierter Daten zur zielgerichteten Steuerung der Ressourcennutzung und des Ressourcenverbrauchs auf Basis des Ressourcenvorkommens. Mögliche Ziele sind hierbei die Erhaltung der Funktionen der natürlichen Ressourcen, wie z.B. der Tragfähigkeit der Umwelt, der Absorption und Aufnahme von Rest- und Schadstoffen, der psychischen Befriedigung von Bedürfnissen (z.B. Schönheit von Landschaften), Ressourcenleistungen für die Erhaltung von Ökosystemen oder die Bereitstellung von Rohstoffen. Dabei müssen die Sicherung der Versorgung mit Energie, Nahrung und Rohstoffen sowie die mittel- und langfristige Verfügbarkeit von Naturressourcen gegeben sein. Weiterhin gilt es, wirksamen und aktiven Umweltschutz sowie die Verhinderung einer zunehmenden Belastung der Umwelt zu erreichen (vgl. HAAS/SCHLESINGER 2007: 77 und 80ff.). Folgende zwei Grundstrategien können verfolgt werden:

- Bei einem quantitativen Ressourcenmanagement (Reduktion) stehen eine Verbrauchssenkung (Verbesserung der Ressourceneffizienz), die Nutzung regenerativer Energien und die Ausschöpfung von Recyclingpotenzialen im Vordergrund (Optimierung von Stoffströmen, Entwicklung und Schließung von Kreisläufen).

- Bei einem qualitativen Ressourcenmanagement (Substitution) geht es um die Verringerung der Nutzung riskanter, gesundheitsschädlicher und/oder umweltgefährdender Ressourcen und Produkte auch in der Nachnutzungsphase (Abfallvermeidung).

Zu einer Reduzierung des Verbrauchs kommt es – mehr oder weniger unfreiwillig – immer wieder durch steigende Ressourcenpreise oder Rezessionen. Gründe für einen Preisanstieg können in einer erhöhten Nachfrage – ausgelöst z.B. durch einen Wirtschaftsboom – oder einer Angebotsreduzierung, z.B. durch Förderengpässe nach Naturkatastrophen, liegen. Neben diesen eher volkswirtschaftlichen Gründen sind auch technologisch bedingte Effizienzsteigerungen durch Produkt- und Prozessinnovationen anzuführen. Dadurch kommt es zu einem verringerten Materialeinsatz oder einem höheren Wirkungsgrad durch bessere Energienutzung. So braucht z.B. eine moderne Energiesparlampe in etwa nur ein Viertel der elektrischen Energie einer klassischen Glühbirne mit derselben Lichtleistung. Bei Getränkedosen konnten in den letzten 30 Jahren 55% ihres Metallanteils eingespart werden. Eindrucksvoll lassen sich diese Effizienzsteigerungen in der Dematerialisierung des Wirtschaftswachstums aufzeigen. So erhöht sich der Material- und Energieeinsatz pro weiteren Prozentpunkt Wirtschaftswachstum in Bayern nur um 0,3%. In China liegt das Wirtschaftswachstum allerdings bei 5% Material- und Energieeinsatz.

Eine der etabliertesten Maßnahmen zur Reduzierung des Verbrauchs ist das Recycling, also die Schaffung von Stoffkreisläufen und die verstärkte Wiederverwendung von Sekundärrohstoffen. Besonders erfolgreich konnten Recyclingmaßnahmen bei den Rohstoffen Glas, Papier, Kunststoffverpackungen und Metalle eingeführt werden, die auch die Bedeutung und technische Leistungsfähigkeit der Schrott- und Sekundärwirtschaft widerspiegeln. So werden z.B. in Deutschland bereits zu ca. 90% Glas, 74% Papier, 66% Kunststoffverpackungen und 80% Metalle recycelt. Anzumerken bleibt allerdings, dass auch noch so effizient gestaltete Stoffkreisläufe immer mit dem Problem des so genannten „Downcycling“ konfrontiert sind. Dies äußert sich z.B. beim Papierrecycling durch die Verkürzung der Papierfasern, weshalb immer wieder frisches Holz dem Prozess zugeführt werden muss. Allgemein ist unter Downcycling die Reduzierung der Qualität von Rohstoffen durch Recyclingverfahren zu verstehen. Dies kann sich in der Beeinträchtigung der Funktion oder der Anreicherung von Schadstoffen im Rohstoff äußern. Dieses Problem lässt sich zwar durch einen Energie- und Technikeinsatz in der Regel lösen, allerdings stellt sich dann die Frage, ob der Sekundärrohstoff noch ökologisch und wirtschaftlich vorteilhafter als ein Primärrohstoff ist.

Ein weiterer Ansatz zur Umsetzung des Ressourcenmanagements ist die Substitution (qualitatives Ressourcenmanagement), also der Ersatz knapper oder schädlicher Materialien durch weniger knappe bzw. schädliche. Im Rahmen der Substitution ist darauf zu achten, dass die Nutzung nicht erschöpfbarer Ressourcen, wie z.B. von Fischbeständen, die Rate ihrer Regenerationsfähigkeit nicht überschreitet. Die Produktion hat sich an den global verfügbaren Landflächen sowie den Wachstums- und Erntezyklen zu orientieren, damit keine Probleme durch eine andauernde Erschöpfung der Ressourcen entstehen. Bei der Nutzung erschöpfbarer Ressourcen, wie Lagerstätten fossiler Energieträger, ist darauf zu achten, dass diese nicht rascher abgebaut werden dürfen, als gleichzeitig nicht erschöpfbare Ressourcen für dieselbe Art von Nutzung geschaffen werden. So sollte man ein Erdöllager z.B. nicht schneller ausbeuten, als Sonnenkollektoren mit derselben Kapazität installiert und aus Erträgen des gewonnenen Erdöls finanziert werden können. Geht man so vor, verwandelt sich das Ölfeld im Endeffekt in eine sich regenerierende Energiequelle.

Der Fokus der Betrachtung liegt im Bereich der knappen Materialien, z.B. im Ersatz von Metallen durch Kunststoffe. Eine weitere, äußerst bedeutende umweltentlastende Substitution ist die fossiler Energieträger durch regenerative Energiequellen. Die Substitution schädlicher Materialien durch weniger schädliche ist oft an umweltpolitische Entscheidungen geknüpft. Zu nennen sind z.B. der Wegfall des Zusatzes von Blei bei Benzin, Quecksilber bei Farben und Phosphaten bei Waschmitteln. Weiterhin ist der Einsatz der dargestellten Reduktions- und Substitutionsmaßnahmen in starkem Maße von der technischen Entwicklung und der wirtschaftlichen Effizienz beeinflusst.

2 Der Beitrag der Wirtschaftsgeographie zum Umweltschutz und Ressourcenmanagement

Im Folgenden werden, basierend auf der Untersuchung der räumlichen Wirkung des wirtschaftenden Menschen auf seine natürliche Umwelt, anhand unterschiedlicher wirtschaftsgeographischer Paradigmen, räumlicher Maßstabsebenen, Forschungsgebieten der Wirtschaftsgeographie sowie einer sektoralen bzw. branchenbezogenen Betrachtung wertvolle Ansatzpunkte zur Lösung ökologischer Fragestellungen dargelegt.

2.1 Einführung

Die Wirtschaftsgeographie hat im Gegensatz zur Physischen Geographie die natürliche Umwelt oft ausgeklammert. Während die Physische Geographie sich mit der Beseitigung der durch menschliches Handeln entstandenen Funktionsstörungen und Engpässen im Ökosystem sowie Gradmessern für die künftige Belastbarkeit des Naturhaushaltes beschäftigt (vgl. SCHÄTZL 2003: 16), hat die Wirtschaftsgeographie eben diese Möglichkeit nicht wahrgenommen. Dabei müsste es ein Kernanliegen wirtschaftgeographischer Forschung sein,

> „umweltbezogene Implikationen wirtschaftlicher Tätigkeit in ihrer räumlichen Kontextualität zu begreifen. Weiter müssen bestehende Verflechtungen, Zugriffe und Austauschprozesse maßstabsübergreifend und unter Berücksichtigung bestehender Machtgeometrien belegt werden, ohne die politischen und kulturellen Bestimmungsfaktoren des Ökonomischen auszuschließen“ (BRAUN ET AL. 2003: 233).

Das Verdienst einer umweltbezogenen Wirtschaftsgeographie besteht darin, theoretisch überzeugende und praktisch in Wert zu setzende Antworten auf die grundlegende Frage zu geben, ob und bis zu welcher Grenze die von menschlichen Nutzungen ausgehenden Eingriffe und Emissionen, die naturökologische Systeme verändern, für akzeptabel gehalten werden können (vgl. OSSENBRÜGGE 1993: 8f.). Es gilt die Fragestellung zu bearbeiten, wie ökonomische Nutzungsformen nachhaltig, also ohne langfristige Schädigung der Substanz von Geoökosystemen, gestaltbar sind und wie sich die Folgen wirtschaftlicher Aktivitäten im Landschaftshaushalt als externe Kosten erfassen sowie in eine Kosten-Nutzen-Analyse einbeziehen lassen (vgl. WAGNER 1994: 205).

Eine umweltbezogene Wirtschaftsgeographie sollte auch die Rolle supranationaler, staatlicher und halbstaatlicher Organisationen, Umwelt-NGOs, Massenmedien und Konsumenten verstärkt in den Blick nehmen. Denn ohne Berücksichtigung des institutionellen Kontextes sind Strategien und Handlungen auf der Mikroebene der Unternehmen nicht hinreichend erklärbar (vgl. BRAUN 2004: 64).

Allerdings bleiben Ansätze, die Umweltproblematik stärker in die Wirtschaftsgeographie zu integrieren, trotz regelmäßig wiederholter Appelle auf wenige Vertreter beschränkt (vgl. HAAS/SIEBERT 1995: 138; ANGEL 2000: 610; SOYEZ 2002: 2; BRAUN 2002: 15; BRAUN ET AL. 2003: 231f.). Dies ist keineswegs ein sich nur auf den deutschen Sprachraum erstreckendes Defizit, auch die englisch- und französischsprachige wirtschaftsgeographische Literatur beschäftigt sich nur in geringem Umfang mit ökologischen Themenstellungen (vgl. SCHULZ 2005: 28). Dadurch, dass die Wirtschaftsgeographie ökologische Belange weitgehend ausblendet, ist sie nicht nur gegenüber der Physischen Geographie und Geoökologie, sondern auch den wirtschafts- und sozialwissenschaftlichen Nachbardisziplinen ins Hintertreffen geraten (vgl. BRAUN ET AL. 2003: 231).

Trotz der fehlenden systematischen Einbettung von Umweltaspekten in zeitgenössische wirtschaftsgeographische Theorien oder Ansätze (vgl. STÖRMER 2001: 7) können die wenigen vorhandenen Arbeiten auf sinnvolle und interessante Art und Weise zu einer umweltfreundlicheren Gestaltung der wirtschaftlichen Systeme und Prozesse beitragen. Eine Übersicht über Möglichkeiten zur Einbettung umweltbezogener Aspekte in die Wirtschaftsgeographie kann Abbildung 12 entnommen werden.

Abbildung 12: Ansatzpunkte eines Umweltbezugs in der Wirtschaftsgeographie

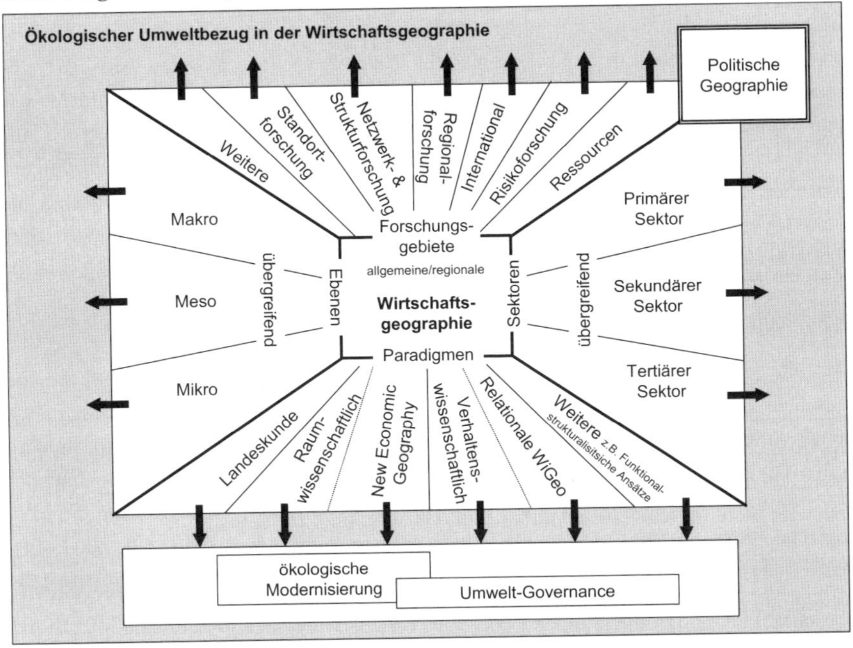

Quelle: SCHLESINGER *2006c: 42.*

Der stärkste Umweltbezug der Wirtschaftsgeographie ist in der Ressourcengeographie auszumachen, die sich wie die Geographie des Primären Sektors und die umweltbezogene Risikoforschung zwangsläufig mit ökologischen Aspekten beschäftigt. Der Umweltbezug in anderen Forschungsgebieten, Sektoren, Paradigmen und

Maßstabsebenen wird in den folgenden Kapiteln ausführlich dargestellt. Hervorzuheben gilt es ferner die Politische Geographie, die mit Untersuchungen zur Verteilung natürlicher Ressourcen in Entwicklungsländern einen starken Umweltbezug aufweist, sowie die vor allem in neuerer Zeit von BRAUN ET AL. (2003) propagierte ökologische Modernisierung der Wirtschaftsgeographie bzw. deren Hinführung zu einer Umwelt-Governance.

Die geforderte ökologische Modernisierung steht für eine radikale Ressourcenproduktivität, d.h. effektivere Nutzung vorhandener Ressourcen, ein Nachahmen natürlicher Kreislaufprozesse (Biomimikry), die Hinwendung zu einer Service-und-Flow-Wirtschaft (Produkte werden nur noch als Dienstleistungen gemietet, was zu einer Wirtschaft von der Wiege zur Wiege führt) sowie Investitionen in natürliches Kapital (vgl. SOYEZ/SCHULZ 2002: 112f.; STÖRMER 2001: 20f.). Im Falle der Wirtschaftsgeographie hat dies die konsequente Einbeziehung umweltbezogener Themenfelder vor dem Hintergrund sozialräumlich eingebetteter institutioneller Regelungsformen mit einem starken Fokus auf unterschiedliche Maßstabsebenen und den Verknüpfungen zwischen diesen zur Folge. Als Leitbegriff schlagen BRAUN ET AL. (2003: 233) „Umwelt-Governance" vor. „Governance" ist dabei als staatliches und nichtstaatliches Handeln zu verstehen, das eine von den meisten Akteuren anerkannte Ordnung schafft.

2.2 Wirtschaftsgeographische Paradigmen

Das älteste wirtschaftsgeographische Paradigma stellt die Länderkunde dar, welche zum Ziel hat, einen Raum nicht nur hinsichtlich seiner wirtschaftlichen, sondern auch seiner natürlichen Ausstattung (Klima, Pflanzen- und Tierwelt, Oberflächenformen) zu beschreiben (vgl. SCHENK/SCHLIEPHAKE 2005: 31). Mit der Kenntlichmachung der Verbreitung einzelner landwirtschaftlicher und bergbaulicher Rohstoffe kann die ökologische Situation eines Wirtschaftsraumes erfasst werden (vgl. SCHÄTZL 2003: 14). Auf Grundlage dieser Vorgehensweise lässt sich ein Expertensystem für weitere Entscheidungen schaffen (vgl. BATHELT/GLÜCKLER 2002: 26).

Innerhalb des raumwissenschaftlichen Ansatzes und der der Volkswirtschaftslehre nahe stehenden New Economic Geography mit ihren starken neoklassischen Bezügen und modellhaften Annahmen können ökologische bzw. natürliche Gegebenheiten als zusätzliche Variable aufgenommen werden. Allerdings fungieren sie dort oft „nur" als Lieferant von Ressourcen oder Aufnahmemedium für Abfälle (vgl. BRAUN 2003: 8). Bei diesen Überlegungen ist der Güterpreis von besonderer Bedeutung (vgl. Kapitel 1.2). Ein klassischer Forschungsbereich dieser Ansätze ist z.B. die Identifikation oder

Bestimmung des optimalen Standorts, bei der räumliche Unterschiede in den Produktionskosten, die sich aus der Kombination von Boden, Rohstoffen, Arbeitskräften, Kapital und Technologie ergeben, zu ermitteln sind. Ein bedeutendes Thema sind auch Verkehrswege, insbesondere bei einer hohen Bedeutung von Transportkosten. Werden ökologische Schäden durch den Verkehr modellhaft integriert und/oder der Umwelt ein höherer Preis, z.B. durch Umweltgesetze, zugeschrieben, muss es zu Anpassungshandlungen kommen (vgl. DICKEN/LLOYD 1999: 80f., 95, 123 und 145ff.).

Trotz ähnlicher Annahmen über Preise und die Nutzung von Gütern bietet der verhaltenswissenschaftliche Ansatz weitreichende Möglichkeiten für eine umweltbezogene Wirtschaftsgeographie, da er sich konkret mit den Entscheidungen von Individuen beschäftigt (vgl. BRAUN 2003: 8). Damit lassen sich Kernthemen wirtschaftsgeographischer Forschung wie das aktionsräumliche Verhalten von Entscheidungsträgern sowie räumliche Lokalisations- und Organisationsmuster und deren raumspezifische Auswirkungen analysieren (vgl. HAAS/FLEISCHMANN 1991: 16). Im Hinblick auf umweltbezogene Fragestellungen können z.B. das Entsorgungsverhalten oder Abweichungen zwischen Umweltverhalten und Umwelteinstellungen bzw. objektiven Umweltzuständen ermittelt werden. Dies zeigt sich z.B. bei der Ansiedlung von Unternehmen oder Haushalten in risikoreichen Gebieten. Da Menschen, die in Risikogebieten leben, Teile ihrer Umwelt nicht wahrnehmen, nicht wahrnehmen wollen oder falsch bewerten, schätzen sie das Risiko meist viel niedriger ein, als es wirklich ist, weshalb entsprechende Schutzmaßnahmen (Handlungen) häufig unterbleiben (vgl. HAGGETT: 2004: 366f.; BATHELT/GLÜCKLER: 2002: 25).

In der relationalen Wirtschaftsgeographie sind explizite ökologische Aspekte kaum zu finden, obwohl sich diese zur Lösung ökologischer Fragestellungen durchaus anbietet. Ein konkretes Beispiel stellt die Arbeit von SCHULZ (2005) dar, welche anhand organisationstheoretischer Konzepte die Identifikation struktureller und funktionaler Merkmale, wie z.B. die Art der Kundenbeziehungen und die Bildung von Netzwerken, analysiert. Im Rahmen des innovationstheoretischen Konzeptes werden der Know-how-Transfer zwischen Unternehmen, der Prozess des interorganisatorischen Lernens und damit der Einfluss von Akteuren, z.B. auf den industriellen Umweltschutz, ermittelt. Durch Integration räumlicher Faktoren, insbesondere der Bedeutung räumlicher Nähe für Beziehungen oder regionale Wettbewerbsvorteile, lassen sich die Funktionsweise wissensgenerierender Interaktionen sowie die räumliche Ausdifferenzierung von Wissensbeständen und Innovationspotenzialen, wie z.B. von Industriedistrikten oder kreativen Milieus, ermitteln (vgl. SCHULZ 2005: 68ff., 88 und 239). So zeigt sich beispielsweise, dass bei höherwertigen Umweltdiensten räumliche Distanzaspekte zugunsten anderer Aspekte in den Hintergrund treten. Der Faktor Nähe im Sinne räumlicher Distanzüberwindung wird von qualitativen Aspekten wie etwa der Wissensgenerierung durch Hochschulen überlagert.

2.3 Unterschiedliche Maßstabsebenen

Auf der Mikroebene geht es um eine unternehmensbezogene Perspektive, die auf die organisatorische Verankerung von Umweltschutzmaßnahmen im Betrieb abzielt. Das Anliegen ist es, Umweltschutzbestrebungen und -maßnahmen bereits an den Entstehungsorten (Produkt, Transport und Produktion) und nicht erst am Ende der Produktionskette bzw. des Produktlebenszyklus zu implementieren und somit anfallende produkt- und produktionsbedingte Rückstände zu reduzieren bzw. durch Maßnahmen des Recyclings dem betrieblichen Leistungserstellungsprozess zuzuführen (vgl. HAAS 1998: 146). Die Unterschiede einer mikroanalytisch arbeitenden Wirtschaftsgeographie gegenüber der Betriebswirtschaftslehre liegen in einer räumlich strukturierten Mehrebenenbetrachtung der Unternehmen gegenüber der innerbetrieblichen Sichtweise der Betriebswirtschaftslehre (vgl. BRAUN 2003: 143f.), d.h. es werden Standortcharakteristika und raumstrukturelle Einflussfaktoren (z.B. Agglomerationsraum vs. ländlicher Raum) sowie Netzwerkstrukturen und Distanzen zwischen Kooperationspartnern in ihrer Wirkung auf betriebliche Entscheidungen untersucht (vgl. BRAUN 2003: 205f. und 232f.).

Auf der Mesoebene kann auf die umweltrelevanten Bereiche überbetrieblicher Kooperationen (Unternehmensnetzwerke), regionaler Produktionssysteme und eines überbetrieblichen Stoffstrommanagements zurückgegriffen werden. Im Fokus netzwerkanalytischer Betrachtungen und überbetrieblicher Kooperationen stehen Punkte wie Wissensdiffusion oder Lernprozesse innerhalb regionaler Produktionssysteme sowie das Verhältnis von Organisationen zu ihrer Umwelt und den Beziehungen zwischen Organisationen, für deren Erklärung verschiedene Netzwerktheorien herangezogen werden können. Ein beispielhaftes umweltbezogenes Netzwerk ist das regionale Produktionsnetzwerk und das damit verbundene intraregionale Wirtschaften. Dieses bietet einen Lösungsansatz für die Umwelt- und Nachhaltigkeitsdiskussion vor dem Hintergrund an, dass Unternehmen kaum noch isoliert betrachtet werden können, sondern als in einem komplexen Wirkungsgeflecht ökonomischer, politischer und sozialer Einflussgrößen angesiedelt zu verstehen sind (vgl. BRAUN ET AL. 2003: 237). Einen Analyserahmen hierfür stellen überbetriebliche Stoffflussanalysen dar. Diese analysieren die aus der Umwelt entnommenen und zu einem Produkt weiterverarbeiteten Ressourcen, die schließlich als Abprodukt (Abfall) wiederum behandelt werden und so entweder in den Stoffkreislauf zurück gelangen oder über eine Beseitigung der Umwelt wieder zuzuführen sind (vgl. BOHLENDER 1996: 3; SEIDEL 2000: 74 und 80ff.).

Die ökologische Gestaltung globaler Warenketten *(Global Commodity Chains)* stellt ein konkretes Analysetool der Makroebene dar. Mit ihrer Hilfe kann die Funktionsweise des internationalen Handels anhand bestehender Wechselwirkungen zwischen politisch-institutionellen Rahmenbedingungen, den ökologischen Ressourcen und den strukturell bedingten Machtverhältnissen in den Akteursbeziehungen beschrieben werden. Ökologische Bedingungen im Produktionsland sowie Nachfragepräferenzen im Konsumland wirken dabei auf die verschiedenen Akteure einer Warenkette ein. Umweltsiegel können in diesem Geflecht regulierend wirken, müssen aber aus einem Instrumentenmix aus ordnungsrechtlichen und freiwilligen informativen Instrumenten sowie ökonomischen Anreizsystemen gestaltet sein (vgl. MAYER 2003: 14ff. und 237).

Mit solchen Analysen ist bereits der Bezug zur Makroebene hergestellt. Besonders die Regulationstheorie eignet sich als theoretisch fundierter Zugang zur Umweltproblematik auf der Makroebene. Die Regulationstheorie (vgl. HESS 2006: 35ff.) bietet ideale Voraussetzungen, um die seit Mitte der 1990er Jahre dynamische Entwicklung im Umweltbereich und die damit verbundenen wachsenden Anforderungen an den betrieblichen Umweltschutz in Folge strengerer Gesetzgebung durch wachsenden Anpassungsdruck als Teil der gesamtgesellschaftlichen und wirtschaftlichen Wandlungsprozesse *(Greening of Industry)* in einem theoretischen Gesamtzusammenhang darzustellen. Waren während der fordistischen Produktionsweise vor dem Hintergrund eines grenzenlosen Wachstums staatliche Kontrollen, Gesetze und Interventionen, „end-of-pipe"-Technologien sowie eine defensive Haltung gegenüber dem Umweltschutz vorherrschend, ist das heutige Produktionsregime durch ein nachhaltiges Wachstum geprägt. Die Wirkung hoher Umweltanforderungen an Betriebe führt zu einem integrierten Umweltschutz, freiwilligen Selbstverpflichtungen sowie Modernisierungsbestrebungen. Einen weiteren Anreiz bildet das Konzept der „embedded firm", wodurch das Unternehmen als „good corporate citizen" einen präventiven Umweltschutz betreiben muss (vgl. ANGEL 2000: 615; SCHULZ 2005: 38, 40 und 239; SCHULZ 2002: 85; BLÄSER 2002: 99; STÖRMER 2001: 112ff.). Internationale Umweltstandards und deren Wirkung auf andere internationale Abkommen, Akteure bzw. konkrete Auswirkungen für einzelne Unternehmen spielen zudem in der „Umwelt-Governance“ eine bedeutende Rolle (vgl. BRAUN ET AL. 2003: 236f.).

2.4 Wirtschaftsgeographische Forschungsgebiete

Kern wirtschaftsgeographischer Fragestellungen stellt die unternehmerische Standortwahl dar, innerhalb derer Naturfaktoren eine besondere Kategorie von Standort- und Produktionsfaktoren bilden. Ihre Standortrelevanz ergibt sich daraus, dass es sich um günstige oder kritische Faktoren der Produktion handelt, die mit der Folge einer Standortbindung oft auf ihre Verbreitungsgebiete beschränkt sind. Dies gilt für Rohstoffe, bei denen ein unverarbeiteter Weitertransport ineffizient wäre, oder, wie z.B. im Fremdenverkehr, für Faktoren, die nicht transportiert werden können oder eine Produktion hemmen. Für Netzstrukturen ist eher eine Faktordominanz punktuell auftretender Naturfaktoren von Bedeutung, wie es sich z.B. bei Verarbeitungsbetrieben an Lagerstätten oder Hotels an Meeresküsten zeigt (vgl. STAUDACHER 2005: 118f. und 216). Bei High-tech-Unternehmen, die hochqualifizierte Arbeitskräfte benötigen, spielen weiche Standortfaktoren wie Umwelt- und Lebensbedingungen, Klimagunst, Umweltqualität und soziokulturelle Attraktivität bei der Standortwahl eine bedeutende Rolle (vgl. BATHELT/GLÜCKLER 2002: 144ff.). Darüber hinaus wirken Umweltgesetze als Standortfaktoren, die die Wettbewerbsfähigkeit einer Region beeinträchtigen können. Ihre Wirkung ist davon abhängig, ob betroffene Unternehmen durch Auflagen negativ beeinträchtigt werden oder, z.B. durch neue Aufträge, profitieren (vgl. SIEBERT 1995: 159f.). Dadurch kann es zu regionalökonomischen Effekten, wie z.B. Standortveränderungen (Stilllegung, Verkleinerung, Erweiterung oder Partialverlagerung von Wertschöpfungsaktivitäten), Veränderungen der betrieblichen Verflechtungsstrukturen sowie Änderungen von Input und Output, kommen (vgl. HALLER 1995: 148).

Nachhaltige Regionalentwicklung beinhaltet die Steuerung der Flächennutzung vor dem Hintergrund einer nachhaltigen Entwicklung. Das Ziel ist das Betreiben einer Flächenhaushaltspolitik im Sinne eines sparsamen und schonenden Umgangs mit Grund und Boden durch die Integration ökonomischer, ökologischer, kultureller und sozialverträglicher Ansprüche an die Flächennutzung sowie die Steigerung der Flächenproduktivität (vgl. JOB/PÜTZ 2001: 1ff. und 12).

Die Identifikation umweltbezogener Strukturen und Netze im Raum kann z.B. anhand der Diffusion von Umweltmanagementsystemen aufgezeigt werden. Gründe für die Diffusion von Umweltmanagementsystemen liegen in der Angleichung von unternehmerischen Managementstilen (institutionelle Isomorphie), bedingt durch kollektive Überzeugungen (normative Isomorphie). Dies würde bedeuten, dass ein Umweltmanagementsystem wie ISO 14 000ff. oder EMAS als „best practice" anzusehen ist. Aber auch Forderungen des Staates oder die von Großkunden (kognitive oder mimetische Isomorphie) nach der Einführung eines Umweltmanagementsystems spielen bei der Diffusion eine bedeutende Rolle (vgl. BRAUN 2004: 60f.; BRAUN 2003: 163ff.; STAUDACHER 2005: 321f.).

Im Bereich der Internationalisierung bzw. Globalisierung der Wirtschaft ist ein Umweltbezug vor allem im Bereich globaler Stoffströme sowie in der regionalen Wirkung internationaler Rahmenbedingungen auszumachen (vgl. SOYEZ/SCHULZ 2002: 115). Besonders zu erwähnen sind hierbei Einfluss und Wirkung von Umwelt-Nichtregierungsorganisationen (NGO) sowie Umweltgesetzen auf wirtschaftliche Verflechtungen.

Die Risikoforschung versucht, die Wahrnehmung der durch natürliche Ereignisse wie Erdbeben oder Überflutungen entstandenen Schäden und die daraus folgenden Verhaltensweisen zu erfassen (vgl. WAGNER 1994: 39; OSSENBRÜGGE 1993: 19). Da die Nichtbeachtung bzw. die Nichtkenntnis von Naturgesetzen zur Erhöhung des Naturrisikos führt, bietet es sich an, für einen Raum Belastungs- und Risikoanalysen, z.B. anhand einer Umweltverträglichkeitsprüfung, durchzuführen und so die „objektive" Belastung und den Nutzen der Natur zu identifizieren. Um aber umweltentlastende Maßnahmen umzusetzen, ist auch die ökologische Betroffenheit zu ermitteln, da diese maßgeblich handlungsrelevant ist. Die ökologische Betroffenheit ist von der Risikowahrnehmung und -bewertung sowie der Unzufriedenheit mit der vorherrschenden Situation und der soziokulturellen Einbettung abhängig (vgl. OSSENBRÜGGE 1993: 115 und 131).

Die Ressourcengeographie ist das Kernstück einer umweltbezogenen Wirtschaftsgeographie, da es durch Gewinnung, Transport, Bearbeitung und Verbrauch von Ressourcen zu einer Vielzahl ökologischer Beeinflussungen und Umweltschäden kommt (vgl. BARSCH/BÜRGER 1996: 20). Ursprünglich beschäftigte sich die Ressourcengeographie mit der physischen und ökonomischen Verfügbarkeit von wirtschaftlich bedeutenden Rohstoffen. Im Vordergrund neuerer Studien stehen das Management, z.B. bei der Optimierung von Stoffströmen, sowie die nachhaltige Nutzung von Ressourcen (vgl. BRAUN ET AL. 2003: 232). In zunehmendem Maße ist auch der Einsatz von Sekundärrohstoffen, deren stoffliche Substanz durch neue Aufbereitungstechnologien eine erneute Nutzung mit vergleichbarem Gebrauchswert von Primärrohstoffen ermöglicht, zu verzeichnen (vgl. HAAS/FLEISCHMANN 1991: 4f.; HAAS/SCHLESINGER 2004: 6).

Der Fokus einer geographischen Betrachtung des Bergbaus liegt zwischen der Geologie (Lagerstättenkunde) und der Bergwirtschaftslehre und verfolgt das Ziel, die durch bergbauliche Tätigkeiten beeinflussten sozialräumlichen Strukturen sowie räumlich und funktional hervorgebrachte Verflechtungen und Erscheinungsformen zu untersuchen (vgl. HAAS/FLEISCHMANN 1991: 13). Im Umweltbereich können die durch bergbauliche Aktivitäten ausgelösten Umweltschäden, wie z.B. Altlasten, aufgespürt, aber auch Folgenutzungen für stillgelegte Bergwerke, z.B. im Tourismussektor, entwickelt werden (vgl. HAAS/SCHLESINGER 2009).

Maßgeblicher Untersuchungsgegenstand der Agrargeographie und ihrer Spezialisierungen sind die Eignungszonen, die aus der globalen Naturraumgliederung hervorgehen (vgl. DICKEN/LLOYD 1999: 93; STAUDACHER 2005: 308ff.). Trotz der starken Abhängigkeit vom natürlichen Potenzial lassen sich wichtige Produktionsfaktoren auch künstlich, z.B. durch Bewässerung oder Gewächshäuser, erzeugen, weshalb letztendlich ökonomische Grenzen und nicht das ökologische Optimum die Produktion determinieren (vgl. NÜSSER ET AL. 2005: 354f.). Ziel agargeographischer Analysen ist die Erfassung und Bewertung der Wirkungszusammenhänge zwischen naturräumlicher Ausstattung, Nutzungssystemen und Landschaftsveränderungen (vgl. NÜSSER ET AL. 2005: 358f.). Durch die Optimierung von Arbeit, Bodennutzung und Kapitaleinsatz (z.B. in Form von Dünger) sowie der Produktionsziele (Eigenversorgung oder Fremdversorgung) und eines Risikoausgleichs (z.B. Anbau verschiedener Früchte) ergeben sich Spezialisierungen und damit auch gravierende ökologische Probleme (vgl. HAAS 2000: 227ff.; NÜSSER ET AL. 2005: 362f.).

Ein weiterer maßgeblicher Bereich der Ressourcengeographie ist die Fischereiwirtschaft, die in Fischerei und Fischzucht in Binnengewässern und dem Meer unterteilt werden kann. Ökologische Schäden treten vor allem durch eine zu intensive Nutzung auf. Sie sind die Folge von Überfischung bzw. bei Aquakulturen von räumlich-punktuell emittierten großen Mengen an Fischkot, Pestiziden und Medikamenten (vgl. PENNING 2003a und 2003b).

Ein übergreifendes Themenfeld der Ressourcengeographie liegt – vor dem Hintergrund der Endlichkeit von Rohstoffen bzw. der Empfindlichkeit des ökologischen Gleichgewichts der Erde, das durch unbedachte Rohstoffausbeutung und die damit verbundenen Umweltbelastungen gefährdet ist – in einer nachhaltigen Nutzung von Ressourcen (vgl. HAAS 1989: 73, vgl. Kapitel 1.3).

2.5 Sektorale und branchenbezogene Betrachtung

Umweltbezüge wirtschaftsgeographischer Untersuchungen des primären Sektors wurden bereits in den vorherigen Kapitel dargestellt. Von enormer Bedeutung für eine umweltorientierte Wirtschaftsgeographie ist allerdings der sekundäre Sektor, da in der frühen Beschäftigung der Industriegeographie mit Umweltwirkungen des sekundären Sektors ein Grundelement umweltbezogener wirtschaftsgeographischer Forschung liegt (vgl. z.B. HAAS/HANNSS 1974 und HAAS/SCHWARZ 1975). Dieses ergibt sich nicht nur aus dem Input-Output-Wirkungsgeflecht eines Unternehmens (vgl. Kapitel 1.1), sondern auch aus Nutzungskonflikten bei knappen Flächen- und Ressourcenangeboten. Diese werden dadurch verstärkt, dass viele Nutzungen von Flächen umgeben sind, die andere Nutzungen überlagern oder Schutzabstände erfordern. Durch diese Nutzungskonflikte kann es zu einer räumlichen Veränderung oder Verlagerung, Aufgabe oder Verdrängung einer Nutzung kommen. Daraus können neue umweltbezogene Verbreitungs-, Verknüpfungs- und Beziehungsmuster, ein neues Verhalten, z.B. bei Produktionsprozessen (Stilllegungen oder Innovationen), Änderungen der Intensität von Emissionen, eine Verbesserung der ökologischen Verhältnisse sowie Entwicklungsmöglichkeiten früher verdrängter Nutzungen resultieren (vgl. MAIER 2005: 488ff.).

Umweltbezogene Branchenbeispiele des verarbeitenden Sektors lassen sich in Arbeiten zur Verpackungs-, Energie - und Abfallwirtschaft finden (vgl. BRAUN 2003: 10). Anhand der Verpackungswirtschaft kann gezeigt werden, welchen Einfluss ein stärkeres Umweltbewusstsein und die damit verbundenen gesetzlichen Regelungen auf eine Branche haben. Da die Produkte der Verpackungswirtschaft für die reaktionsschnelle Überbrückung von Raum und Zeit zwar essentiell notwendig sind, zugleich aber durch ihre direkte Umweltwirkung vor allem als Verpackungsabfälle negativ auffallen, sind Verpackungsmaterialien und -systeme einem harten Konkurrenzkampf ausgesetzt. Dieser ist nicht nur durch den Rückgang der Verpackungsmenge insgesamt, sondern auch durch Anpassungen in Bezug auf die Umweltfreundlichkeit der Produkte sowie die Stilllegung der Produktion einzelner Verpackungen gekennzeichnet (vgl. HAAS 1994b: 238; HAAS/SIEBERT 2002: 349 und 363f.).

Eine „umweltgerechte“ Energieerzeugung wird nicht nur von einem steigenden Umweltbewusstsein, sondern auch von weiteren Aspekten, wie z.B. sinnlichen Wahrnehmungen (z.B. Abgase aus Kraftwerken) oder geopolitischen Faktoren, bestimmt (vgl. DÖRRENBÄCHER ET AL. 1997: 336ff.). Zudem gehen von der Art der Energieerzeugung aus fossilen Energieträgern oder regenerativen Energiequellen substanziell unterschiedliche Umweltbelastungen und Raumansprüche aus, die anhand der Energieprozesskette nachgezeichnet werden können. Diese beinhaltet bei der Nutzung fossiler Energieträger die Exploration und Förderung, den Transport – der zum Teil mit Umweltrisiken (z.B. Tankerhavarien) behaftet ist –, die Umwandlung und die damit verbundene Freisetzung von klimaschädlichen Gasen sowie weitere Zwischenschritte (vgl. BRÜCHER 1997: 331ff.). Aber auch die Erzeugung regenerativer Energien führt zu enormen räumlichen und ökologischen Auswirkungen. Hier sei z.B. auf Staudämme verwiesen, die gravierend in den Wasserhaushalt der betroffenen Flüsse eingreifen (vgl. SCHMITZ 1997: 342). Ferner spielen ebenenübergreifende politische Aspekte in diesem Sektor eine bedeutende Rolle. Hierbei sind sowohl globale (z.B. internationaler Klimaschutz), nationale (z.B. Krisen in erdölfördernden Ländern) oder lokale Aspekte (z.B. Proteste gegen Emissionen von Kraftwerken) zu beachten. All diese Aspekte führen zu entsprechenden Anpassungshandlungen, sei es dass z.B. solarthermische Anlagen stärker gefördert (vgl. HELFER 1997: 348) oder bei der Standortwahl neue gesetzliche Rahmenbedingungen (z.B. höhere Schornsteine zur Verlagerung von Emissionen bzw. der Einbau von Rauchgasreinigungsanlagen) gesetzt werden (vgl. DÖRRENBÄCHER ET AL. 1997: 338). Aktuelle Lösungsansätze liegen in einer Reduktion des Energieverbrauchs durch eine bessere Energieeffizienz, dem Einsatz innovativer Technologien, Dezentralisierungsbestrebungen der Energieversorgung und der verstärkten Nutzung regenerativer Energiequellen (vgl. HAAS ET AL. 2005: 433ff.).

Als „Sonderfall" ist die Entsorgungswirtschaft, eine Branche mit quasi doppelter Umweltwirkung, zu sehen, da nicht nur deren Entsorgungseinrichtungen und -prozesse, sondern auch deren „Produkte" (Abfälle) besonders umweltrelevant sind. Bedingt durch diesen Umstand hat sich eine „Entsorgungsgeographie" entwickelt. Ziel dieser Ausrichtung der Geographie ist es, einen Beitrag zur Erfassung von Entsorgungsstandorten, zur Akzeptanzforschung geplanter und bestehender Einrichtungen (Kläranlagen, Sammelstellen, Deponien oder Müllverbrennungsanlagen) sowie zur vorausschauenden Planung von Entsorgungsanlagen und -systemen zu leisten (vgl. HAAS 1994a: 122; BOHLENDER 1996: 41).

Der zu entsorgende Abfall kann nach Herkunft (Siedlungen, Industrie), Art (Sperrmüll, Sondermüll, Freizeitmüll), Zusammensetzung (organisch, mineralisch) und Zustand (fest, flüssig, gasförmig) unterteilt werden (vgl. BOHLENDER 1996: 17). Ziel einer Abfallwirtschaft sind die Vermeidung vor einer Verwertung (stofflich oder energetisch) und Beseitigung von Abfällen (vgl. HAAS ET AL. 2003: 2f.; SCHLESINGER 2009). Die Abfallvermeidung lässt sich durch die Vermeidung von Prozessabfällen (abfall-

und schadstoffarme Produktion), Produktabfällen (umweltverträgliche Produkte), Prozessen (Verzicht auf bestimmte Verfahren) oder Produkten (Verzicht auf bestimmte Produkte) erreichen. Möglichkeiten zur Umsetzung liegen in der Verringerung des Ressourceneinsatzes durch Effizienzsteigerungen, der Verlangsamung des Stoffflusses durch Installation von Stoffkreisläufen, dem Aufbau regionaler Bezugs- und Vertriebsnetze sowie einer Dienstleistungsorientierung (z.B. Reparatur) (vgl. HAAS/ SIEBERT 1994: 94f.). Die Verwertung von Abfällen richtet sich nach dem Grad der Kontaminierung, bei Klärschlamm z.B. mit Schwermetallen, der anfallenden Menge, der Konkurrenzsituation (Substitutionsmöglichkeiten des Abfalls), Verwertungsalternativen sowie Transportmöglichkeiten (vgl. KAINZ-SCHMIDT 1989: 33).

Bei der Auswahl von Entsorgungsstandorten ist auf politische, infrastrukturelle, mengenrelevante, ökologische und naturwissenschaftliche Parameter zu achten (vgl. HESS 1989: 41). Die bis in die 1990er Jahre anhaltende Diskussion um Flächennutzungskonkurrenz und -konflikte von Entsorgungseinrichtungen (vgl. HAAS 1991: 210) konnte mit Einführung des Kreislaufwirtschafts- und Abfallgesetzes im Jahre 1996 und durch den damit verbundenen Rückgang an Abfällen entschärft werden, besitzt aber – z.B. für die Wachstumsmärkte China und Indien – auch weiterhin immense Bedeutung (vgl. SCHLESINGER 2006a: 508).

Das Entsorgungsverhalten hängt maßgeblich vom Umweltbewusstsein ab, welches wiederum von verschiedenen Motiven beeinflusst wird. Dabei handelt es sich um informative Motive (Auskünfte und Informationsträger), altruistische Motive (Landschafts- oder Umweltschutz), produktbedingte Motive (Recyclingmöglichkeiten), systembedingte Motive (Kapazitäten, Bedienung der Entsorgungssysteme) oder egoistische Motive (Gebühren und Entsorgungskosten, Image und Selbsteinschätzung), die von vorgegebenen Rahmenbedingungen wie der zeitlichen und körperlichen Belastung, aber auch Gesetzen und Verordnungen beeinflusst werden. Basierend auf dem daraus abgeleiteten Entscheidungsprozess kommt es zu einem Entsorgungsverhalten wie Müllvermeidung, -reduzierung oder -trennung (vgl. HAAS/SCHLESINGER 2007: 22; HAAS 1994a: 132; HAAS/SIEBERT 1993: 9; HAAS 1991: 218; HARTMANN/RUDOLPHI 1989: 15).

Neben der dargestellten Untersuchung der Akzeptanz und Planung von Entsorgungseinrichtungen in Industrieländern bietet die Abfallwirtschaft in Entwicklungsländern eine weitere Herausforderung für diese Branche, da sie wegen der zeitaufwendigen und arbeitsintensiven Abfallsammlung und -trennung dort überwiegend dem informellen Sektor zuzurechnen ist. Aus ökologischer Sicht sind diese personalintensiven Entsorgungsschritte positiv zu bewerten, da die sortierten Abfälle anschließend an Zwischenhändler weiterverkauft und als Sekundärrohstoffe dem Wirtschaftskreislauf wieder zugeführt werden (vgl. HAAS/SAGAWE 1989: 69f.). Zur Schaffung hygienischer Verhältnisse vor dem Hintergrund wirtschaftlicher, sozialpolitischer (Erhalt von Arbeitsplätzen), entsorgungspolitischer und ökologischer Ziele widmen sich wirtschaftsgeographische Studien dem räumlichen Aktionsfeld sowie der Struktur, den Verflechtungen und der Situation der informellen Abfallwirtschaft, um an die Situation angepasste Entsorgungskonzepte zu erarbeiten (vgl. HAAS/ERNST 1990: 138; TRETTIN 2002: 135ff.; TRETTIN 1999: 668ff.).

Im tertiären Sektor, der durch den immateriellen Charakter von Dienstleistungen und den überwiegenden Einsatz von „Human Ressources" geprägt ist, kommt es zu vergleichsweise geringen Umweltbelastungen. Zur Erbringung von Dienstleistungen werden zwar auch natürliche Ressourcen, z.B. für Bürogebäude oder bestimmte Produktionsmittel, benötigt – dies allerdings in einem deutlich geringeren Maße als im sekundären Sektor.

Einen Sonderfall stellt der Verkehr dar, der zwar ebenfalls dem tertiären Sektor zuzurechen ist, aber mitunter zu den Hauptverursachern von Umweltbelastungen und -schäden zählt (vgl. SCHLESINGER 2006b: 161f.). Zur Bewertung der Umweltschäden des Verkehrs hat sich das Konzept der externen Effekte als hilfreich erwiesen. Hierbei handelt es sich um eine Monetarisierung der durch den Verkehr verursachten ökologischen Schäden, z.B. durch Bodenversiegelung, Flächenverbrauch, Schadstoffemissionen oder Lärm (vgl. HAAS 2000: 288ff.; NEUMAIR/SCHLESINGER 2004: 126f.). Anhand der ermittelten externen Effekte verschiedener Verkehrsträger können z.B. Instrumente wie staatliche Ge- und Verbote, marktwirtschaftliche Instrumente wie Umweltzertifikate oder Steuern und Abgaben entwickelt werden, welche die Schädigung der Umwelt internalisieren. Dadurch lassen sich dem Verursacher die externen Kosten seiner Verkehrsteilnahme in Rechnung stellen, wovon Anreize zur Vermeidung von Umweltbelastungen ausgehen. Das übergeordnete Ziel sollten allerdings Verkehrsvermeidung (z.B. durch sinnvollere Standortwahl, neue Logistikkonzepte), Verkehrsverlagerung (z.B. umweltfreundlichere Verkehrsmittel) oder Verkehrsverhinderung (z.B. durch Verteuerungsmaßnahmen) bilden (vgl. SCHLIEPHAKE/SCHENK 2005: 569ff.).

Im tertiären Sektor lassen sich aber auch positive Auswirkungen auf die Umwelt, z.B. durch Umweltdienstleister oder den Tourismus, feststellen. Die positive Wirkung wissensintensiver Umweltdienstleistungen wurde bereits anhand von Netzwerken (vgl. Kapitel 2.3) aufgezeigt. Ein weiterer Bereich von Umweltdienstleistungen liegt bei

Industrieversicherern. Diese sehen sich durch die Wahrnehmung von Umweltrisiken als Geschäftsrisiken seit einigen Jahren veranlasst, ihren Kunden umfangreiches Know-how zur Verbesserung des betrieblichen Umweltschutzes durch eigene Abteilungen oder Tochtergesellschaften zur Verfügung zu stellen, um so in die Prozesse von Unternehmen einzugreifen (vgl. BLÄSER 2002: 93ff.; BLÄSER 2003: 62).

Positive Umweltwirkungen lassen sich auch im Tourismus verzeichnen, auch wenn es durch das touristische Verkehrsaufkommen, Infrastruktureinrichtungen, die Touristen selbst und deren Aktivitäten zu erheblichen Umweltschäden kommen kann (vgl. LÜBBERT 1999: 32). Da Touristen aber auf eine intakte Umwelt sowie Landschaftsästhetik Wert legen, stehen finanzielle Mittel aus dem Tourismus für den Umweltschutz bereit, wodurch sich z.B. die Biodiversität erhalten lässt (vgl. JOB ET AL. 2005: 609; WEIZENEGGER 2003: 32). Zudem hat sich auch ein Ökotourismus, eine Schnittmenge aus Naturtourismus (Reisen in naturnahe Gebiete und Erleben der Natur) und nachhaltigem Tourismus (langfristig, sozial, ökologisch und ökonomisch angepasster Reisestil) entwickelt, der die sonst negativen Effekte des Tourismus abmildert (vgl. WEIZENEGGER 2003: 43).

3 Kernbestandteile einer umweltbezogenen Wirtschaftsgeographie

Als Schnittstelle zwischen Wirtschafts- und Naturwissenschaften ist die Wirtschaftsgeographie eigentlich prädestiniert, natürlich-ökologische Aspekte in unternehmerische Entscheidungen zu integrieren. Wie die vorherigen Ausführungen allerdings zeigen, fehlt bisher ein fester Gesamtrahmen, und es wurden nur selektive Teilbereiche der Wirtschaftsgeographie unter natürlich-ökologischen Aspekten untersucht oder entwickelt. Eine Übersicht dieser Aspekte gibt Abbildung 13.

Abbildung 13: Bestandteile einer umweltbezogenen Wirtschaftsgeographie

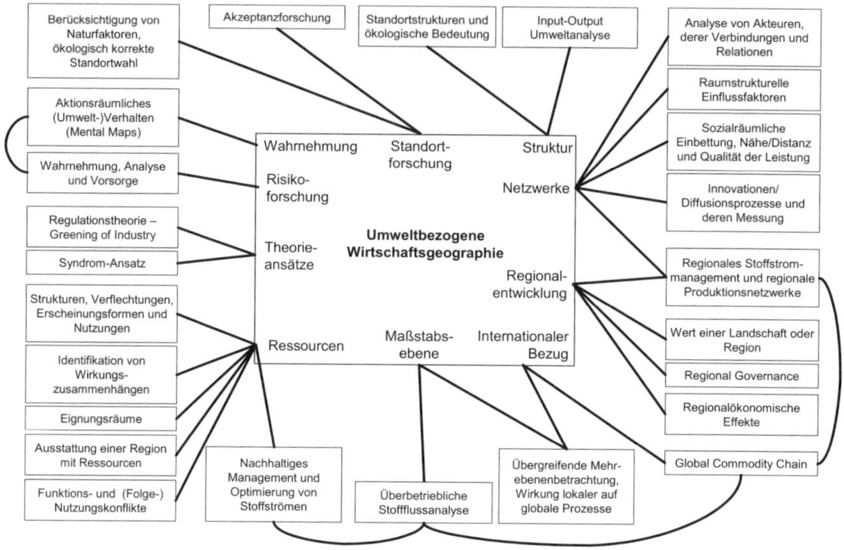

Quelle: Schlesinger 2006c: 69.

Zusammengefasst lassen sich daraus die speziell wirtschaftgeographische Herangehensweise an ökologische Problemstellungen sowie der Mehrwert, den der Raumbezug zur Lösung von Umweltproblemen leisten kann, wie folgt charakterisieren (vgl. Schlesinger 2006c: 69f.):

- Als übergeordneter theoretischer Bezugsrahmen zur Systematisierung des „Greening of Industry" eignet sich die Regulationstheorie.
- Die übergreifende Mehrebenenbetrachtung ermöglicht es, sich ein detailliertes Bild von der Wirkung lokaler Umweltgesetze oder Umwelt-NGOs auf globale Prozesse bzw. umgekehrt zu machen.
- Ein Analysetool der Mehrebenenbetrachtung liegt im Management und der Optimierung von Stoffströmen im Sinne einer nachhaltigen Nutzung. Hierfür bieten sich auf globaler Ebene die Global Commodity Chain, auf regionaler Ebene das Stoffstrommanagement sowie überbetriebliche Stoffflussanalysen oder regionale Produktionsnetzwerke an.
- Zur Identifizierung von Netzwerken und ihres Beitrages zu einer umweltgerechten Gestaltung von Prozessen können wirtschaftsgeographische Netzwerk-

analysen, welche die Akteure, deren Verbindungen und Relation zueinander untersuchen, angeführt werden.

- Netzwerkstrukturen, Innovationen und Diffusionsprozesse sind maßgeblich durch raumstrukturelle Einflussfaktoren geprägt. Anhand wirtschaftsgeographischer Methoden lassen sich diese messen und die sozialräumliche Einbettung, wie z.B. die Nähe und Distanz zwischen Akteuren in Abhängigkeit von der Qualität der Leistung, ermitteln.
- Basis einer umweltgerechten Ressourcennutzung ist die Erfassung der Ausstattung einer Region mit Ressourcen sowie der bestehenden Strukturen, Verflechtungen und (betrieblichen) Erscheinungsformen, der eine Umweltwirkungsanalyse von Prozessen und Produkten folgen kann.
- Bei einer umweltbezogenen Standortforschung ist die Berücksichtigung von Naturfaktoren bei der Standortwahl anzuführen, d.h. die Identifikation von ökologischen Wirkungszusammenhängen, bestehenden und neuen Standortstrukturen (Verkehrsanbindungen), der Ressourcenausstattung von Eignungsräumen sowie Veränderungen durch Nutzung.
- Das aktionsräumliche Verhalten von Akteuren, wie z.B. das Umweltverhalten, kann durch die Analyse ihrer Umwelt- oder Risikowahrnehmung ermittelt werden, um anschließend z.B. angepasste Vorsorgekonzepte zu erstellen oder die Akzeptanz von Maßnahmen zu untersuchen. Durch Mental Maps ist das aktionsräumliche Verhalten zu identifizieren.
- Als Steuerungsmechanismus einer nachhaltigen Regionalentwicklung bietet sich das Konzept der „Regional Governance“ an. Zur Optimierung der Steuerung können der Wert einer Region oder Landschaft, Funktionskonflikte bzw. (Folge-) Nutzungskonflikte sowie daraus resultierende regionalökonomische Effekte ermittelt werden.

Auch wenn einzelne der aufgeführten Aspekte bereits erfolgreich bearbeitet wurden, fehlt doch eine integrative Zusammenführung der Themenkomplexe sowie eine Einordnung in die Umweltökonomie mit dem Ziel einer Einbettung in betriebliche Entscheidungen, da der Stellenwert raumbezogener Umweltschutzmaßnahmen in Unternehmen recht gering ist, ihnen aber ein bedeutender ökologischer Nutzen zugebilligt wird. Dieser ergibt sich aus den längerfristig orientierten Möglichkeiten der Wertsteigerung sowie der Kostenreduktion (vgl. SCHLESINGER 2006c: 149ff.).

Allerdings ist neben der Integration umweltbezogener wirtschaftsgeographischer Themen in den umweltökonomischen Bereich auch die Schnittstelle zu den Naturwissenschaften, vor allem der Physischen Geographie, nicht außer Acht zu lassen. In einem stärkeren Bezug zu ihr liegen bedeutende Anregungen zur Gestaltung umweltökonomischer Ansätze, die von Wirtschaftswissenschaftlern nur schwer zu bearbeiten sind.

4 Räumliche Dimension des Ressourcenmanagements

Die Identifizierung räumlicher Aspekte des Ressourcenmanagements gestaltet sich im Vergleich zu denen der Umweltökonomie einfacher. Die offensichtlichste Ausprägung zeigt sich darin, dass Ressourcen ungleich auf der Erde verteilt sind und die Produktionsstätten (Ressourcennutzung) – überwiegend in Industrieländern verortet – mit den Lagerstätten von Rohstoffen oft nicht übereinstimmen. Zum Ausgleich dieser Disparitäten kommt es zum Handel mit Rohstoffen.

Der Rohstoffhandel, z.B. mit Salzen, Feuerstein und Bernstein, ist seit den Anfängen der Menschheit belegt. Seit der Kolonialisierung wurde der Rohstoffhandel vor allem mit agrarischen und mineralischen Rohstoffen, später auch im Tausch mit Fertigprodukten betrieben und trug erheblich zum Wohlstand der europäischen Kernländer bei. Nach dem Zweiten Weltkrieg kam es zur Herausbildung von Rohstoffproduzenten (Exportländer) und Rohstoffverbrauchern (Importländer). Dabei stellten vor allem entwickelte Länder die Rohstoffimporteure, während weniger entwickelte Länder in erster Linie Exporteure waren. Allerdings kommt es v.a. durch die Weltmarktöffnung Chinas und seinen weltweiten wirtschaftspolitischen Einfluss zur Sicherung von Rohstoffmärkten zu einer Veränderung dieser Strukturen. Weitere Veränderungen finden durch das „global sourcing" statt, d.h. die für den Wirtschaftsprozess benötigten Rohstoffe werden heutzutage zunehmend auf internationalen Beschaffungsmärkten bezogen (vgl. HAAS ET AL. 2009: 7ff. und 40ff.).

Mit der steigenden weltweiten Beschaffung der Rohstoffe kommt es unvermeidlich auch zur Zunahme der Transportentfernungen und Verkehrsströme. Förderlich wirken sich neue und leistungsstärkere Transportsysteme, die sukzessive zur Steigerung des Transportauskommens beitragen, aus. Die räumlichen Auswirkungen liegen in der Bereitstellung der Verkehrseinrichtungen, wie z.B. See- und Flughäfen, Straßen und Schienenverbindungen, und der damit einhergehenden Bodenversiegelung sowie der daraus resultierenden Flächeninanspruchnahme. Zusätzlich führt der Verkehr zu Boden- und Wasserbelastungen sowie Emissionen, so dass gewisse Räume, z.B. durch Lärm, für andere Nutzungen nicht mehr geeignet sind (vgl. HAAS ET AL. 2009: 87 ff.).

Aber nicht nur Handel und Transport stellen bedeutende räumliche Faktoren dar, sondern auch die Gewinnung von Rohstoffen. Es kommt zu einer Beeinflussung sozialräumlicher Strukturen sowie räumlich und funktional hervorgebrachter Verflechtungen und Erscheinungsformen. Äußern können sie sich neben den Verkehrs- und Transportstrukturen in Siedlungen bzw. Umsiedlungen sowie Flächennutzungskonflikten bei knappen Flächen- und Ressourcenangeboten zwischen Industrie, Landwirtschaft, Bergbau oder Tourismus (vgl. HAAS/SCHLESINGER 2009).

Hervorzuheben ist der Anbau von agrar- und forstwirtschaftlichen Rohstoffen, die wegen ihres großen Flächenanspruchs mit jeweils ca. einem Drittel der Erdoberfläche und zusammen ca. der Hälfte der weltweiten Erwerbstätigen einen enormen Stellenwert genießen. Ihre Produktion hängt maßgeblich von Eignungszonen ab, die auf der globalen Naturraumgliederung, d.h. der globalen Differenzierung der Klimafaktoren und der lokalen Einflüsse wie Höhenlage oder Orographie, basieren. Trotz dieser starken Abhängigkeit vom natürlichen Potenzial lassen sich wichtige Produktionsfaktoren auch künstlich, z.B. durch Bewässerung oder Gewächshäuser, erzeugen, weshalb letztendlich ökonomische Grenzen und nicht das ökologische Optimum die Produktion determinieren (vgl. NÜSSER ET AL. 2005: 354f.). Die Folge sind bedeutende räumliche Veränderungsprozesse, z.B. durch Monokulturen, die zwar wirtschaftliche Vorteile bringen, aber auch ökonomische (starke wirtschaftliche Abhängigkeiten) und ökologische Risiken (z.B. Anfälligkeit gegenüber Schädlingen) bergen. Anzuführen sind weiterhin Devastierung, wie z.B. Waldschäden und Desertifikation, oder hohe räumlich-punktuelle Umweltschäden, z.B. durch den Eintrag großer Mengen an Fischkot, Pestiziden und Medikamenten in Aquakulturen.

Die Gewinnung von bergbaulichen Rohstoffen äußert sich in morphologischen Auswirkungen (z.B. Schürflöcher und Halden) sowie Einwirkungen auf die Hydrosphäre (z.B. Störungen und/oder Verunreinigungen von Grund- und Oberflächenwasser) und die Atmosphäre (z.B. Emissionen von Staub oder Gasen). Ein besonderer bergbauspezifischer Problembereich ist die Nachnutzung und Rekultivierung ehemaliger Bergbauflächen, die in der Regel nach Beendigung der Rohstoffgewinnung vegetationslose Ödflächen, Halden und Tagebaugruben zurücklassen und das Landschaftsbild stark beeinträchtigen (vgl. HAAS/SCHLESINGER 2009; HAAS/FLEISCHMANN 1991: 68ff.).

Damit ist auch bereits die Mengendimension angesprochen, denn für jede Einheit (z.B. kg) an gewonnenem Rohstoff muss meist ein Vielfaches an Material (ökologischer Rucksack) bewegt werden. Der ökologische Rucksack für eine Tonne Kupfer liegt bei ca. 200 bis 900 m^3 Wasser, 1 000 bis 3 400 Steinkohleeinheiten an Primärenergie, 100 bis 350 t Abraum sowie 50 bis 250 t kontaminierter Abfälle (vgl. STÜCKELBERGER 2001: 188). Zur Verdeutlichung der Mengendimension kann auf den ökologischen Rucksack von Braunkohle und Gold verwiesen werden. Während er bei Braunkohle bei eins zu elf und damit relativ niedrig liegt, sind trotzdem gewaltige

Mengen von Materie zu deren Gewinnung zu bewegen, da auch entsprechend große Massen an Braunkohle gefördert werden. Die Auswirkungen für die Braunkohlereviere zeigen sich z.B. in der Umsiedlung ganzer Dörfer. Aber auch bei der Gewinnung von Rohstoffen, die nur in relativ geringen Mengen gefördert werden, kann es – wie z.B. bei der Goldförderung – durch einen extrem hohen ökologischen Rucksack mit 1 : 350 000 zu massiven Auswirkungen auf die Landschaft durch Aufschüttung von Abraumhalden kommen.

5 Ausblick

Umweltprobleme und Ansätze zu ihrer Lösung einerseits, die Verknappung natürlicher Ressourcen und die Notwendigkeit eines nachhaltigen Ressourcenmanagements andererseits gehören heute zu den wichtigsten und gesellschaftlich notwendigsten – auch von politischer Seite immer wieder angemahnten – Themen geographischer Forschung. Da die Geographie sowohl anthropogene als auch naturwissenschaftliche und räumliche Aspekte betrachtet, kann sie entscheidende Impulse für eine integrative Umweltwissenschaft liefern.

Prof. Dr. HANS-DIETER HAAS nahm sich als einer der ersten deutschen Geographen bereits in den 1970er Jahren mit industriegeographischen Untersuchungen dem Umweltbezug an und etablierte dieses Thema später als Schwerpunkt der Münchner Wirtschaftsgeographie. So wurden zentrale Fragen der Wirtschaftsgeographie, wie z.B. der Standortwahl und -entscheidungen oder der Regionalentwicklung, u.a. am Beispiel der Wirkung von neuen Umweltschutzgesetzen bzw. der Rohstoffverknappung bearbeitet. Aber auch die Analyse unterschiedlich strukturierter industrieller Standorte und Bergbaugebiete (Bergbaugeographie) sowie Fragen der Rohstoff-, Abfall- und Entsorgungswirtschaft standen im Fokus. Die methodische Herangehensweise orientierte sich dabei am Handeln der unterschiedlichen Akteure wirtschaftlicher Prozesse, ihren Beweggründen und Entscheidungsprozessen im Sinne einer verhaltensorientierten Geographie. Darüber hinaus wurde das Thema im Lauf der Jahre zu einer umfassenden (raumbezogenen) Umweltökonomie ausgeweitet. Parallel wurde das nachhaltige Management von Ressourcen, d.h. Reduzierung des Einsatzes von mineralischen oder agrarischen Primärrohstoffen sowie Recyclingstrategien und der Gebrauch von Sekundärrohstoffen, forciert. Bedeutung gewinnen diese Themen vor dem Hintergrund der steigenden Preise für Rohstoffe, wie es bis zur Wirtschaftskrise 2008 deutlich spürbar war, sowie des in Industrie-, aber auch Schwellenländern steigenden Umweltbewusstseins der Bevölkerung, was enorme Anpassungshandlungen der Wirtschaft bedingt.

Um raumbezogenen Umweltschutzmaßnahmen sowie der räumlichen Dimension des Ressourcenmanagements in Zukunft einen höheren Stellenwert, z.B. in Unternehmen, aber auch in der geographischen Forschung, zu verschaffen, müsste die wissenschaftliche Aufarbeitung der Themenfelder verstärkt und die praktische Relevanz stärker herausgearbeitet werden. Es ist sozusagen ein Marketing nötig, das auch praktische Umsetzungsmöglichkeiten aufzeigt. Hierfür sind vor allem die folgenden Kernkompetenzen wirtschaftsgeographischer Forschungsfelder verstärkt zu bearbeiten:

- Die größte praktische Relevanz liegt in der übergreifenden Mehrebenenbetrachtung und damit im Management und in der Optimierung von Stoffströmen im Sinne einer nachhaltigen Nutzung. Hierfür bieten sich auf globaler Ebene die Global Commodity Chain, auf regionaler Ebene das Stoffstrommanagement sowie überbetriebliche Stoffflussanalysen oder regionale Produktionsnetzwerke an. Zudem ist die Analyse der Wirkung lokaler Umweltgesetze oder Umwelt-NGOs auf globale Prozesse bzw. umgekehrt zu vertiefen.
- Beim Aufbau und der Gestaltung von Umweltnetzwerken können wirtschaftsgeographische Expertisen zu einer umweltgerechten Gestaltung von Prozessen sowie zur Aufdeckung zentraler Akteure, deren Verbindungen und Relationen zueinander beitragen.
- Bei der umweltbezogenen Standortforschung ist die Berücksichtigung von Naturfaktoren bei der Standortwahl anzuführen, d.h. die Identifikation ökologischer Wirkungszusammenhänge (z.B. Natur- und Umweltrisiken), bestehender und neuer Standortstrukturen (Verkehrsanbindungen), der Ressourcenausstattung, von Eignungsräumen sowie Nutzungsveränderungen.
- Der umweltgerechten Ressourcennutzung geht die Erfassung der Ausstattung einer Region mit Ressourcen sowie der bestehenden Strukturen, Verflechtungen und (betrieblichen) Erscheinungsformen voraus; eine Umweltwirkungsanalyse von Prozessen und Produkten kann daran anschließen.
- Als interessantes Forschungsfeld ist zuletzt die Umweltwahrnehmung, aus der sich ein aktionsräumliches Verhalten ableiten lässt, zu nennen, v.a. wenn Methoden wie Mental Maps oder Kollagen zum Einsatz kommen.

Ein Baustein einer stärkeren Fokussierung dieses Bereichs ist dabei sicherlich die prominentere Bekanntmachung eines räumlichen Umweltbegriffs. Dieser umfasst sowohl die natürliche als auch die menschlich gestaltete Umwelt. Es werden darin zum einen die Belastung der Biosphäre (Lebensraum der Organismen) durch Immissionen und die Beeinträchtigung des ökologischen Gleichgewichts, zum anderen das Problem der Übernutzung von erneuerbaren und nicht erneuerbaren Ressourcen, Landschaft und sonstigen umweltbezogenen Lebensgrundlagen erfasst. Die Intensität und Struktur von Umweltbelastungen in einem Raum sind das Ergebnis von Raumnutzung (z.B. Industrialisierungsgrad und -struktur mit emissionsintensiven Industriezweigen), hoher Siedlungs- und Bevölkerungsdichte sowie Umweltverschmutzung und Rohstoffgewinnung. Neben der ungleichmäßigen Verteilung der Emissionsquellen führen aber auch spezifische naturräumliche Gegebenheiten zu unterschiedlichen ökologischen Kapazitäten, d.h. Umweltbelastungen verkraftet der Raum teilweise sehr unterschiedlich. Sie sind darüber hinaus in allen geographischen Maßstabsebenen zu finden und lassen sich räumlich differenzieren in:

- lokale, national begrenzte Umweltbelastungen (z.B. Verschmutzung eines Binnensees),
- national verursachte Umweltbelastungen, die sich grenzüberschreitend in Nachbarländern auswirken (z.B. Verschmutzung grenzüberschreitender Flüsse),
- nationale bzw. regionale Umweltbelastungen mit globalen Folgen (z.B. Regenwaldabholzung),
- international verbreitete, global wirkende Umweltbelastungen (z.B. Treibhauseffekt).

Das Ziel der Betrachtung der räumlichen Dimension sowie der Geographie als Schnittstelle zwischen Natur-, Geistes- und Wirtschaftswissenschaften liegt darin, bedeutende Anregungen zur Reduzierung von Umweltbelastungen zu geben und z.B. umweltökonomische Konzepte um räumliche Aspekte zu erweitern.

Literatur

ANGEL, D. (2000): Environmental innovation and regulation. In: CLARK, G. L.; FELDMAN, M. P.; GERTLER, M. S. (Hrsg.): The Oxford handbook of economic geography. Oxford, S. 607-622.

BARSCH, H.; BÜRGER, K. (1996): Naturressourcen der Erde und ihre Nutzung. Gotha.

BATHELT, H.; GLÜCKLER, J. (2002): Wirtschaftsgeographie. Ökonomische Beziehungen in räumlicher Perspektive. Stuttgart.

BLÄSER, R. (2002): Assekuranz und Umweltschutz. Das Beispiel der industriebezogenen Umweltdienstleistungen. In: SOYEZ, D.; SCHULZ, C. (Hrsg.): Wirtschaftsgeographie und Umweltproblematik (= Kölner Geographische Arbeiten, Heft 76). Köln, S. 93-107.

BLÄSER, R. (2003): Industriebezogene Umweltdienstleistungen in der Versicherungswirtschaft. In: UWF – UmweltWirtschaftsForum, 11. Jg., Nr. 3, S. 55-62.

BOHLENDER, T. (1996): Freizeit und Abfall. Zum Freizeitmüll in Naherholungsgebieten, dargestellt am Beispiel Starnberger See und Blomberg (= WRU-Berichte, Band 7). München.

BRAUN, B. (2002): Die Umweltproblematik in der Wirtschafts- und Industriegeographie. Bestandsaufnahme und Vorschläge für eine akteurszentrierte mikroanalytische Konzeption. In: SOYEZ, DIETRICH; SCHULZ, CHRISTIAN (Hrsg.): Wirtschaftsgeographie und Umweltproblematik (= Kölner Geographische Arbeiten, Heft 76). Köln, S. 13-28.

BRAUN, B. (2003): Unternehmen zwischen ökologischen und ökonomischen Zielen. Konzepte, Akteure und Chancen des industriellen Umweltmanagements aus wirtschaftsgeographischer Sicht (= Wirtschaftsgeographie, Band 25). Hamburg.

BRAUN, B. (2004): Umweltmanagement in der Wirtschaft – Rahmenbedingungen, Diffusionsprozesse und Erfolgsfaktoren auf globaler und regionaler Ebene. In: Petermanns Geographische Mitteilungen, Nr. 148, S. 56-65.

BRAUN, B.; SCHULZ, C.; SOYEZ, D. (2003): Konzepte und Leitthemen einer „ökologischen Modernisierung“ der Wirtschaftsgeographie. In: Zeitschrift für Wirtschaftsgeographie, 47. Jg., Nr. 3/4, S. 231-248.

BRÜCHER, W. (1997): Mehr Energie! Plädoyer für ein vernachlässigtes Objekt der Geographie. In: Geographische Rundschau, 49. Jg., Nr. 6, S. 330-335.

DICKEN, P.; LLOYD, P. (1999): Wirtschaft und Raum – Theoretische Perspektiven in der Wirtschaftsgeographie. Stuttgart.

DÖRRENBÄCHER, P.; SOYEZ, D.; SCHÄFER, K. (1997): Stromerzeugung im Saarland. Die Nutzung heimischer Steinkohle im Spannungsfeld zunehmender Maßstabsverflechtungen. In: Geographische Rundschau, 49. Jg., Nr. 6, S. 336-340.

FREY, R. (1993): Der Ansatz der Umweltökonomie. In: Frey, R.; Staehelin-Witt, E.; Blöchliger, H. (Hrsg.): Mit Ökonomie zur Ökologie: Analyse und Lösungen des Umweltproblems aus ökonomischer Sicht. 2. Auflage. Basel. S. 3-22.

HAAS, H.-D. (1989): Die Nutzung mineralischer Rohstoffvorkommen in der Dritten Welt – Entwicklungstendenzen seit Denis Meadows. In: Erkenntnisobjekt Geosphäre. Festschrift für Adolf Karger, Teil 2 (= Tübinger Geographische Studien. Heft 103). Tübingen, S. 63-75.

HAAS, H.-D. (1991): Abfallentsorgung und Raumplanung – Verhaltensweisen und Lernprozesse. In: GOPPEL, K.; SCHAFFER, F. (Hrsg.): Raumplanung in den 90er Jahren. Festschrift für Karl Ruppert. Augsburg, S. 208-220.

HAAS, H.-D. (1994a): Das Problem der Wertstofferfassung und das Entsorgungsverhalten der Bevölkerung. In: Abfall – Schicksal oder Herausforderung (= Erlanger Forschungen. Reihe B, Band 22). Erlangen, S. 119-149.

HAAS, H.-D. (1994b): Entsorgungsverhalten und Verwertung von Verpackungen. 10 Jahre Abfallforschung am Institut für Wirtschaftsgeographie der Universität

München (= Mitteilungen der Geographischen Gesellschaft in München. Band, 79). München, S. 231-262.

HAAS, H.-D. (1998): Der Arbeitskreis „Entsorgung und Rohstoffrecycling". In: KARRASCH, H. (Hrsg.): Geographie: Tradition und Fortschritt. Festschrift zum 50jährigen Bestehen der Heidelberger Geographischen Gesellschaft (= HGG-Journal, Heft 12). Heidelberg, S. 143-148.

HAAS, H.-D. (2000): Mensch versus Natur. In: Brockhaus-Redaktion (Hrsg.): Lebensraum Erde. Mensch-Natur-Technik. Band 3. Mannheim, S. 221-393.

HAAS, H.-D.; ERNST, R. U. (1990): Das Problem Müll in Großstädten der dritten Welt: Beispiele aus Ecuador und der Dominikanischen Republik. In: Zeitschrift für Wirtschaftsgeographie, 34. Jg., Nr.3/4, S. 137-150.

HAAS, H.-D.; FLEISCHMANN, R. (1991): Geographie des Bergbaus (= Erträge der Forschung. Band 273). Darmstadt.

HAAS, H.-D.; HANNSS, C. (1974): Kulturlandschaftliche Entwicklung und Landschaftsbelastungen im Spiegel der Gewässerverschmutzung, dargestellt am Beispiel des Filstalgebiets. In: Untersuchungen zu Umweltfragen im mittleren Neckarraum (= Tübinger Geographische Studien, Band 55). Tübingen, S. 1-64.

HAAS, H.-D.; NEUMAIR, S.-M.; SCHLESINGER, D. M. (2009): Geographie der internationalen Wirtschaft (= Geowissen Kompakt). Darmstadt.

HAAS, H.-D.; SAGAWE, T. (1989): Kommunale und informelle Abfallwirtschaft in Santo Domingo/Dominikanische Republik. In: HAAS, H.-D. (Hrsg.): Müll- Untersuchungen zu Problemen der Entsorgung und des Rohstoffrecycling (= Münchner Studien zur Sozial- und Wirtschaftsgeographie. Band 35). Kallmünz, S. 53-87.

HAAS, H.-D.; SCHARRER, J.; SCHLIEPHAKE, K. (2005): Geographie des Bergbaus und der Energiewirtschaft. In: SCHENK, W.; SCHLIEPHAKE, K. (2005): Allgemeine Anthropogeographie. Stuttgart, S. 401-448.

HAAS, H.-D.; SCHLESINGER, D. M. (2004): Zusammenfassung der Ergebnisse des Forschungsprojekts "Effiziente Organisationsformen in der Gewerbeabfallwirtschaft nach Einführung des KrW-/AbfG". In: Müll und Abfall, 36. Jg., Nr. 1, S. 4-9.

HAAS, H.-D.; SCHLESINGER, D. M. (2007): Umweltökonomie und Ressourcenmanagement (= Geowissen Kompakt). Darmstadt.

HAAS, H.-D.; SCHLESINGER, D. M. (2009): Bergbau, Energiewirtschaft und Energieversorgung. In: KULKE, E. (Hrsg.): Wirtschaftsgeographie Deutschlands. Gotha. Im Druck.

HAAS, H.-D.; SCHLESINGER, D. M.; JOCHEMICH, M. (2003): Effiziente Organisationsformen in der Gewerbeabfallwirtschaft nach Einführung des Kreislaufwirtschafts- und Abfallgesetzes (= WRU-Berichte, Band 26). München.

HAAS, H.-D.; SCHWARZ, R. (1975): Die Belastung des Neckars und Möglichkeiten seiner Sanierung. In: Beiheft der Geographischen Rundschau 1975, Nr. 4, S. 34-44.

HAAS, H.-D.; SIEBERT, S. (1993): Entsorgung im Wandel – Probleme und Perspektiven der bundesdeutschen Abfallwirtschaft. In: Zeitschrift für Wirtschaftsgeographie, 37. Jg., Nr. 1, S. 1-13.

HAAS, H.-D.; SIEBERT, S. (1994): Abfallvermeidung und wirtschaftliche Entwicklung – Perspektiven für einen nachhaltigen Umgang mit Stoffströmen. In: WILDERER, P. (Hrsg.): BayFORREST Berichtsheft 3. Recht auf Abfall – Vermeidung als Pflicht? Garching, S. 93-105.

HAAS, H.-D.; SIEBERT, S. (1995): Umweltorientiertes Wirtschaften. Aktuelle Ansatzpunkte aus einzel- und gesamtwirtschaftlicher Sicht. In: Zeitschrift für Wirtschaftsgeographie, 39. Jg., Nr. 3/4, S. 137-146.

HAAS, H.-D.; SIEBERT, S. (2002): Technological Change in the German Packaging Industry: Structure, Behaviour and Performance. In: SCHÄTZL, L.; REVILLA DIEZ, J. (Hrsg.): Technological Change and Regional Development in Europe. Heidelberg, S. 347-366.

HAGGETT, P. (2004): Geographie. Eine globale Synthese. 3. Auflage. Stuttgart.

HALLER, B. (1995): Räumliche Auswirkungen staatlicher Umweltauflagen. In: Zeitschrift für Wirtschaftsgeographie, 39. Jg., Nr. 3/4, S. 147-153.

HARTMANN, M.; RUDOLPHI, M. (1989): Zur Frage der Akzeptanz unterschiedlicher Entsorgungssysteme im Raum München. In: HAAS, H.-D. (Hrsg.): Müll – Untersuchungen zu Problemen der Entsorgung und des Rohstoffrecycling (= Münchner Studien zur Sozial- und Wirtschaftsgeographie, Band 35). Kallmünz, S. 11-18.

HELFER, M. (1997): Solarthermische Energie in Andalusien. Hindernisse bei der Nutzung eines endogenen Potenzials. In: Geographische Rundschau, 49. Jg., Nr. 6, S. 348-354.

HELLBRÜCK, J.; FISCHER, M. (1999): Umweltpsychologie. Ein Lehrbuch. Göttingen.

HESS, M. (2006): Wirtschaftliche Aktivitäten im Wandel – Frühformen und Entwicklung bis heute. In: HAAS, H.-D.; NEUMAIR, S.-M. (2006) (Hrsg.): Internationale Wirtschaft. Rahmenbedingungen, Akteure, räumliche Prozesse. München, S. 17-40.

HESS, T. (1989): Standortanalyse einer Reststoff- bzw. Hausmülldeponie aus geologischer Sicht. In: HAAS, H.-D. (Hrsg.): Müll – Untersuchungen zu Problemen der Entsorgung und des Rohstoffrecycling (= Münchner Studien zur Sozial- und Wirtschaftsgeographie. Band 35). Regensburg, S. 37-42.

JOB, H.; PAESLER, R.; VOGT, L. (2005): Geographie des Tourismus. In: SCHENK, W.; SCHLIEPHAKE, K. (2005) (Hrsg.): Allgemeine Anthropogeographie. Stuttgart, S. 581-628.

JOB, H.; PÜTZ, M. (2001): Ursächliche Faktoren, quantitative und qualitative Dimension sowie räumliche Verteilung des bundesweiten Freiflächenverbrauchs. In: JOB, H.; KOCH, M. (Hrsg.): Gewerbeflächenrecycling. Ein Beitrag zur nachhaltigen

Stadt- und Regionalentwicklung (= Münchner Studien zur Sozial- und Wirtschaftsgeographie, Band 42). Kallmünz, S. 1-14.

KAINZ-SCHMIDT, A. (1989): Die Entsorgung des Klärschlamms in München und Umland - Differenziert nach Raumkategorien. In: HAAS, H.-D. (Hrsg.): Müll – Untersuchungen zu Problemen der Entsorgung und des Rohstoffrecycling (= Münchner Studien zur Sozial- und Wirtschaftsgeographie, Band 35). Kallmünz, S. 29-35.

KISTNER, K.-P.; STEVEN, M. (1993): Lineare Aktivitätsanalyse und Umweltschutz. In: WAGNER, G. (Hrsg.): Betriebswirtschaft und Umweltschutz. Stuttgart, S. 106-125.

LESER, H. [Hrsg.] (2005): Diercke Wörterbuch Allgemeine Geographie. 13. Auflage. München.

LÜBBERT, C. (1999): Qualitätsorientiertes Umweltmanagement im Tourismus (= Wirtschaft und Raum, Band 4). München.

MAIER, J. (2005): Industriegeographie – Begriffe und Perspektiven. In: SCHENK, W.; SCHLIEPHAKE, K. (2005) (Hrsg.): Allgemeine Anthropogeographie. Stuttgart, S. 449-500.

MAYER, C. (2003): Umweltsiegel im Welthandel. Eine institutionenökonomische Analyse am Beispiel der globalen Warenkette von Kaffee (= Marburger Geographische Schriften, Heft 139). Marburg/Lahn.

NEUMAIR, S.-M.; SCHLESINGER, D. M. (2004): Externe Effekte des städtischen Verkehrs – dargestellt am Beispiel München. In: Mitteilungen der Geographischen Gesellschaft in München. Band 87, S. 117 -143.

NÜSSER, M.; SCHENK, W.; BUB, G. 2005: Agrar- und Forstgeographie. In: Schenk, W.; Schliephake, K. (2005) (Hrsg.): Allgemeine Anthropogeographie. Stuttgart, S. 353-399.

OSSENBRÜGGE, J. (1993): Umweltrisiko und Raumentwicklung. Wahrnehmung von Umweltgefahren und ihre Wirkung auf den regionalen Strukturwandel in Norddeutschland. Berlin.

PENNING, L. (2003a): Infoblatt Fischerei. URL: http://www.klettverlag.de/geographie/terra-extra. Abrufdatum: 03.01.2006.

PENNING, L. (2003b): Infoblatt Fischzucht. URL: http://www.klettverlag.de/ geographie/terra-extra. Abrufdatum: 03.01.2006.

SCHÄTZL, L. (2003): Wirtschaftsgeographie 1. Theorie. 9. Auflage. Paderborn.

SCHENK, W.; SCHLIEPHAKE, K., (2005) (Hrsg.): Anthropogeographie – Begriffe und Standorte einer „Geographie des Menschen“. In: SCHENK, W.; SCHLIEPHAKE, K. (2005): Allgemeine Anthropogeographie. Stuttgart, S. 23-40.

SCHLESINGER D. M. (2009): Der grenzüberschreitende Handel mit Altrohstoffen. In: Geographische Rundschau, 61. Jg., Nr. 11. Im Druck.

SCHLESINGER, D. M.(2006a): Internationale Märkte für Umweltschutztechnologie. In: HAAS, H.-D.; NEUMAIR, S.-M. (2006) (Hrsg.): Internationale Wirtschaft. Rahmenbedingungen, Akteure, räumliche Prozesse. München, S. 491-510.

SCHLESINGER, D. M. (2006b): Nachhaltige Weltwirtschaft – Die Rolle internationaler Umwelt- und Sozialstandards. In: HAAS, H.-D.; NEUMAIR, S.-M. (2006) (Hrsg.): Internationale Wirtschaft. Rahmenbedingungen, Akteure, räumliche Prozesse. München, S. 147-183.

SCHLESINGER, D. M. (2006c): Unternehmerische Motive eines umweltgerechten Verhaltens (= Wirtschaft und Raum, Band 14). München.

SCHLIEPHAKE, K.; SCHENK, T. (2005): Verkehr und Mobilität. In: SCHENK, W.; SCHLIEPHAKE, K. (2005) (Hrsg.): Allgemeine Anthropogeographie. Stuttgart, S. 531-580.

SCHMITZ, C. (1997): Wandel der norwegischen Elektrizitätswirtschaft. Folgen für den Außenhandel mit Energie. In: Geographische Rundschau, 49. Jg., Nr. 6, S. 341-347.

SCHULZ, C. (2002): Agents of Greening. Industriebezogene Umweltdienstleistungen und ihr Einfluss auf den betrieblichen Umweltschutz. In: SOYEZ, D.; SCHULZ, C. (Hrsg.): Wirtschaftsgeographie und Umweltproblematik (= Kölner Geographische Arbeiten, Heft 76). Köln, S. 83-92.

SCHULZ, C. (2005): Agenten des Wandels? Unternehmensbezogene Umweltdienstleister im industriellen Produktionssystem (= Hochschulschriften zur Nachhaltigkeit, Nr. 21). München.

SEIDEL, A. (2000): Kreislaufwirtschaft im Spannungsfeld zwischen Ökonomie und Ökologie in Deutschland (= Kölner Forschungen zur Wirtschafts- und Sozialgeographie, Band 50). Köln.

SIEBERT, S. (1995): Umweltpolitik, Innovation und Raumwirksamkeit. In: Zeitschrift für Wirtschaftsgeographie, 39. Jg., Nr. 3/4, S. 154-164.

SOYEZ, D. (2002): Die Umwelten der Wirtschaftsgeographie. In: SOYEZ, D.; SCHULZ, C. (Hrsg.): Wirtschaftsgeographie und Umweltproblematik (= Kölner Geographische Arbeiten, Heft 76). Köln, S. 1-12.

SOYEZ, D.; SCHULZ, C. (2002): Zur ökologischen Modernisierung der Wirtschaftsgeographie. In: SOYEZ, D.; SCHULZ, C. (Hrsg.): Wirtschaftsgeographie und Umweltproblematik (= Kölner Geographische Arbeiten. Heft 76). Köln, S. 109-117.

STAUDACHER, C. (2005): Wirtschaftsgeographie regionaler Systeme. Wien.

STÖRMER, E. (2001): Ökologieorientierte Unternehmensnetzwerke. Regionale umweltinformationsorientierte Unternehmensnetzwerke als Ansatz für eine ökologisch nachhaltige Wirtschaftsentwicklung (= Wirtschaft und Raum. Band 8). München.

STÜCKELBERGER, C. (2001): Ethischer Welthandel – Eine Übersicht. Bern.

TRETTIN, L. (1999): Abfallentsorgung in Calcutta – die Rolle des informellen Sektors. In: Geographische Rundschau, 51. Jg., Nr. 12, S. 668-680.

TRETTIN, L. (2002): Abfallwirtschaft und informeller Sektor in der City of Calcutta. Struktur, Funktionsweise und Verwundbarkeit des Entsorgungssystems einer südasiatischen Metropole (= Bochumer Geographische Arbeiten., Band 69). Bochum.

WAGNER, H.-G. (1994): Wirtschaftsgeographie (= Das geographische Seminar) 2. Auflage. Braunschweig.

WEIZENEGGER, S. (2003): Akteursorientiertes Großschutzgebietsmanagement. Beispiele aus Afrika südlich der Sahara (= Münchner Studien zur Sozial- und Wirtschaftsgeographie, Band 44). Kallmünz.

Schlusswort: Wirtschaftsgeographie in einer „unübersichtlichen“ Welt

Martin Hess

Der vorliegende Band bildet den Abschluss der Reihe „Wirtschaft und Raum“, welche vor elf Jahren von HANS-DIETER HAAS ins Leben gerufen wurde. Die Reihe vereint viele der Dissertationen, die seit 1998 am Institut für Wirtschaftsgeographie in München abgeschlossen wurden und welche – analog zu den Beiträgen in diesem Band – die Forschungsschwerpunkte des Lehrstuhls reflektieren: Internationale Wirtschaft, Standort- und Regionalforschung, Umweltökonomie und Ressourcenwirtschaft. In den 30 Jahren seines Wirkens in München hat HANS-DIETER HAAS mit seinen Mitarbeitern diese Themen konsequent verfolgt, ausgebaut und damit die wirtschaftsgeographische Forschung in Deutschland maßgeblich mitgeprägt. Wie bereits von den Vorgängern in der 60-jährigen Geschichte des Instituts – ERICH THIEL und KARL RUPPERT – immer angestrebt und umgesetzt, war es ein zentrales Anliegen, Forschung und Praxis zu verknüpfen. Darüber hinaus waren die Arbeiten aus dem Institut immer darauf ausgerichtet, die Forschungsfronten der Wirtschaftsgeographie zu testen und auszuweiten, ohne dabei den gesellschaftlichen, politischen und wirtschaftlichen Anwendungsbezug außerhalb des „reinen Wissenschaftsbetriebs“ aus den Augen zu verlieren (siehe Beitrag PAESLER in diesem Band).

Für manchen Betrachter mögen gegenwärtige Entwicklungen in Wissenschaft und Gesellschaft als zunehmend komplex, unübersichtlich und schwer einzuordnen erscheinen. Die Wirtschaftsgeographie als akademische Disziplin ist heute gekennzeichnet durch ihre Pluralität der Forschungsansätze und epistemologischen Grundpositionen. In der „realen“ Welt beherrschen Finanzkrise, politische Konflikte, Klimawandel und wirtschaftliche Entwicklung die Schlagzeilen. Die Ursachen dieser Probleme und die Vorschläge zu ihrer Lösung sind vielfältig, widersprüchlich, und es herrscht der Eindruck, dass ein wissenschaftlicher oder gesellschaftlicher Konsens immer schwieriger zu erreichen ist. Kontinuität und Wandel in einer „unübersichtlichen“ Welt sind jedoch keine Spezifika der jüngeren Gegenwart, und wirtschaftsgeographische Forschung bezieht ihren Stellenwert nicht zuletzt aus der Tatsache, dass geographische und soziale Komplexität und deren zeitliche Variation als zentrale Elemente ihrer Untersuchungsgegenstände anerkannt sind.

Seit Bestehen des Instituts für Wirtschaftsgeographie bildeten Regionalforschung und Regionalentwicklung einen Eckpfeiler der wissenschaftlichen Aktivitäten (siehe auch Beitrag WALLISCH in diesem Band). Dabei wurden schon sehr früh innovative Ansätze verfolgt, die den Menschen und die soziale Organisation ökonomischer Aktivitäten in den Mittelpunkt rückten. Dies gilt sowohl für die unter KARL RUPPERT etablierte Münchner Schule der Sozialgeographie als auch für die von HANS-DIETER HAAS lange Zeit verfolgte Position einer verhaltens- und entscheidungsorientierten Wirtschaftsgeographie. Beide Ansätze vermieden den Essentialismus eines „homo oeconomicus" und fokussierten stattdessen auf die raumwirtschaftlichen Grundlagen und Effekte menschlichen Handelns, welches auf unvollkommener Information basiert und deshalb häufig unerwartete Resultate zeitigt. In jüngerer Zeit sind diese Grundgedanken in der Münchner Wirtschaftsgeographie durch neuere Konzeptionen modifiziert und ergänzt worden, nicht zuletzt durch zahlreiche Studien, die sich auf vernetzte Formen ökonomischer und räumlicher Organisation beziehen. Neben den Arbeiten von HAAS zählen dazu auch in dieser Reihe veröffentlichte Studien seiner Schüler, so z.B. die Dissertationen von MARTIN HESS (Band 2), MATHIAS VON TUCHER (Band 5), ECKHARD STÖRMER (Band 8), JOHANNES REHNER (Band 11; siehe auch Beitrag in diesem Band) und DANIELA ESCHLBECK (Band 19). Während manche Publikationen einen expliziten lokal-regionalen Schwerpunkt aufweisen – unter anderen die Arbeiten von PETRA OEXLER zu City-Logistik in Regensburg (Band 9) und MICHAEL OECHSLE zum Flughafen München (Band 13), haben die meisten Forschungsprojekte jedoch eines gemeinsam: die Berücksichtigung von Verflechtungen und Interaktionen über verschiedene Maßstabsebenen hinweg. Beispiele hierfür finden sich in der Reihe „Wirtschaft und Raum" u.a. mit den Beiträgen von TILL WERNECK (Band 1), HANS-MARTIN ZADEMACH (Band 12; siehe auch Beitrag in diesem Band), BERND FORSTER (Band 15) und MATTHIAS WALLISCH (Band 17). Damit verknüpfen diese Studien Fragen der Regionalentwicklung auch mit dem zweiten Forschungsschwerpunkt des Instituts in den letzten 30 Jahren: Globalisierung und weltwirtschaftliche Entwicklung.

Ein Blick auf die Ereignisse der jüngsten Vergangenheit genügt, um die Dynamik und Bedeutung globaler Verflechtungen und deren sozio-ökonomische Konsequenzen zu erkennen. Seit dem Ende des Zweiten Weltkrieges hat die Weltwirtschaft eine Reihe von Wachstums- und Krisenphasen durchlaufen, häufig verbunden mit Begriffen wie Fordismus und Post-Fordismus. Ein besonderes Augenmerk der Münchner Wirtschaftsgeographie galt dabei immer den Hauptakteuren einer globalisierten Ökonomie: transnationalen Unternehmen und staatlichen Institutionen. Die Nachkriegsphase war geprägt von wirtschaftlichem Wachstum im Rahmen fordistischer Produktion und Regulationsweisen (v. a. durch supra-nationale Institutionen wie die Bretton Woods Organisationen und keynesianische Steuerung nationaler Ökonomien). Dieser Entwicklungszusammenhang wurde jedoch – nicht zuletzt im Kontext der Ölkrisen der 70er und frühen 80er Jahre – abgelöst von einer Phase postfordistischer Produktion und Steuerung, welche die Rolle von Unternehmen und Staat neu definierte. Eine neoliberale Wirtschaftsordnung unter Führung der Vereinigten Staaten (der sog. Washington Consensus) begann sich zu etablieren mit dem Ziel, staatliche Einflussnahme in wirtschaftlichen Fragen zu reduzieren und stattdessen auf das freie Spiel der Marktkräfte zu setzen. Dieses System einer zunehmend unregulierten Weltwirtschaft und einer sich massiv ausweitenden Finanzialisierung der Ökonomie wird jedoch im Licht der gegenwärtigen Finanzkrise wieder deutlich in Frage gestellt und die Rolle eines aktiven Staates im Prozess wirtschaftlicher und gesellschaftlicher Entwicklung neu bewertet. Kontinuität und Wandel im Prozess weltwirtschaftlicher Entwicklung war seit jeher ein Schwerpunkt in den Arbeiten von HANS-DIETER HAAS – illustriert u.a. durch seine Forschungen zu Industrialisierung und Entwicklung in Lateinamerika und der Karibik, später auch zu Asien und insbesondere China (siehe auch Beitrag Neumair in diesem Band). Eine Anzahl von Dissertationen in der Reihe „Wirtschaft und Raum“ beschäftigte sich ebenfalls mit dem Themenschwerpunkt Globalisierung, neben einigen der bereits vorstehend genannten Studien z.B. auch die Arbeiten von CHRISTIAN SCHWALD (Band 3), ROMED KELP (Band 6), JOCHEN SCHARRER (Band 7) und NORBERT SCHULTES (Band 10).

Der dritte Forschungsschwerpunkt des Instituts für Wirtschaftsgeographie, in den letzten 30 Jahren unter der Ägide von Hans-Dieter Haas etabliert, hat wie die beiden anderen sicherlich nichts von seiner Relevanz verloren: Umwelt- und Ressourcenfragen stehen heute wohl mehr denn je im Mittelpunkt des öffentlichen wie wissenschaftlichen Interesses. Der Ölpreis erreichte im Jahr 2008 neue Rekordhöhen, der globale Klimawandel steht im Zentrum politischer und wissenschaftlicher Auseinandersetzungen, die Diskussion um erneuerbare Energiequellen und Wege zur Energieeinsparung bzw. Schadensminderung von Emissionen und Treibhausgasen (u. a. „Carbon Trading“, Zertifizierung) ist nach wie vor kontrovers, und Kernenergie steht erneut auf der Tagesordnung. Auch in diesem Forschungsbereich hat die Wirtschaftsgeographie in München bereits sehr früh wertvolle Arbeit geleistet. Exemplarisch sei hier die von HAAS herausgegebene Reihe mit Studien zur Abfallwirtschaft und zum Entsorgungsverhalten der Bevölkerung genannt, welche das Thema zu einem Zeitpunkt aufgriff, als es noch keineswegs „Mainstream“ in der Wirtschaftsgeographie war. Jüngere Beiträge zu aktuellen Fragen der Umweltökonomie, etwa von CLAUDIA LÜBBERT (Band 4 dieser Reihe), DIETER MATTHEW SCHLESINGER (Band 14; siehe auch Beitrag in diesem Band) und die bereits genannte Dissertation von ECKHARD STÖRMER setzen diese Forschungstradition fort.

Wie bereits angedeutet, erscheint mir ein wichtiger Vorzug der Wirtschaftsgeographie die Fähigkeit, komplexe und „unübersichtliche“ Phänomene aus räumlicher Perspektive zu analysieren und aus der Vielfalt sozialer, politischer, ökonomischer und kultureller Zusammenhänge „Sinn“ zu machen. Regionalentwicklung kann nicht wirklich verstanden werden, wenn Globalisierungsprozesse in der Analyse ausgeblendet werden. Globalisierung bedeutet im Umkehrschluss keineswegs eine Ökonomie ohne Ort oder einen Bedeutungsverlust des regionalen und lokalen Kontexts. Dualismen wie „global-lokal“, „wirtschaftlich-kulturell“ oder „strukturell-akteurszentriert“ erscheinen wenig hilfreich und müssen zusammen gedacht werden. Ressourcen- und Umweltforschung verdeutlichen dies sehr anschaulich, aber ebenso zwei der sektoralen Forschungsschwerpunkte am Institut für Wirtschaftsgeographie: Immobilienmarktforschung (siehe Beitrag OTTMANN in diesem Band sowie die Arbeit von STEFAN LIFKA, erschienen als Band 18 dieser Reihe) und Tourismuswirtschaft, welche auch unter dem neuen Lehrstuhlinhaber, JÜRGEN SCHMUDE, eine wichtige Position einnehmen wird. HANS-DIETER HAAS hat es verstanden, in den letzten 30 Jahren ein Forschungsprogramm aufzubauen, das die wirtschaftsgeographische Forschung in Deutschland zweifellos bereichert hat. Es legt Zeugnis ab nicht nur von der wissenschaftlichen, sondern auch der gesellschaftlichen Relevanz der Themen, welche die Arbeiten am Institut bestimmt haben und die auch in Zukunft nichts von ihrer Bedeutung verlieren werden. Die Beiträge in diesem Band hatten das Ziel, die Erträge der Münchner wirtschaftsgeographischen Forschung unter der Leitung von HANS-DIETER HAAS zusammenfassend zu würdigen. Der Band ist jedoch keine Festschrift im herkömmlichen Sinne und will es auch nicht sein. Das Ziel von Autoren und Herausgebern als Mitarbeiter und Kollegen war es vielmehr, Entwicklungen der Wirtschaftsgeographie als dynamische und relevante Disziplin zu reflektieren und HANS-DIETER HAAS damit auch herzlich Dank zu sagen für viele Jahre der konstruktiven und vertrauensvollen Zusammenarbeit in München und darüber hinaus.

Verzeichnis der Autoren

Hess, Martin (geb. 1965), Dr. oec.publ., wissenschaftlicher Mitarbeiter / wissenschaftlicher Assistent am Lehrstuhl Wirtschaftsgeographie der LMU München 1992 – 1998 bzw. 1998 – 2004, seit 2004 Lecturer für Human Geography an der School of Environment and Development, University of Manchester.

Neumaier, Simon Martin (geb. 1977), Dr. oec.publ., wissenschaftlicher Mitarbeiter am Lehrstuhl Wirtschaftsgeographie der LMU München 2001 – 2009, wissenschaftlicher Assistent am Institut für Ernährung und Markt (Bereich Agrarmarktpolitik und -handel) der Bayerischen Landesanstalt für Landwirtschaft in Freising-Weihenstephan.

Ottmann, Matthias (geb. 1963), Dr. rer. pol., Lehrbeauftragter am Institut für Wirtschaftsgeographie bzw. im Department Geographie der LMU München für Immobilienmanagement und Immobilienökonomie seit 2003, geschäftsführender Gesellschafter der Ottmann GmbH & Co. Südhausbau KG.

Paesler, Reinhard (geb. 1942), Dr. phil., seit 1969 als wissenschaftlicher Mitarbeiter / wissenschaftlicher Assistent / Akademischer Rat/Oberrat, seit 1996 Akademischer Direktor am Institut für Wirtschaftsgeographie bzw. (seit 2006) im Department Geographie der LMU München (seit 2007 im Ruhestand).

Rehner, Johannes (geb. 1970), Dr. oec.publ., wissenschaftlicher Mitarbeiter / wissenschaftlicher Assistent am Lehrstuhl Wirtschaftsgeographie der LMU München 1998 – 2003 bzw. 2003 – 2007, seit 2009 Profesor Asociado an der Pontificia Universidad Católica de Chile in Santiago de Chile.

Schlesinger, Dieter Matthew (geb 1973), Dr. oec.publ., wissenschaftlicher Mitarbeiter / wissenschaftlicher Assistent am Lehrstuhl Wirtschaftsgeographie der LMU München 2000 – 2006 bzw. 2006 – 2009, seit 2009 wissenschaftlicher Referent für Umwelt- und Gesundheitsökonomie am Bundesamt für Strahlenschutz.

Wallisch, Matthias (geb 1975), Dr. oec.publ., wissenschaftlicher Mitarbeiter am Lehrstuhl für Wirtschaftsgeographie der LMU München 2003 – 2008, seit 2009 Projektkoordinator am RKW Kompetenzzentrum in Eschborn.

Zademach, Hans-Martin (geb. 1975), Dr. oec.publ., wissenschaftlicher Mitarbeiter / wissenschaftlicher Assistent am Lehrstuhl Wirtschaftsgeographie der LMU München 2001 – 2004 bzw. seit 2004.

Wirtschaft und Raum

Eine Reihe der Münchener Universitätsschriften

herausgegeben von

Prof. Dr. Hans-Dieter Haas
Universität München

Band 20: Martin Hess, Reinhard Paesler (Hrsg.): **Wirtschaft und Raum. Wege und Erträge der Münchner wirtschaftsgeographischen Forschung** · 2009 · 210 Seiten
ISBN 978-3-8316-0944-4

Band 19: Daniela Eschlbeck: **Die Auswirkungen von Outsourcing im IT-Bereich auf unternehmerische und räumliche Strukturen** · 2009 · 228 Seiten
ISBN 978-3-8316-0884-3

Band 18: Stephan Lifka: **Entscheidungsanalysen in der Immobilienwirtschaft**
2009 · 304 Seiten · ISBN 978-3-8316-0880-5

Band 17: Matthias Wallisch: **Der informelle Beteiligungskapitalmarkt in Deutschland · Rahmenbedingungen, Netzwerke und räumliche Investitionsmuster**
2009 · 278 Seiten · ISBN 978-3-8316-0875-1

Band 16: Simon Martin Neumair: **Agrarprotektionismus in Industrieländern – das Beispiel der EU-Zuckermarktordnung · Perspektiven und Anpassungen der Zuckerwirtschaft in Bayern**
2008 · 396 Seiten · ISBN 978-3-8316-0804-1

Band 15: Bernd Alexander Forster: **Anpassungsdruck und Anpassungsstrategien des grenznahen Handwerks angesichts veränderter Wettbewerbsbedingungen im Zuge der EU-Erweiterung 2004**
2007 · 250 Seiten · ISBN 978-3-8316-0696-2

Band 14: Dieter Matthew Schlesinger: **Unternehmerische Motive eines umweltgerechten Verhaltens**
2006 · 204 Seiten · ISBN 3-8316-0644-7

Band 13: Michael Oechsle: **Erweiterung von Geschäftsfeldern im Non-Aviation-Bereich an europäischen Flughäfen unter besonderer Berücksichtigung des Standorts München**
2005 · 400 Seiten · ISBN 3-8316-0544-0

Band 12: Hans-Martin Zademach: **Spatial Dynamics in the Markets of M&A** · Essays on the Geographical Determination and Implications of Corporate Takeovers and Mergers in Germany and Europe
2005 · 150 Seiten · ISBN 3-8316-0478-9

Band 11: Johannes Rehner: **Netzwerke und Kultur** · Unternehmerisches Handeln deutscher Manager in Mexiko
2004 · 268 Seiten · ISBN 3-8316-0352-9

Band 10: Norbert Schultes: **Deutsche Außenwirtschaftsförderung** · Ökonomische Analyse unter Berücksichtigung der Aktivitäten und Programme in Japan · 2., unveränderte Auflage
2006 · 304 Seiten · ISBN 3-8316-0646-3

Band 9: Petra Oexler: **Citylogistik-Dienste** · Präferenzanalysen bei Citylogistik-Akteuren und Bewertung eines Pilotbetriebs dargestellt am Beispiel der dienstleistungsorientierten Citylogistik Regensburg (RegLog(r))
2002 · 418 Seiten · ISBN 3-89481-450-0
vergriffen – kein Nachdruck geplant

Band 8: Eckhard Störmer: **Ökologieorientierte Unternehmensnetzwerke** · Regionale umweltinformationsorientierte Unternehmensnetzwerke als Ansatz für eine ökologisch nachhaltige Wirtschaftsentwicklung
2001 · 410 Seiten · ISBN 3-8316-8410-3

Band 7: Jochen Scharrer: **Internationalisierung und Länderselektion** · Eine empirische Analyse mittelständischer Unternehmen in Bayern
2001 · 231 Seiten · ISBN 3-8316-8407-3

Band 6: Romed Kelp: **Strategische Entscheidungen der europäischen LKW-Hersteller im internationalen Wettbewerb**
2000 · 231 Seiten · ISBN 3-8316-8390-5

Band 5: Mathias von Tucher: **Die Rolle der Auslandsmontage in den internationalen Wertschöpfungsnetzwerken der Automobilhersteller**
1999 · 270 Seiten · ISBN 3-8316-8369-7

Band 4: Claudia Lübbert: **Qualitätsorientiertes Umweltschutzmanagement im Tourismus**
1999 · 275 Seiten · ISBN 3-89481-359-8
vergriffen – kein Nachdruck geplant

Band 3: Christian Michael Schwald: **Religionsgeprägte Weltkulturen in ökonomischen Theorien**
1999 · 228 Seiten · ISBN 3-8316-8355-7

Band 2: Martin Heß: **Glokalisierung, industrieller Wandel und Standortstruktur – das Beispiel der EU-Schienenfahrzeugindustrie**
1998 · 218 Seiten · ISBN 3-8316-8335-2

Band 1: Till Werneck: **Deutsche Direktinvestitionen in den USA – Determinanten und Wirkungen am Beispiel der Bundesstaaten Georgia, North Carolina und South Carolina**
1998 · 298 Seiten · ISBN 3-8316-8334-4

Erhältlich im Buchhandel oder direkt beim Verlag:
Herbert Utz Verlag GmbH, München
089-277791-00 · info@utzverlag.de

Gesamtverzeichnis unter: www.utzverlag.de